Die Yoga-Weisheit der

BHAGAVAD GITA

für Menschen von heute

Band 1

Text und Erläuterung:
Sukadev Bretz

2. Ausgabe 2007: Auflage 1000. Herausgegeben vom Bund der Yoga-Vidya-Lehrer e.V. Weitere Exemplare sind zu beziehen bei: Yoga Vidya Verlag, Wällenweg 42, 32805 Horn-Bad Meinberg, Tel 05234/87-0, Fax 05234/87-1875, eMail: versand@yoga-vidya.de, Internet: www.yoga-vidya.de. ISBN 3-931854-62-0

Inhaltsverzeichnis

Einleitung

Die Bhagavad Gita ist eins der meist gelesenen Bücher in Indien. Viele Inder tragen sie immer bei sich, um darin zu lesen und die Wahrheit zu verinnerlichen. Es ist die Bibel der Hindus. Sie gilt als eine der wichtigsten Schriften im Yoga und hilft uns besonders, den Alltag bewusst zu leben und zu spiritualisieren. Seit Jahrhunderten wird sie immer wieder neu interpretiert und ist heute im Westen ein oft kommentierter klassischer Yogatext.

Mein Anliegen in diesem Kommentar ist es, diese jahrhundertealte Weisheit für den Menschen von heute neu zu erschließen und sie ihm durch viele Beispiele, Anekdoten und Geschichten nahe zu bringen.

Das Wort „Bhagavad Gita" heißt „Göttlicher Gesang." Es ist das Zwiegespräch eines Lehrers, der Gottinkarnation Krishna, mit seinem Schüler Arjuna.

Arjuna stellt seinem Lehrer immer wieder praktische und philosophische Fragen zum Yoga und zum Leben. Das Wort „Yoga" heißt „Einheit, Vereinigung." Yoga ist ein systematisches Übungssystem, welches alle Aspekte der Persönlichkeit entfaltet. Yoga gibt Übungen, die auf drei Ebenen wirken:

- Leben in Harmonie mit sich und der Umwelt
- Entdeckung schlafender Fähigkeiten in sich
- Verwirklichung des wahren Selbst, der spirituellen Wesensnatur

Es gibt verschiedene Weisen, das Yogasystem zu unterteilen. Ich unterscheide gerne sechs Aspekte des Yoga, die sich gegenseitig ergänzen und zusammen ein großartiges Ganzes bilden:
Jnana Yoga, der Yoga des Wissens. Er beruht auf der Selbstbefragung: Wer bin ich? Er hat als Mittel die philosophische Analyse, die tiefe Reflexion und die Meditation
Raja Yoga, der Yoga der Geistesbeherrschung
Bhakti Yoga, der Weg der Hingabe zu Gott
Karma Yoga, der Yoga der Tat, bestehend aus selbstlosem Dienst und Spiritualisierung des ganzen Lebens
Hatha Yoga, der Yoga der Körperschulung. Dies ist der im Westen bekannteste Yoga und besteht vor allem aus Körperübungen *(asanas)*, Atemübungen *(pranayama)*, Tiefenentspannung *(shavasana)* und Ratschlägen zur richtigen Ernährung
Kundalini Yoga, der Yoga der Energie

Die Bhagavad Gita ist **der** Yogatext zu Karma und Bhakti Yoga schlechthin. Es geht darum, alle Handlungen im Alltag zu spiritualisieren, um so Gotterkenntnis zu erreichen und selbstverwirklicht zu werden. Und obgleich die Bhagavad Gita hauptsächlich

Karma und Bhakti Yoga behandelt, findet man an vielen Stellen auch ausgezeichnete Hinweise für die anderen Aspekte des Yoga.

Die Bhagavad Gita als Schrift verspricht uns nicht, wie das Yoga Sutra, übernatürliche Kräfte oder besondere Fähigkeiten. Sie verspricht uns auch nicht wie die Hatha Yoga Pradipika, unendliche Energie oder die Fähigkeit alles verändern zu können. Die Bhagavad Gita will uns schlicht und einfach lehren, wie wir die Selbstverwirklichung erreichen können. Trotz dieser hohen Zielsetzung funktioniert das sehr einfach im Alltag, denn die Bhagavad Gita hat einen Vorteil gegenüber anderen Schriften: Sie lehrt uns wie wir so handeln können, dass wir das tägliche Leben, Beruf, Alltag, Familie und was auch immer wir tun, spiritualisieren und auf das Göttliche ausrichten, ohne dafür mehr Zeit im Alltag aufbringen zu müssen. Wir brauchen nicht etwas Anderes zu tun, als wir normalerweise tun. Wir sollten was wir tun nur mit einer anderen Einstellung tun. Dann transformiert sich unser Leben. Es wird erfüllt und glücklich. Um das zu tun, was die Hatha Yoga Pradipika empfiehlt, brauchen wir viel Zeit. Da muss man viele Stunden am Tag Asanas, Pranayama und Meditation üben. In den Yoga Sutras gibt uns Patanjali eine Meditationstechnik nach der anderen. Damit die Techniken richtig wirken, müssen wir meditieren. In der Bhagavad Gita gibt es zwar auch ein Kapitel, das sechste, in dem Krishna uns dazu rät zu meditieren und dann auch noch Kurzanleitungen zur Meditation gibt. Aber hauptsächlich ist die Bhagavad Gita Anleitung für Spiritualisierung und Transformierung unseres Alltags in spirituelle Handlungen.

Ich stehe in der Tradition von Swami Sivananda und Swami Vishnu-devananda. Swami Sivananda ist einer der größten Yogameister des 20. Jahrhunderts und eine der Yogagrößen, welche im 20. Jahrhundert die Renaissance des Yoga einleiteten. Geboren 1887 im Süden Indiens, praktizierte er viele Jahre als Arzt in Krankenhäusern in Malaysia. 1923 verließ er Malaysia und ließ sich in Rishikesh an den Vorbergen des Himalayas nieder, um intensiv Yoga zu praktizieren. Es wird angenommen, dass er das Ziel des Yoga, *asamprajnata samadhi*, die Selbstverwirklichung, Anfang der 30er Jahre erreichte. Angezogen von seiner Ausstrahlung kamen Scharen von Aspiranten, um seinen Rat zu suchen. Die von ihm gegründete *Divine Life Society* wurde eine der größten Yogabewegungen Indiens. Als Swami Sivananda 1963 seinen Körper verließ, hatte er über 200 Bücher geschrieben und zahllose Schüler in die ganze Welt geschickt.

Einer seiner Schüler war Swami Vishnu-devananda (1927-1993), den wir liebevoll meist nur „Swami Vishnu" oder „Swamiji" nannten. Swami Vishnu lebte zehn Jahre im Sivananda Ashram in Rishikesh und wurde 1957 von Swami Sivananda auf Vortragsreise in den Westen geschickt. Als er sah, wie viel Interesse die westlichen Menschen am Yoga hatten, blieb er gleich in Nordamerika, machte sich selbständig und gründete die von ihm so genannten „Sivananda Yoga Vedanta Zentren" und Ashrams auf der ganzen Welt. Zwölf Jahre lernte, lebte und diente ich in seinen Zentren und habe ihm unendlich viel zu verdanken. Ende 1991, während Swami Vishnu die

Leitung seiner Zentren an seine Nachfolger weitergab, verließ ich die von ihm gegründeten Zentren und legte nach einer Indienreise Mitte 1992 die Grundlage für den Yoga Vidya e.V. in Deutschland. Mehrere Yoga Vidya Zentren und das „Haus Yoga Vidya", ein Seminarhaus und Yoga Ashram im Westerwald, so wie das Haus Yoga Vidya Bad Meinberg sind seitdem entstanden. Die meisten Beispiele und Anekdoten in diesem Buch stammen aus meinen persönlichen Erfahrungen und den Erfahrungen von Kursteilnehmern bei meinen Kursen in diesen Zentren.

Dieses Buch ist aus einer Vortragsreihe im Rahmen einer Intensiv-Weiterbildung für Yogalehrer entstanden. Eine der Teilnehmerinnen nahm meine Vorträge auf und brachte sie zu Papier. Diese wurden dann weiter bearbeitet und an die Bedürfnisse eines breiteren Publikums angepasst. Dieses Buch ist daher nicht als Einführung ins Yoga gedacht, obgleich ich der Überzeugung bin, dass auch Yoganeulinge viel Nutzen daraus ziehen können.

Dieses Buch hat als Schwerpunkt die Kapitel 1-4 der Bhagavad Gita. Die Kapitel 5-9 behandele ich sehr viel kürzer und Kapitel 10-18 nur auszugsweise. Es ist geplant, in Fortsetzungsbüchern auch die weiteren Kapitel genauer zu behandeln.

Die einzelnen, der Kommentierung zugrunde liegenden, Verse habe ich für dieses Buch aus der „Shrimad Bhagavad Gita" mit Kommentaren von Swami Sivananda aus dem Mangalam Verlag entnommen. Dieses Buch bietet meiner Meinung nach eine hervorragende Übersetzung der Sanskritverse. Ich bin nur an einigen wenigen Stellen in der Übersetzung abgewichen. Ich selbst habe in diesem Buch auf die Übernahme der Sanskritverse verzichtet, weil ich keine neue Bhagavad Gita schreiben wollte. Es geht mir vielmehr darum, diese wunderbaren Weisheitslehren vielen interessierten, spirituellen Menschen zugänglich zu machen.

Vielen Dank an Sumitra Shang, den Inhaber des Mangalam Verlags, für die Erlaubnis, die Verse abdrucken zu dürfen. Am besten ist es, neben diesem Buch die „Srimad Bhagavad Gita" mit Text und Erläuterung von Swami Sivananda aus dem Mangalam Verlag zu lesen.
Die Vorteile dieses Buches sind:
- Sankskritverse zur Rezitation
- Kommentar des selbstverwirklichten Meisters Swami Sivananda, angepasst an die westlich geprägten Aspiranten des 21. Jahrhunderts.

Um die Lesbarkeit des Textes zu erhalten, habe ich in der Kommentierung meist die männliche Form gewählt. Wenn also im Text von „der Meister", „der Schüler", „der Aspirant" die Rede ist, schließt das immer „die Meisterin", „die Schülerin", „die Aspirantin" mit ein. Der/die Leser/in möge mir dies verzeihen, wenn das gegen sein/ihr Empfinden geht.

In Indien hat das Vermischen verschiedener philosophischer Systeme und spiritueller Wege eine lange Tradition. *Krsna* verwendet in der Jahrtausende alten *Bhagavad Gita* parallel Begriffe aus *samkhya, purva mimamsa* und *vedanta*. Mir geht es nicht um eine historische Interpretation, sondern um die praktische Anwendung der in der Bhagavad Gita dargelegten Weisheit. Das heutige Yogasystem beruht auf verschiedenen großen Traditionen, die sich ständig gegenseitig befruchteten und miteinander vermischten. Historisch gibt es in Indien sechs große *darsanas*, klassische Philosophiesysteme, welche die klassischen Schriften und die Erfahrungen des Aspiranten in unterschiedliche Begriffe brachten. Diese möchte ich zu Beginn kurz darstellen, da sie wesentlich für das Verständnis der Bhagavad Gita sind. Danach werde ich dann über die Bhagavad Gita und ihren Stellenwert unter den vier großen Schriften sprechen sowie ihren Aufbau und die Hintergrundgeschichte. Daran anschließend beginne ich mit der Kommentierung einzelner ausgewählter Verse.

Ich erwähne, insbesondere in den späteren Kapiteln, relativ häufig den Ausdruck „Gott". Dies soll kein Bezug zu einer konkreten Religion sein. Ich habe versucht, diesen Ausdruck so neutral zu verwenden, dass er mit christlichen Vorstellungen, mit Vorstellungen anderer Religionen wie auch mit abstrakten Konzepten wie „das Absolute", „die Kosmische Energie", „der Schöpfer", „die Urmutter", vereinbar ist.

Ich möchte allen an diesem Buch Beteiligten herzlich danken: den Kursteilnehmerinnen der Bhagavad Gita Weiterbildung, Rafaela Sauter und Nadine Keilbar für die Niederschrift, die Bearbeitung und die Koordination, Ulrike Rübsamen für die Korrekturen. Mein größter Dank geht an meine Meister Swami Sivananda und Swami Vishnu-devananda, deren Segen allein mich zu diesem Buch inspirierte.

Ich wünsche allen Lesern, dass sie mit diesem Buch etwas Inspiration für ihren Weg bekommen. Für Kommentare, Fragen, Erfahrungsberichte, Kritik und Anregungen bin ich dankbar.

1.12.2006

Sukadev Bretz

Haus Yoga Vidya
Am Wällenweg 42
32805 Horn-Bad Meinberg
Fax 05234-872222
http://www.yoga-vidya.de
Email Sukadev@Yoga-Vidya.de

Indische Philosophiesysteme (Darshanas)

Zum besseren Verständnis der Bhagavad Gita kann es hilfreich sein, den Leser kurz in die sechs klassischen indischen Darshanas (Philosophiesysteme) einzuführen. Ich möchte den Leser jedoch warnen: Dieses Kapitel ist das schwierigste dieses Buches... Weniger philosophisch orientierte Leser sowie solche, die mit indischer Philosophie bisher wenig zu tun hatten, können auch gleich zum nächsten Kapitel springen...

Schon zu Krishnas Zeiten existierten sechs klassische Philosophiesysteme. Um seinem Schüler Arjuna seine Lehren zu verdeutlichen, wechselt Krishna in der Bhagavad Gita häufig die Standpunkte. Deshalb lassen sich auch die verschiedensten Strömungen in der Bhagavad Gita finden, auf die Krishna sich jeweils beruft. Diese Tatsache macht die Bhagavad Gita als Buch auch noch interessanter. Verschiedenste Vertreter unterschiedlicher philosophischer Richtungen, erheben den Anspruch, Krishna wäre in ihrer Philosophie verankert.

Die sechs klassischen Darshanas sind:
1. Purva Mimamsa
2. Vaisheshika
3. Nyaya
4. Sankhya
5. Yoga
6. Uttara Mimamsa auch „Vedanta" genannt

1. Die Purva Mimamsa Philosophie

Purva Mimamsa, „Purva" bedeutet „vorherig"; „Mimamsa" bedeutet „Erörterung/ Reflexion". Beides sind Sanskritausdrücke, die übersetzt soviel wie „Erörterung oder Untersuchung des vorderen Teils der Veden", bedeuten. Als der Begründer dieser philosophischen Richtung gilt der Weise Jaimini.

Die Purva Mimamsa war zu Krishnas Zeiten das populärste Philosophiesystem in Indien. Auch bis heute ist es im indischen Volksglauben mit das Populärste. Da Arjuna in diesem Glauben aufgewachsen, und in ihm fest verwurzelt ist, nimmt Krishna immer wieder Bezug auf dieses System. Nur so kann er Arjuna erreichen. Krishna selbst steht dieser Philosophie recht ablehnend gegenüber.

Das Purva Mimamsa System besagt:
Ziel des Lebens ist, in den Himmel zu kommen, um dort ein schönes paradiesisches Leben zu führen. Ein zweites Ziel ist es in jeder Inkarnation auf dieser Erde ein schönes, angenehmes Leben zu leben.

Und um dorthin zu kommen müssen wir „Punyas" ansammeln und „Papas" vermeiden oder sühnen. „Punya" kann man übersetzen als „Verdienst" und „Papa" kann man übersetzen als „Sünde". Wahrscheinlich wäre es besser, „Vergehen" zu sagen, da der christliche Sündenbegriff nicht ganz in Übereinstimmung mit dem Sündenbegriff in der Bhagavad Gita ist. Punya und Papa entstammen der Karmalehre.
-Wir tun etwas Gutes und anschließend kommt etwas Gutes auf uns zurück.
- Wir tun was Schlechtes. Konsequenz ist, dass etwas Schlechtes auf uns zurückkommt.
- Wir verletzen jemanden, wir werden verletzt.
- Wir geben eine Spende, wir werden im nächsten Leben reich - vielleicht auch schon in diesem Leben.
Das ist das Grundprinzip der Purva Mimamsa Philosophie.

Weite Teile der Veden lehren diese Purva Mimamsa Philosophie. Insbesondere wird diese Lehre vom so genannten „Karma Kanda" der Veden unterstützt. Im Karma Kanda wird beschrieben, welche Handlungen wir tun müssen, um gutes Karma zu erzeugen. Demgegenüber steht der „Jnana Kanda". Im Jnana Kanda geht es darum, wie wir zum Wissen kommen. Die Veden selbst bestehen aus vier Teilen,

- den Samhitas,
- den Brahmanas,
- den Aranyakas und
- den Upanishaden.

Die ersten drei zusammen formen den Karma Kanda. Der größte Teil der Veden wird also als Karma Kanda bezeichnet und ein kleiner Teil der Veden gehört zum Jnana Kanda.

Der Karma Kanda nun bildet die Grundlage der Purva Mimamsa Philosophie. Jede Handlung hat eine Konsequenz. Welche Handlung welche Konsequenz hat, wird im Karma Kanda nicht expliziert ausgeführt. Dies kann man besser in den Puranas nachlesen. Dort steht in aller Ausführlichkeit geschrieben, welche Handlung in welchen Himmel führt, welches Vergehen dich in welche Hölle bringt; was mit dir im nächsten Leben passiert, wenn du in diesem Leben jemanden umgebracht hast; was du tun musst, wenn du König werden willst; wenn du eine Frau heiraten willst; ein Brahmane werden willst; wenn du über jemanden negativ gesprochen hast; wenn du gestohlen, gelogen, geraubt, gemordet hast usw. Wer das nachlesen will, kann das in Swami Sivanandas Buch „What becomes with the Soul after death" oder Swami Vishnus Buch „Karma und Krankheiten" nachlesen. Da ist einiges davon beschrieben.

Was gab es aber für Möglichkeiten, böse Taten zu sühnen? Im Karma Kanda werden uns drei Mittel angeboten, etwas Konkretes zu erreichen, Punyas anzusammeln bzw. Papas wieder gut zu machen. Diese sind:

1. Dana
2. Tapas
3. Puja und Homa.

Dana heißt gute Werke tun. Dana heißt geben. Indem wir eben einen Teil unseres Vermögens anderen zur Verfügung stellen, schaffen wir gutes Karma. Wenn wir jemandem etwas gestohlen haben, dann können wir es gut machen, indem wir ihm das wieder zurückgeben, vorzugsweise mit Zinseszins. Wenn man also Mal während seines Lebens feststellt, dass man so viele schlechte Dinge getan hat, dann kann man probieren, es wieder gut zu machen.

Tapas heißt Disziplin oder Askese. Tapas können wir machen, indem wir viel Fasten, indem wir auf dem Boden schlafen, indem wir im Ganges im kalten Wasser stehen, in dem wir ein Feuer anzünden und uns in die Mitte begeben, in dem wir in der heißen Sonne sitzen und ähnliche Praktiken machen. Krishna lehnt jede extreme selbstquälerische Praxis ab, und schimpft sogar an einigen Stellen in der Bhagavad Gita darüber. Er äußert sich immer wieder abwertend über die Purva Mimamsa Philosophie. Er möchte nichts mit ihr zu tun haben und unterstellt dieser Philosophie, sie hätte nichts mit spirituellem Leben zu tun. Vor allem, weil es in diesem System auch furchtbare Askesen gibt, die er gerade im 18. Kapitel und auch in anderen Kapiteln beschreibt. Dazu zählen z.B. tagelang auf einem Bein stehen oder die Fingernägel nicht schneiden, bis sie irgendwann so lang werden, dass sie durch die Hand hindurch wachsen im Bogen. Es gibt ein sehr interessantes Buch „Das spirituelle Feuer“, erschienen im Mangalam Verlag, was die Lebensgeschichte eines Asketen in Indien beschreibt. Dieser hielt z.B. die Arme immer hochgehoben, so dass sie nicht mehr durchblutet wurden und die Hände vermoderten und er hat weitere extreme Formen von Tapas praktiziert.

Dann gibt es auch „Puja“ und „Homa“. Puja und Homa sind Gottesverehrungs- und Feuerrituale. Beides sind die heute in Indien wohl verbreitesten Formen, um Papas zu vermeiden und Punyas anzuhäufen. Dana und Tapas werden nicht mehr so häufig ausgeführt. Wenn ihr in Indien zu einem Priester geht, sagt der vielleicht: „Ich will eine Puja für euch machen.“ Als westlicher spiritueller Aspirant findet man das irgendwie toll. Dann fragen sie, was für einen Wunsch du dafür hast. Für die Puja hat man einen bestimmten Wunsch. Durch die Puja sammelt man Punyas an und diese Punyas gehen dann (nach diesem Glauben) in die Wunscherfüllung hinein. Zum Schluss will der Priester dann natürlich auch noch eine Spende dafür haben, dass das alles funktioniert.

Arjuna ist nun in dieser Purva Mimamsa Philosophie aufgewachsen. Er argumentiert aus ihr heraus, er glaubt an sie. Sie ist seine Weltanschauung, seine religiöse Überzeugung. Arjuna kommt zu Beginn der Bhagavad Gita in einen großen ethischen Konflikt. Er weiß nicht, was er tun soll. Er will vermeiden, Papa (Sünde) zu erzeugen. Er will Punya erzeugen. Er ist aber in einer Zwickmühle: Egal, wie er sich entscheidet, schafft er nach den Purva Mimamsa Prinzipien Papa: Kämpft er, werden Menschen sterben, kämpft er nicht, werden ebenfalls Menschen sterben. Das ist eines der Grundprobleme des menschlichen Lebens. Wir können nicht leben, ohne anderen Leid

zuzufügen. Betrachten wir mal folgende Situation:
Du liegst im Bett und liest dieses Buch. Eigentlich nicht Schlimmes, könntest du meinen. Du entspannst dich, du lässt dich von indischen Weisheiten inspirieren und tust etwas für deine spirituelle Entwicklung, bist völlig versunken in diesen heiligen Wahrheiten. Doch gleichzeitig tötet dein Körper Tausende von Bakterien. Du sitzt oder liegst nur da, und Tausende von Lebewesen werden getötet. Es sterben Zellen im Körper usw. Das Fazit ist, du kannst nicht leben, ohne irgendwelche Papa im engeren Sinne zu begehen.

Auch in der christlichen Theologie kennt man das Problem. Dort spricht man von der Ursünde. Der Begriff der Ursache kann verschieden interpretiert werden. Zum einen spricht man von der so genannten „Urabsonderung". Wenn wir uns von Gott getrennt fühlen, dann ist das die Ursünde, mit der jeder Mensch schon geboren wird. Zum anderen kann man es so sehen: Wir entfernen uns von Gott, weil wir Vergehen im Leben begehen. Und da wir nicht umhin kommen, gegen Gottes Gebote zu verstoßen, sind wir in der Ursünde befangen. Die christliche Theologie befasst sich sehr ausführlich mit diesem Problem, worauf ich hier aber nicht näher eingehen will.

Krishna wendet sich nun gegen diesen philosophischen Ansatz. Sein Ansatz der Spiritualität sieht so aus, dass es nicht darum geht Dinge zu tun, um Punyas anzuhäufen. Man sollte nicht Pujas oder Homas zelebrieren, um etwas Konkretes zu erreichen. Es ist nicht richtig Tapas zu tun, um etwas zu erreichen oder Spenden zu geben mit dem Hintergedanken, dann selbst mehr zu bekommen oder gutes Karma anzuhäufen. All diese Handlungen sind aus Wünschen heraus geborene Handlungen. Sie führen dazu, dass wir denken, wenn wir all das haben, dann werden wir glücklich werden. Letztlich bleibt die Purva Mimamsa im Egoismus verhaftet.

2. Die Vaiseshika Philosophie

Vaishesika ist eine materialistische Philosophie. Sie sagt, dass es das Ziel des Lebens ist, irgendwie Vergnügen zu haben und glücklich zu sein. Nach dieser Philosophie sind wir der physische Körper und haben keine unsterbliche Seele. Die Seele ist nur ein Ausfluss des menschlichen Körpers. Es gibt keine höhere Macht im Leben und kein Leben nach dem Tod. Wir sollten unsere Wünsche und unsere Bedürfnisse erfüllen, so gut es geht. Dabei sollten wir aber aufpassen, dass wir mit anderen Menschen nicht zu sehr in Konflikt geraten oder ethische und moralische Grenzen verletzen.

Sicherlich ist das die „offizielle" Philosophie unserer heutigen Zeit - die Philosophie, die in unseren Schulen und auch in einigen psychologischen Richtungen propagiert wird. Wenn es uns gelingt, unsere Wünsche und Bedürfnisse zu befriedigen, ohne in Konflikt mit anderen zu geraten, dann sind wir glücklich.
Viele Menschen stellen sich allerdings die Frage, wenn mit dem Tod wirklich alles zu

Ende ist, warum soll ich mich dann an ethische Richtlinien halten? Wenn es das Ziel des Lebens ist, Wünsche zu erfüllen und Bedürfnisse zu befriedigen, reich zu werden und Ruhm zu erlangen, wozu brauche ich dann noch Ethik? Nach dem Tod hätte es ja sowieso keine Konsequenz.

Eine Philosophie, die sicherlich von ihren Gründern her durchaus die Wichtigkeit ethischer Richtlinien propagiert, wird missbraucht von Menschen, die dieser Philosophie nur teilweise folgen. Ein ähnliches Beispiel, das den Unterschied zwischen Theorie und praktischer Anwendung verdeutlicht, ist der Kommunismus. In der Theorie war der Kommunismus etwas sehr Schönes. Es geht zwar auch um die Bedürfnis- und Wunscherfüllung aber er ist eben materialistisch. Marxismus/ Leninismus glauben an keine höhere Wirklichkeit. So hat er in den meisten bekannten Formen, wo er auf Materialismus beruht, zu Tyrannei und Menschenverachtung geführt. Wenn der Kommunismus auf spirituellen Prinzipien beruht hat, wie in Klöstern und spirituellen Gemeinschaften, hat er durchaus funktioniert.

Krishna wendet sich auch gegen die Vaishesika Philosophie. Im 16. Kapitel spricht er über die „Suras“ und die „Asuras“, die „Engelswesen“ und die „Dämonen“. Er bezeichnet die Verfechter einer rein materialistischen Weltanschauung als „dämonisch“. Dies mag uns heute etwas übertrieben vorkommen. Ich komme später darauf zurück.

3. Die Nyaya Philosophie

Nyaya bedeutet „Logik“. Die Nyaya Philosophie gibt es in zwei verschiedenen Ausprägungen, einmal in logikorientierter Ausprägung, ein anderes Mal in der bhaktiorientierten Ausprägung.
Laut der logikorientierten Form werden Subjekt und Objekt der menschlichen Erkenntnis aufgrund der Gesetze der Natur untersucht.
In der bhaktiorientierten Tradition hat Gott die Welt geschaffen, und der Mensch ist auf ewig von Gott getrennt. Dies verursacht Leiden für den Menschen, welche er aber durch spirituelle Praktiken und Hingabe an Gott mindern kann. Es ist die Philosophie der Hingabe und des Loslassen, eine dualistische Philosophie, die im Unterpunkt Uttara Mimamsa noch etwas näher beschrieben wird.

4. Die Sankhya Philosophie

Die Sankhya Philosophie ist eine dualistische Philosophie, die zwei absolute Prinzipien - Purusha und Prakriti - postuliert. Purusha gilt als unsere wahre Natur, unser wahres Selbst, als reines Bewusstsein. Prakriti ist etwas vom Selbst Getrenntes. Prakriti ist unsere Natur, die aus den drei Gunas besteht. Laut Sankhya sind das zwei verschiedene Dinge, die immer von einander getrennt bleiben. Purusha (das Selbst) hat mit Prakriti (der Natur oder der Materie) nichts zu tun.

Sankhya ist ein sehr hoch interessantes Philosophiesystem, dazu könnte man ein ganzes Buch schreiben. Nach dem Sankhyasystem ist es unsere wichtigste Aufgabe, uns von der Identifikation mit der Prakriti zu lösen, uns vom Handeln zu lösen und nach und nach zu Purusha, unserer wahren Natur zu kommen und uns in ihr zu verankern. Aus diesem Grund gehört die Entsagung als ein wichtiger Bestandteil zur Sankhya Philosophie. Das Hineingehen in die Prakriti führt zur Verhaftung. Verhaftung führt zum Leiden. Leiden führt zur Wiedergeburt. Mit der Wiedergeburt inkarniert man sich in einen neuen Körper. Man macht neue Erfahrungen. Mit diesen Erfahrungen kann man sich wieder identifizieren. So beginnt der Kreislauf von neuem.
Krishna argumentiert oft vom Standpunkt der Sankhya Philosophie aus und setzt diese sowohl dem Purva Mimamsa Philosophiesystem als auch dem Yoga gegenüber.

5. Das Yoga Philosophiesystem

Yoga ist nun ein vielschichtiger Begriff und, wie so oft im Sanskrit, schwer zu definieren. Was Yoga wirklich ist, ist äußerst schwer in Worte zu fassen.
Im indischen Sprachgebrauch wird das Wort „Yoga" ganz unterschiedlich verwendet. Vom Wortstamm kommt es von „Yug". „Yug" heißt „verbinden". Somit heißt Yoga Verbindung. Dies ist zumindest die wörtliche Bedeutung.
Wenn du jetzt im Sanskrit sagen würdest, stelle mal bitte eine Verbindung zwischen einem Auto und seinem Anhänger her, dann hieße das Autoanhängersamyogaha. Übrigens ähnlich wie Lateinisch „jugare". Beides sind ja indogermanische Sprachen. „Jugare" heißt auch „verbinden".

Yoga in einem Sinne als Philosophiesystem wird meistens bezogen auf Patanjali. Patanjali war der Autor des Yoga Sutra. Da die Bhagavad Gita aber sicher vor Patanjali datiert werden kann, kann sich Krishna nicht auf Patanjalis System bezogen haben. Trotzdem erwähnt Krishna ständig das Wort Yoga. Yoga ist ein praktisches System, welches dazu führen will, die individuelle Seele mit der kosmischen Seele zu verbinden bzw. diese Einheit herzustellen.

Wenn Inder, besonders in der heutigen Zeit, von Yoga sprechen bezieht es sich oft auf das „Raja Yoga". Besonders bei den intellektuellen Indern. In den 6 Philosophiesystemen gilt Yoga als das Raja Yoga von Patanjali.
Wenn Krishna in der Bhagavad Gita einfach von Yoga spricht, meint er meistens den Karma Yoga.
Ansonsten gebraucht er das Wort Yoga in Verbindung mit je einem anderem Wort: „Jnana Yoga", „Sankhya Yoga" etc. Insbesondere als Überschrift für jedes der 18 Kapitel der Bhagavad Gita wird immer das Wort „Yoga" in Verbindung mit einem anderen Sanskrit Begriff gebraucht. Eine einfache Definition von Yoga wäre:
Yoga ist ein praktisches System, um zur Einheit zu kommen.

6. Die Uttara Mimamsa Philosophie auch Vedanta genannt

„Uttara“ heißt „höchstes“, „herausragend“. Uttara Mimamsa gilt als das großartigste aller Philosophiesysteme.
Uttara Mimamsa ist gleichbedeutend mit Vedanta. „Vedanta“ heißt das „Ende (Anta) des Wissens (Veda)“. Uttara Mimamsa wurde von Shankaracharya (indischer Meister 788-820 n.Chr.) popularisiert in der Form von Kevala Adwaita Vedanta. Aus diesem System stammen u.a. die Ausdrücke:

- Brahman (das Absolute)
- Maya (Täuschung)
- Iswhara (persönlicher Gott)
- Atman (Selbst)

Brahman gilt als die höchste allumfassende Wirklichkeit, bei der Natur und Welt eins sind. Es gibt keine Dualität, wie im Sankhya System. Das Ziel des Lebens ist es, Wissen über seine wahre Natur zu erreichen, nicht wie in der Purva Mimamsa Philosophie das Ansammeln von Punyas.

Maya bedeutet Illusion.

Iswhara gilt als eine Manifestation Brahmans.

Atman ist eins mit Brahman. In Shankaracharyas Philosophie heißt „Atman“ „dieses Selbst, das unbewegt, ewig, unendlich und unveränderlich ist“.
Wenn Krishna nun von Atman spricht, ist aber nicht immer das höchste Selbst gemeint. Oft ist darunter das Selbst im Sinne von „Ich“ zu verstehen.

Neben Kevala Adwaita Vedanta gab es in Indien besonders im Mittelalter eine Reihe von theistischen oder auch deistischen Bhaktiströmungen, wo die Verehrung eines persönlichen Gottes eine ganz persönliche Rolle spielt.

Bei den anderen vorherig beschriebenen Systemen ist es anders. In der Purva Mimamsa gibt es zwar eine Verehrung Gottes. Aber Gott wird verehrt, um etwas von ihm zu bekommen. In Vaishesika und Nyaya gibt es keinen Gott. Ebenfalls gibt es keinen Gott in der Sankhya Philosophie. Es ist ein atheistisches System. Im Yoga gibt es einen Gott. Allerdings wird er dort verehrt mit dem Ziel, mit ihm zu verschmelzen - Yoga als Vereinigung. Im Uttara Mimamsa System ist Iswhara einfach eine Manifestation von Brahman. Wir verehren Gott. Über die Verehrung Gottes kommen wir zum höchsten Selbst.

So hat es dualistische Philosophiesysteme im indischen Mittelalter gegeben, die dann entweder als „Nyaya Nr. 2“ oder auch als „Dwaita Vedanta“ bezeichnet werden. Diese

Philosophiesysteme besagen, dass Gott die Welt geschaffen hat. Wir wissen nicht genau, wie er sie geschaffen hat, aber er hat sie geschaffen. Er hat auch die Einzelseelen geschaffen und steht letztlich hinter allen Handlungen. Die Ursache des Leidens ist, dass wir uns von Gott entfernt haben und letztlich Gott nicht spüren. Das Ziel des Lebens ist es, Gott nahe zu kommen und ständig in Gottes Gegenwart zu leben. Also nicht eins zu werden mit Gott, sondern ihm sehr nahe zu sein. Das Mittel, um da hinzukommen, ist Bhakti. Über Hingabe gelangen wir zu Gott. Jnana Yoga oder andere Yogawege können auch noch helfen Gott nahe zu kommen. Aber das Hauptmittel um Gott nahe zu sein ist Bhakti. Dies hat große Gemeinsamkeiten mit den modernen christlichen Strömungen. Die sind oft eine gewisse Mischung aus Nyaya Nr. 2 und einer materialistischen Weltanschauung. Manche sagen auch, dass Gott mit der Welt nichts zu tun hat. Die Verehrung Gottes ist für uns persönlich gut, für die Öffnung unseres Herzens, für unser Seelenheil. Bei den Dwaitas gibt es nicht die allumfassende Wahrheit. Es ist nicht so, dass wir eins mit Gott sind, sondern wir sind von Gott auf ewig getrennt und die Vorstellung mit Gott Einswerden zu wollen, gilt als Ausdruck von Größenwahn. Das kann einem Yoga Übenden auch mal von einem Christen vorgeworfen werden: Es sei Ausdruck von menschlichem Größenwahn, zu meinen, Gott und Mensch seien eins. Etwas Ähnliches sagte auch ein indischer Meister namens Shri Prabhupada, der Begründer der westlichen Hare Krishna Begründung, der ein Dualist ist. Er nannte die Advaita Vedantins „Mayavadis". Als Mayavadis gelten diejenigen Menschen, die die Maya propagieren und behaupten, diese Welt sei Illusion und die individuelle Seele sei eins mit Brahman.

Fazit: Viele indische Schriften sind mehrdeutig interpretierbar. Auch die Bhagavad Gita zählt dazu. Wenn sie nur von einem Standpunkt aus interpretierbar wäre, gäbe es nicht so viele Kommentare. Man kann sie vom Dwaita Standpunkt aus interpretieren und auch vom Adwaita Standpunkt. Der Adwaita Standpunkt entspricht unserer Tradition. Als Schüler von Swami Sivananda gehe ich in diesem Kommentar zur Bhagavad Gita von der Kevala Adwaita Philosophie aus im Bewusstsein, dass man die Bhagavad Gita auch von anderen Standpunkten aus interpretieren kann. Es gibt auch Mischungen von Dwaita und Adwaita, auf die ich aber nicht näher eingehen möchte.

Die Erläuterung der philosophischen Hintergründe sollte dem Leser helfen, die Bhagavad Gita differenzierter zu verstehen. Krishna nimmt auf die verschiedenen Philosophiesysteme immer wieder Bezug. Er verdammt das Purva Mimamsa System in relativ klaren Worten. Auch auf Vaishesika und Nyaya ist er nicht gut zu sprechen, er bezeichnet sie als asurisch (dämonisch). Den Sankhyas billigt er zu, zur Verwirklichung zu gelangen, betont aber gleichzeitig, dass der Weg der Sankhyas nur für sehr wenige Leute ist. Sie sei hart und schwierig zu erreichen. Er postuliert Yoga als Weg der Handlung, als Weg der Hingabe, auch als ein Erkenntnisweg. Schließlich spricht Krishna von Brahman, Atman, Maya und dem höchsten Ziel der Einheit von Selbst und von Brahman, also über Kevala Adwaita Vedanta.

Hintergrund der Bhagavad Gita

Die Bhagavad Gita gilt als eine der wichtigsten Yogaschriften. Die vier bedeutendsten Yogaschriften sind:

- die Upanishaden, die den Jnana Yoga (Yoga des Wissens) betreffen
- die Hatha Yoga Pradipika, die den Hatha und Kundalini Yoga (Hatha Yoga = Yoga der Körperstellungen, Kundalini Yoga = Yoga der Energieerweckung und -lenkung) behandelt
- das Yoga Sutra von Patanjali über den Raja Yoga, den Yoga der Geisteskontrolle
- die Bhagavad Gita, die alle Yogawege umfasst, sich aber vor allem auf Karma und Bhakti Yoga (Karma Yoga = Yoga der Tat, des selbstlosen Handelns; Bhakti Yoga = Yoga der Verehrung) konzentriert

Aufbau der Bhagavad Gita

Die Bhagavad Gita selbst besteht aus 701 Sanskritversen, die in 18 Kapitel aufgeteilt sind. Klassischerweise lässt sich die Bhagavad Gita in drei größere Teile einteilen:

- Teil 1 umfasst die Kapitel eins bis sechs und behandelt überwiegend den Weg des Karma Yogas
- Teil 2 umfasst die Kapitel sieben bis zwölf und behandelt überwiegend den Weg des Bhakti Yogas
- Teil 3 umfasst die Kapitel 13-18 und behandelt überwiegend den Weg des Jnana Yogas.

Hintergrundsgeschichte der Bhagavad Gita

Die Bhagavad Gita ist ein Teil der Mahabharata. Die Mahabharata ist eine der beiden Hauptitihasas (Epen). „Maha“ bedeutet „groß“. *Bharata* war ein indischer König. Ein König, der ganz Indien vereint hat, der sehr spirituell war und im Alter die Selbstverwirklichung erreicht hat. Es heißt, dass es nichts im Leben gibt, was nicht in der Mahabharata geschrieben steht.
Die Bhagavad Gita nun, als Teil der Mahabharata, wurde von einem Weisen namens, *Vyasa*, seinem Schreiber, *Ganesha*, um 3250 v.Chr. diktiert. Vyasa ist eine mythologische Figur. Er gilt als Teilinkarnation von Vishnu. „Vyasa“ wörtlich übersetzt heißt „Sammler“. Von ihm heißt es, dass er verschiedenste Schriften gesammelt hat.
Nach mythologischer Überlieferung hatten die Menschen vor Beginn des Kaliyugas ein fotografisches Gedächtnis. Sie brauchten nur etwas zu hören und konnten es dann vollständig und korrekt wiedergeben. Zu Beginn des Kaliyuga änderte sich das. Den Menschen wurde unterstellt, dass ihr Gedächtnis viel schlechter geworden ist. Deshalb war es wichtig und notwendig, alles, was vorher mündlich überliefert wurde,

jetzt schriftlich niederzulegen. Vyasa, der dies erkannte, sammelte die Veden, die Puranas und auch die Überlieferung des Mahabharata und schrieb diese dann nieder. Dies brauchte sehr viel Zeit, und da Vyasa beständig älter wurde, fiel es ihm zunehmend schwerer, alles alleine aufzuschreiben. Deshalb wollte er für die Mahabharata einen Schreiber engagieren. Zuerst konnte er keinen finden, da alle, die er fragte, wussten, was für ein riesiges Werk das werden würde. Schließlich erklärte sich Ganesha dazu bereit. Allerdings stellte Ganesha Vyasa eine Bedingung. Er sagte: „Ich will nicht so viel Zeit mit dem Schreiben verlieren. Du musst mir das in einem Rutsch durchdiktieren. Wenn du stoppst werde ich aufhören zu schreiben."
Vyasa schluckte erst einmal und meinte dann: „Okay, aber ich habe auch noch eine Bedingung. Du musst verstehen, was du niederschreibst. Wenn du etwas nicht verstehst, dann musst du aufhören zu schreiben und solange überlegen, bis du es verstanden hast. Dann kannst du weiter schreiben."
Ganesha akzeptierte die Bedingung und Vyasa begann zu diktieren. Diese Bedingung gilt als mythologische Erklärung dafür, dass die Mahabharata über längere Stellen sehr einfach zu verstehen ist, und dann plötzlich wieder sehr schwer zu verstehen ist. Die Verse haben dann so tiefe Bedeutung, dass man lange darüber nachdenken muss. Es heißt, immer dann, wenn Vyasa in der Geschichte nicht mehr weiterkam, hat er ein paar ganz schwierige Dinge in die Geschichte eingebaut. So musste Ganesha länger überlegen. Vyasa konnte währenddessen in Ruhe überlegen, was als nächstes kommt. Das ist der Mythos hinter der Mahabharata.

Die Geschichte der Bhagavad Gita

In der Bhagavad Gita selbst beschreibt Vyasa die Geschichte von einem Herrschergeschlecht namens *Bharata*. Der Ahnherr der Bharatas, *Bharata*, galt als der erste König, der ganz Indien vereint haben soll. Er galt als ein sehr tugendhafter und großartiger König, der Hingabe an Gott, Tugend und Tapferkeit in sich vereinte. Und weil er so großartig war, wird Indien auch als „Bharata Varsha" bezeichnet, was übersetzt „das Land Bharatas", heißt.[1]

1. Die Inder verwandten oft andere Begriffe als die Europäer. Der Ausdruck „Inder" z.B. ist ein Ausdruck, den die Inder selbst nie gebraucht haben. Auch der Ausdruck „Hindu" ist einer, den die Inder früher nicht kannten. Das kommt von einem Fluss namens Sindhu. Dieser Fluss Sindhu wurde im griechischen als Indos bezeichnet Als Inder galten dann die Menschen, die um den Fluss Indos und dahinter lebten. Das wäre so ähnlich, wie wenn die Spanier alle Osteuropäer als Rheinländer bezeichnen würden. Alle, die am Rhein und östlich davon wohnen, wären die Rheinländer. Und bei den Griechen waren alle, die um den Sindhu herum und östlich davon gewohnt haben, eben die Inder. Inzwischen nennen sich die Inder auch Inder. Sie haben es irgendwie akzeptiert, dass sie vom Rest der Welt so genannt werden. Es gibt einige Nationalisten, die versuchen den Namen „Bharata Varsha" beizubehalten und sich nicht als Inder bezeichnen lassen, sondern als „Bharatiyas". Die Religion ist auch nicht „Hinduismus", sondern „Sanatana Dama".
„Sanatana" heißt „ewig" und „Dharma" heißt „rechtmäßige Ordnung". Also diejenigen, die der ewigen rechtmäßigen Ordnung folgen und die Gesetze befolgen, sind die Anhänger von Sanatana Dharma. Aber Sanatana Dharma ist nicht so eindeutig definiert wie andere Religionen, z.B. Jainismus, Buddhismus, Christentum oder Islam. Sanatana Dharma wird in Indien oft nicht bewusst verstanden als Gegensatz zu anderen Religionen, sondern als umfassende Gesetzmäßigkeiten hinter allen Religionen, letztlich als „Mutter" aller Religionen.

Einer seiner Nachfahren war ein Herrscher namens *Kuru*. Auch er galt als besonders großartig. Seine Nachkommen wurden als „Kauravas“ bezeichnet. Später kam es zu Schwierigkeiten in der Abfolge der Dynastie. Normalerweise wurde der älteste Sohn König. Das Problem war, sehr verkürzt dargestellt, folgendes: Es gab einen älteren Sohn namens *Dhritarashtra*. Dhritarashtra allerdings war blind geboren. In der Mahabharata heißt es, dass er nicht nur physisch, sondern auch geistig blind geboren war. Er hat öfters weggeschaut und Dinge nicht gesehen. Nun gab es ein Gesetz, das die Erbfolge in einem solchen Fall regeln sollte, und welches auch angewandt wurde. Es besagt, wenn jemand schwer behindert ist, dann müssen die Großen des Landes, die so genannten Würdenträger, schauen, ob derjenige fähig ist, das Land zu regieren oder nicht. Die Großen des Landes müssen ihn dann für regierungsfähig erklären oder einen neuen König wählen. Zuerst entschieden sie, dass Dhritarashtra nicht fähig sei, das Reich zu regieren. Sie beriefen seinen Bruder *Pandu* in das Amt des Königs. Pandu war einige Zeit lang ein guter und fähiger König, weshalb seine Nachkommen auch als „Pandavas“ bezeichnet wurden. Er verstarb aber sehr früh. Es stellte sich die Frage, wie es weiter geht. Die Söhne von Pandu waren noch zu jung, um zu regieren. So haben sich die Ältesten entschieden, Dhritarashtra zum König zu krönen. Wenn die Söhne dann älter geworden sind, können sie erneut überlegen, wer als nächstes König wird.

Dhritarashtra war kein fähiger König. Er wollte durchaus Gutes, hatte aber schlechte Ratgeber. Er war ein schwacher König. Mit seinem Land ging es wirtschaftlich immer mehr bergab. Es kam zu Revolten im Königreich. Andere Könige wollten die Situation ausnutzen und sich Teile des Landes aneignen. So war es keine Zeit des Friedens. Es gab öfters Kriege und wirtschaftliche Misserfolge. Daneben gab es aber auch sehr fähige Mitarbeiter am Hof, die einiges auffingen.

Dhritarashtras Söhne aber galten als Inkarnationen von Asuras (Dämonen). Sie wollten die Macht an sich reißen und nur Vergnügen haben. Sie waren rücksichtslos und hielten sich nicht an Recht und Ordnung. Weil nun Dhritarashtra kein fähiger König war, wurden seine Nachfahren auch nicht als die Dhritarashtras, sondern weiterhin als Kauravas bezeichnet. Im weiteren Sinne waren auch die Nachfahren von Pandu Kauravas. Aber weil Pandu ein großer fähiger König war, wurden seine Nachfahren als Pandavas und die von Dhritarashtra einfach weiterhin als die Kauravas bezeichnet. Der älteste Sohn der Pandavas hieß *Yudhishtira*, der älteste Sohn der Kauravas hieß *Duryodhana*. Es gab insgesamt fünf Pandavas und 101 Kauravas; das waren übrigens 101-linge, was man nicht unbedingt wörtlich nehmen darf.
Yudhishtira war der Älteste der fünf Pandavas. Er ist auch der Bruder von Arjuna, dem Helden unserer Geschichte.
Jetzt kam es zu einem Erbfolgeproblem. Wenn nämlich Dhritarashtra irgendwann sterben würde, wer sollte dann König werden:

- Yudhistrira, der der älteste Pandava war oder
- Pandu, der vorher König war oder

- Duryodhana, weil er der älteste Sohn Dhritarashtras war oder
- Dhritarashtra selber?

Das war eine schwierige Entscheidung, wo es keine eindeutige Bestimmung als Richtlinie gab. Diese Entscheidung würden die Minister und Würdenträger des Königreichs später fällen müssen.

Duryodhana wollte aber nicht so lange warten und verübte mehrere Mordanschläge auf die Pandavas, um sie zu töten. Er versuchte sie zu vergiften, zu ertränken, oder auch sie in einem extra für sie gebauten Palast zu verbrennen. Alle seine geschickt eingefädelten Versuche scheiterten. Die Pandavas, als Inkarnationen des Gutes und des Tapferen, überlebten alle hinterhältigen Mordanschläge Duryodhanas. Irgendwann mischte sich Yudhishtira ein und entschied: „So kann es nicht weitergehen. Lasst uns die Erbfolge vorwegnehmen. Dhritarashtra bleibt der Oberkönig und wir teilen uns das Königreich auf. Duryodhana kriegt die eine Hälfte und ich regiere die andere Hälfte. Duryodhana kann sich aussuchen welche Hälfte er möchte."
Alle Beteiligten waren von der Idee begeistert. Duryodhana bekam die Wahl. Er wählte sich natürlich all die guten Teile des Königreiches aus, dort, wo Felder, wo Städte und Straßen waren, wo es fruchtbar war. Yudhishtira überließ er den Urwald und die unbevölkerten Teile.

Yudhishtira errichtete dann dort eine neue Hauptstadt namens „Indraprastha", das heutige Delhi. Er war ein sehr fähiger König. Viele Menschen zogen zu ihm hin. Sie machten das Land urbar. Innerhalb kürzester Zeit wurde es ein sehr reiches Königreich. Es war wie eine Abstimmung mit den Füßen.[2] Viele Untertanen von Duryodhana wechselten über in Yudhishtiras Königreich. Auch aus anderen Königreichen kamen Menschen. Die Wirtschaft florierte, und Yudhishtira stellte auch eine große Armee auf.
Das hatte zur Folge, dass aus allen kleinen Königreichen Indiens die Könige auf Yudhishtira zukamen, und ihn um Unterstützung baten. Da sie sich ständig bekämpften, sollte er ihnen helfen, indem er Großkönig über das ganze Land wird. So erhofften sie sich dauerhaften Frieden. Yudhishtira lehnte zunächst ab. Wenn er sich zum Großkönig oder Kaiser würde krönen lassen, dann bedeutete das, dass alle anderen Könige ihn anerkennen mussten. Würde ein König seine Macht nicht anerkennen, so müsste er mit diesem Krieg führen. Das wollte Yudhishtira zunächst nicht. Alle anderen Könige flehten ihn aber immer wieder inständig an, es doch zu werden. „Wenn du nicht unser Großkönig wirst, dann bekriegen wir uns ständig weiter. Wenn du unser Großkönig wirst, so ist mehr Frieden im Land. Du bist neutral." Daraufhin befragte Yudhishtira Krishna. Krishna riet ihm dazu, das Angebot anzunehmen. So wurde Yudhishtira also Großkönig über alle Königreiche.

2. Ausdruck aus Zeiten des kalten Krieges. Da Menschen in Osteuropa nicht wählen durften, gab es die so genannte Abstimmung mit den Füßen. Sowie sie konnten, haben sie ihr Land verlassen, um woanders zu leben.

Duryodhana gefiel das natürlich gar nicht. Er wusste aber auch, dass er Yudhishtira nicht offen bekämpfen konnte. Deshalb ersann er eine List. Er lud Yudhishtira zum Würfelspiel ein. Yudhishtira hatte nämlich eine kleine Eigenart, ein Laster.[3] Yudhishtiras Eigenart nun war, dass er eine Spielschwäche hatte. Wenn er einmal anfing um Geld zu spielen, dann konnte er nicht mehr aufhören. Weil er das wusste, gab es in seinem Königreich keine Spiele um Geld. Er selbst war sehr konsequent darin, Spiele überhaupt gar nicht erst anzufangen, weil er wusste, dass das ausarten würde. Demzufolge hatte er schon seit Jahren nicht mehr gespielt und war kein guter Spieler mehr. Es gab aber folgende Regel: Wenn ein König den anderen König einlud, dann musste der andere König kommen. Wenn er nicht erschien oder wenn er eine Einladung ausschlug, dann galt das als Beleidigung, auf die normalerweise die Kriegserklärung folgte. Da Yudhishtira keinen Krieg wollte, nahm er Duryodhanas Einladung an. Und weil es in seinem Königreich nie Glücksspiel gegeben hat, konnte er auch niemanden bitten an seiner Statt zu spielen. Duryodhana dagegen hatte einen gewieften Falschspieler, nämlich einen Onkel namens *Shakuni*, der an seiner Stelle spielte. Das hatte zur Folge, dass Yudhishtira ein Spiel nach dem nächsten verlor. Er verlor erst etwas Kleines, dann etwas Größeres und dann immer mehr. Schließlich verlor er alles an Geld und Besitztümern, was er hatte. Zuletzt spielte er auch noch um seine Familie. Er verlor erst seine Brüder, dann sich selbst und zum Schluss auch noch ihre gemeinsame Frau, namens *Draupadi*. Die fünf Pandavas hatten zusammen eine Frau, nämlich Draupadi. Es gab mal eine Zeit, wo die Kauravas Mordanschläge auf die Pandavas verübt hatten. Die Pandavas haben es überlebt und sich infolgedessen eine Weile zurückgezogen und als Brahmanen verkleidet, um nicht erkannt zu werden. Eines Tages gab es dann eine Brautschau bzw. Bräutigamschau. Die Braut sollte derjenige bekommen, der einen Bogen spannen und dann mit diesem Bogen einen Pfeil durch sieben hintereinander liegende Ösen hindurch schießen konnte. Arjuna schaffte das mit Leichtigkeit. Freudestrahlend kam er dann am Abend nach Hause zur Mutter und sagte: „Rat mal Mutter, was ich heute auf meinem Bettelgang bekommen habe." Seine Mutter antwortete: „Was auch immer es ist, teilt es unter euch fünfen auf." Für die Pandavas galt das Wort der Mutter als heilig. Daher mussten alle fünf Draupadi heiraten. Zunächst war es für alle etwas befremdend. Doch mit der Zeit gewöhnten sie sich daran eine gemeinsame Frau zu haben. Neben Draupadi hatten die einzelnen Pandavas aber auch Nebenfrauen gehabt. Arjuna z.B. hatte zwei oder drei Frauen gehabt, genauso auch *Bishma*. Nur Yudhishtira war glücklich und zufrieden mit Draupadi als alleiniger Frau. Daher verspielte er sie zuletzt. Duryodhana wollte nun seinen Triumph auskosten. Er ließ Draupadi an den Haaren zum Königshof hinziehen. Sie wehrte sich dagegen und erinnerte Duryodhana daran, dass Yudhishtira sie zuletzt verloren hatte. Zuerst verlor Yudhishtira sich selbst in die Sklaverei, wodurch die Ehe automatisch annulliert war. Draupadi gehörte nicht mehr zu Yudhishtira. Er hatte deswegen auch nicht das

3. In der Mahabharata findet man nicht die rein Guten und rein Bösen. Man findet durchaus auch Stellen, wo der Duryodhana sehr großherzig und großartig ist und es gibt auch Stellen, wo der Yudhishtira schwach dargestellt wird.

Recht sie zu verspielen. Das sagte Draupadi zu Duryodhana. Duryodhana erwiderte aber, dass das keine Rolle spielt, und sie jetzt trotzdem seine Sklavin sei. Er befahl seinen Hofangestellten: „Zieht sie aus und zeigt sie als Nackte hier vor dem Königshof zum Zeichen, dass sie meine Sklavin ist." Draupadi wandte sich an die Adligen im Raum. Da Duryodhana kein absoluter Herrscher war, hätte dieser, wenn alle Adligen dagegen gestimmt hätten, keine Chance gehabt, Draupadi als Sklavin zu bekommen. Aber alle Anwesenden waren wie gelähmt von der Tatsache, dass die Pandavas alles verloren hatten; dass sie jetzt machtlos waren; dass alles vorbei war; dass Yudhishtira, jetzt am Höhepunkt seiner Macht, alles verspielt hatte. Draupadi appellierte an die verschiedenen Ältesten, die dort versammelt waren. Aber keiner traute sich irgendetwas zu sagen. Daraufhin wandte sich Draupadi an Krishna. Sie streckte die Arme in die Höhe und sprach: „Krishna, Du allein bist meine Zuflucht." Krishna war zwar nicht im Raum anwesend, aber Draupadi wusste, dass Krishna eine Inkarnation Gottes war und sich überall manifestieren konnte. Als Duryodhana erneut seinen Angestellten befahl Draupadi zu entkleiden, folgten sie seiner Aufforderung. Sie nahmen ihr den Sari weg.[4] Darunter war ein anderer Sari. Auch dieser Sari wurde entnommen. Wieder war ein neuer Sari da. Als die Angestellten irgendwann ein paar Dutzend Saris von Draupadis Körper genommen hatten, merkten sie, dass das irgendwie nicht mit rechten Dingen zuging. Draupadis Hilferuf war von Krishna erhört worden. Auch hörten alle Anwesenden noch verschiedene Omen, die Dhritarashtra als Oberkönig veranlassten aufzustehen und zu verkünden: „Oh Draupadi, ich lass dich in die Freiheit und gewähre dir auch noch zwei Wünsche." Draupadi entgegnete: „Lass nur meine Männer in die Freiheit zurück, die werden dafür sorgen, dass ich bekomme, was ich brauche." Dhritarashtra, der die ganzen schlechten Omen gehört hatte, sagte zu Yudhishtira: „Oh, Yudhishtira, du bekommst deine Hälfte des Königreichs wieder, du bekommst alles wieder zurück. Bitte verzeih meinem Sohn, dass er so schlimm gehandelt hat. Möge Frieden herrschen in diesem Königreich." Yudhishtira antwortete: „Danke für deine Großzügigkeit, kein Problem. Von meiner Seite ist alles vergessen."

Duryodhana hingegen hatte nichts vergessen. Im Gegenteil, er kochte vor Wut darüber, dass sein Vater, alles was er gerade gewonnen hatte, wieder zurückgegeben hatte. Aber er war schlau und wusste, wie er weiter vorgehen konnte. Er lud Yudhishtira nach einiger Zeit erneut zum Würfelspiel ein. Wieder verlor Yudhishtira eine Sache nach der anderen. Zum Schluss spielten sie aber nicht um das ganze Königreich, weil Duryodhana dachte, dann wird mein Vater ihm alles wieder zurückgeben. Er sagte zu Yudhishtira: „Wer diesmal verliert, muss zwölf Jahre ins Exil gehen. Im 13. Jahr muss er inkognito irgendwo sein. Wenn er erkannt wird in diesen zwölf Jahren, dann muss er noch mal zwölf Jahre ins Exil gehen." Yudhishtira willigte ein. Und es kam, wie es kommen musste: Shakuni, der Onkel von Duryodhana, gewann dieses Spiel wieder mit den präparierten Würfeln. So gingen Yudhishtira und seine vier Brüder mit Draupadi für zwölf Jahre ins Exil. Die fünf Pandavas waren sehr spirituelle Menschen. Und was

4. Indisches Kleidungsstück. Ein paar Meter langes Tuch.

machen spirituelle Menschen, wenn sie arbeitslos werden? Sie meditieren, machen Asanas und Pranayama, gehen in einen Ashram und lernen von Meistern. Genau das machten die fünf Pandavas und Draupadi für die nächsten zwölf Jahre.
Sie lebten und arbeiteten in Ashrams und in der Landwirtschaft. Besonders Arjuna engagierte sich sehr im Dienen und im Durchführen spiritueller Praktiken und intensiven Tapasübungen. Es wird in der Mahabharata berichtet, dass er tagelang die Luft anhielt; seinen Körper in furchtbarste Verrenkungen brachte; nur von Früchten, Kräutern und Wurzeln lebte; Asanas und Pranayama machte; von Rohkost lebte; lang fastete und so Siddhis[5] bekam. Und insbesondere bekam er neue Waffen von Shiva, welche ihn unbesiegbar machten. Nachdem die zwölf Jahre vorbei waren, verbrachten die fünf Brüder zusammen mit Draupadi ein Jahr inkognito und wurden nicht erkannt. Yudhishtira wurde zu jemandem, der dem König das Würfelspiel beibrachte. Arjuna verkleidete sich als Eunuch, der dann irgendwo der Hüter eines Harems wurde, und den Frauen das Tanzen beibrachte. *Bhima* wurde zum Koch. *Sahadeva* und *Nakula* wurden zu Wagenlenkern. Sie hatten alle eine Arbeit, waren inkognito und wurden nicht erkannt. Nach 13 Jahren schickten sie dann einen Boten zu Duryodhana und sagten: „Oh Duryodhana, wir haben die Bedingungen erfüllt. Jetzt wollen wir unsere Hälfte des Königreichs wieder zurückbekommen." Duryodhana war in dieser Zeit nicht untätig gewesen. Er hatte ein Terrorregime errichtet, in dem die Menschen unterdrückt wurden. Eine Diktatur, in der die Menschen nicht mehr ihre Meinungen frei äußern durften, wo Duryodhanas Günstlinge in den Hauptpositionen waren.
Es gab ein paar Gerechte im Reich. Diese dachten, wenn Duryodhana jetzt 13 Jahre das Königreich regieren soll, dann ist es gut, dass er ein paar Leute hat, die gut und gerecht sind. Deshalb haben sie sich darauf eingelassen, ihm zu dienen. Sie hatten einen Eid auf ihn geschworen. Und jetzt waren sie gebunden durch diesen Eid.[6] Große Lehrer, wie *Bhishma*, *Drohna* und andere dienten jetzt auf der Seite von Duryodhana. Duryodhana lachte den Boten der fünf Pandavas aus und sagte: „Verschwindet wieder in euren Wald, da ist sowieso der beste Platz für Euch. Ich regiere das Königreich weiter." Die Pandavas beratschlagten, was zu tun sei. Sie riefen Krishna zu Hilfe. Krishna war ein König, der Dwaraka regierte. Er war mit seinem Volksstamm den „Yadavas" ausgewandert weil er nichts mit Kriegen zu tun haben wollte. Krishna hatte die Vision, einen idealen Staat zu bauen. Einen materiell reichen Staat, wo die Menschen friedvoll miteinander leben, wo alles ist, was die Menschen brauchen, wo die Spiritualität gelebt wird und die Menschen meditieren. Krishna baute auch eine starke Armee auf, um zu

5. Siddhis sind übernatürliche Kräfte.
6. Das war ja auch die Schwierigkeit in der Nazi-Diktatur im Dritten Reich 1933-1945. Dort gab es eine Menge von Leuten, die durchaus nicht schlecht waren und die in leitenden Positionen geblieben sind, obgleich sie, wie man aus ihren Tagebüchern weiß, sehr gegen die Nazidiktatur waren. Sie gingen davon aus, dass wenn sie nicht da sind, dann kommen alle schlimmen SS Leute in die Hauptpositionen. Sie wollten wenigstens helfen, dass es nicht zu schlimm wird. Und dann haben sie den Eid geschworen. So auch einige Generäle, die Generäle geworden sind, um künftige Kriege zu vermeiden, die durchaus, wie man heute weiß, gegen den Krieg gewesen sind, ihn dann aber doch geführt haben, weil sie diesen Eid geschworen haben. Daraus ist eine große Lehre entstanden: Einem Diktator soll man nicht dienen. Auch nicht, um das Schlimmste zu verhüten. Jemandem, der abgrundtief schlecht ist, darf niemand dienen.

verhindern, dass Menschen, die auf dem Festland neidisch waren, in den Staat eindringen und ihn erobern konnten.
Jetzt war Krishna aber nicht nur ein König, sondern er war auch ein Freund von Arjuna. Er hatte ihn schon vorher zu deren Jugendzeiten und im Exil öfters mal besucht. Aus diesem Grund baten die Pandavas Krishna zu vermitteln. Und Krishna sagte zu Duryodhana: „Wenn du ihnen nicht die Hälfte des Königreichs geben willst, dann gib ihnen wenigstens einen Teil davon.“ Duryodhana lehnte das ab. Daraufhin überlegten die Pandavas, was ihre Aufgaben sind. Ist es ihre Aufgabe für das Königreich Krieg zu führen, oder ist es ihre Aufgabe wegzugehen und wieder im Exil zu leben? Sie beratschlagten und kamen zu folgendem Ergebnis: „Gut, wir waren im Exil sehr zufrieden, meditieren können wir dort genauso gut wie im Königreich. Wir bekommen alles was wir brauchen. Gehen wir wieder ins Exil“. Doch als sie diesen Beschluss im Königreich verkündet hatten, kamen alle Untertanen aus dem Königreich und sagten: „Das könnt ihr uns nicht antun. Die 13 Jahre Tyrannei haben wir nur deshalb ausgehalten, weil wir wussten, dass ihr zurückkommt und wieder regiert. Duryodhana hatte Angst davor, dass ihr zurückkommt. Deshalb hat er sich auch etwas zurückgehalten. Wenn er weiß, dass von euch keine Gefahr mehr droht -und es droht keine Gefahr der Rebellion mehr, weil es keine Anführer mehr gibt- dann sterben wir.“ Nach diesen Worten beratschlagten die Pandavas erneut und entschieden sich für ihr Recht zu kämpfen. Letztlich nicht für sich, sondern für die Menschen, die sie dann regieren würden.[7]
Einige Könige aus den umliegenden Gebieten sicherten den Pandavas ihre Unterstützung zu. Ebenfalls wechselten einzelne alte Heeresführer aus dem alten Reich, die Duryodhana keinen Treueschwur geleistet hatten, zu den Pandavas über.

7. Das ist eine schwierige Entscheidung, vor der immer wieder Menschen stehen. Die USA standen vor dieser Entscheidung im 2. Weltkrieg. Sollten sie das alles geschehen lassen, sich ganz neutral verhalten oder sollten sie eingreifen. Zuerst entschieden sie sich, nicht einzugreifen. Stattdessen haben sie Waffen und Kredite an die Engländer und die Japaner gegeben. Anfangs gaben sie auch noch den Deutschen etwas, aber später nur noch den Engländern und den Russen. Irgendwann sind sie dann von Japan gezwungenermaßen in den Krieg eingetreten. Wenn die Amerikaner nicht eingetreten wären dann würde Hitler Russland besiegen und ganz Europa beherrschen.
Hier kann man sich nun die Frage stellen, war es die Aufgabe der Amerikaner in den Krieg einzutreten oder nicht? Roosevelt hatte sich dafür entschieden. Er hätte Hitler weder durch einen gewaltlosen Widerstand noch durch einen Handelsboykott bezwingen können. Auch den Polen wäre es nicht gelungen, Deutschland durch gewaltlosen Widerstand zu bezwingen. Einzig die Deutschen hätten mit dieser Maßnahme Hitler besiegen können. Doch die Zahl derjenigen Deutschen, die gewaltlosen Widerstand leisteten, war zu gering, so dass sie umgebracht wurden. Der gewaltlose Widerstand Gandhis gegenüber den Engländern in Südafrika hingegen war sehr erfolgreich. Auch in Indien wurden die Engländer durch gewaltlosen Widerstand bezwungen.
Martin Luther King war erfolgreich mit seinem gewaltlosen Widerstand in Amerika, einem Land, das theoretisch der Demokratie verpflichtet war, praktisch aber Bevölkerungsteile ausgegrenzt und unterdrückt hatte und in dem die öffentliche Meinung eine große Rolle spielte.
In einer echten Diktatur stellt sich immer die Frage, ob dort gewaltloser Widerstand funktionieren würde. In Ostdeutschland hat er funktioniert und zum Zusammenbrechen des Kommunismus geführt. Aber wäre er auch in anderen Diktaturen erfolgreich? Und gibt es überhaupt eine Rechtfertigung für Gewalt? War es richtig, dass die Amerikaner in den zweiten Weltkrieg eingestiegen sind oder hätten sie sich raushalten sollen, wie die Mehrheit der Amerikaner das 1940 eigentlich wollte? War es richtig, dass die Amerikaner in Bosnien eingegriffen haben oder hätten sie weiterhin die Kriegsparteien sich umbringen lassen sollen, insbesondere die Serben die anderen? War es richtig in den Kosovo einzumarschieren? War es richtig in Afghanistan einzumarschieren? War es richtig, im Irak einzumarschieren? Da kann man dann unterschiedlicher Meinung sein. Und diese Frage stellt sich in der Bhagavad Gita auch. Sie stellte sich vor der Bhagavad Gita und sie stellt sich dann natürlich in der Bhagavad Gita.

Die Mehrheit des Heeres verblieb jedoch bei Duryodhana und weil das Heer augenscheinlich größer und mächtiger war, wollten auch mehr Leute in dieses Heer eintreten. Sie wollten auf der Seite der Gewinner stehen. Da es offensichtlich erschien, dass Duryodhana gewinnen würde, dachten viele, wir helfen ihm. Er wird uns nachher dafür belohnen. Die Königreiche der Könige, die die Pandavas unterstützen, werden nach deren Niederlage aufgeteilt und Duryodhana wird uns mit Sicherheit etwas von den Reichen abgeben. Nachdem die Überlegungen abgeschlossen waren, formierten die beiden Armeen sich und trafen sich auf dem Schlachtfeld, dem so genannten *Kurukshetra.*[8]

Karna, als stärkster Krieger des Heerführers *Bhishma*, kämpfte an vorderster Front für seinen König *Duryodhana*. *Arjuna*, als stärkster Krieger, kämpfte an vorderster Front unter der Führung *Bhimas* für seinen König *Yudhishtira*.

Die Heerführer agierten mehr aus dem Hintergrund und waren nicht in Lebensgefahr. Arjuna hatte jedoch noch eine ganz besondere Unterstützung, nämlich Krishnas. Krishna diente als Wagenlenker für Arjuna. Eigentlich war das eine Erniedrigung von Krishna. Arjuna war lediglich ein mittelloser Prinz, währenddessen Krishna ein Herrscher über eines der größten und bedeutungsvollsten Königreiche war. Wie war es dazu gekommen?

Arjuna ging zu Krishna und bat ihn um Hilfe. Und Krishna sagte: „Eigentlich will ich mit diesen Kämpfen auf dem Festland nichts zu tun haben. Du hast jetzt die Wahl. Du kannst entweder meine Armee haben und ich bleibe hier. Oder du kannst mich haben. Aber ich werde waffenlos sein und werde nicht kämpfen. Was wählst du?" Manchmal stehen wir vor schwierigen Entscheidungen. Manchmal können wir wählen zwischen Gott oder dem Heer Gottes. Die ganze Welt ist letztlich von Gott geschaffen. Wir sollten uns bewusst machen, ob die Alternative, vor der wir stehen, eine solche ist. Gott selbst ist ohne Waffen. Es erscheint so als ob man erst mal, wenn man Gott wählt, größere Nachteile hat. Am Ende stellt sich aber heraus, dass Arjuna und die Pandavas durch Krishnas Ratschläge gewonnen haben.

Arjuna wählte Krishna. Krishna fragte dann Arjuna: „Jetzt hast du mich gewählt, was hast du eigentlich davon?" „Ich werden nicht kämpfen", sagte Arjuna. „Oh Gott, wenn es dir nichts ausmacht, werde bitte mein Wagenlenker dann bist du immer bei mir." Und dazu gehört auch Bescheidenheit. Gott selbst ist bereit, unser Wagenlenker zu sein.

Beide Heere zogen also auf Kurukshetra, das Schlachtfeld. Dhritarashtra als blinder alter Mann, Großkönig ohne Regierungsbefugnis und Vater von Duryodhana, blieb zurück in der Hauptstadt. Dhritarashtra hatte seine ganzen Söhne, sein ganzes Heer, die Hauptstadt verlassen sehen. Sein Wunsch war es informiert zu bleiben, was mit

8. Kshetra heißt wörtlich übersetzt Feld. Damit kann jedes Feld gemeint sein. In dieser Geschichte ist das Schlachtfeld damit gemeint. Kuru bezieht sich auf die Nachfahren des Kurus. In der Überlieferung der Bhagavad Gita heißt es, das Kurukshetra sei eigentlich ein heiliges Feld. Auf diesem Feld standen sich nun die Kauravas und die Pandavas gegenüber.

diesen auf dem Schlachtfeld passieren würde. Da jeder Mann auf dem Schlachtfeld gebraucht wurde, konnte noch nicht einmal ein Bote hin und her gehen und ihm Informationen bringen. Dhritarashtra beklagte sich bei Vyasa darüber. Vyasa bot ihm an, das dritte Auge zu öffnen, was Dhritarashtra aber ablehnte. Damit hätte er zwar aus der Entfernung sehen können, was auf dem Schlachtfeld passierte. Aber Dhritarashtra sagte: „Ich habe Zeit meines Lebens nichts gesehen. Das erste was ich dann sehen würde, wäre wie meine geliebten Kinder sich mit meinen geliebten Neffen gegenseitig umbringen. Das will ich nicht sehen.“ Nun hatte Dhritarashtra einen Berater namens Sanjaya. Und Vyasa bot Dhritarashtra an, Sanjayas drittes Auge zu öffnen, damit er ihm berichten könnte. Dhritarashtra nahm das Angebot an. So konnte Sanjaya mitverfolgen, was bei dem ganzen Heer so passierte. Dhritarashtra konnte sich aber zunächst nicht überwinden Sanjaya zu fragen. Ihn quälte es sehr im Herzen. Er hatte natürlich auch ein schlechtes Gewissen. Er wusste, dass seine Söhne das Falsche machten. Was sie taten, war falsch und ethisch nicht zu rechtfertigen. Ihm war klar, dass er eigentlich seine Söhne hätte davon abhalten müssen. Er hätte die Möglichkeit dazu gehabt, war aber zu feige gewesen und so war er ein Häufchen Elend mit schlechtem Gewissen und traurigem Herzen mit dem Wissen, dass der Kampf ins Verderben führen würde. Irgendwann kam dann doch mal ein Bote vorbei, der Dhritarashtra die Nachricht überbrachte, dass sein Heeresführer Bhishma im Sterben liegt. Jetzt musste Dhritarashtra fragen. Er wollte wissen, wie es dazu kommen konnte, dass sein mächtiger Heeresführer im Sterben liegt? Und daraufhin erzählte Sanjaya, wie es dazu kam. Die folgenden 18 Kapitel der Erzählung von Sanjaya gelten als „Bhagavad Gita“, als „Gesang Gottes“. Sie bestehen hauptsächlich aus den Worten Krishnas, Manifestation Gottes, unterbrochen von Fragen Arjunas, eingeleitet durch die Frage von Dhritarashtra an Sanjaya und die Worte Sanjayas.

Die Bhagavad Gita ist im so genannten Slokaversmaß geschrieben. Jeweils zwei Halbverse ergeben eine Sloka. Es gibt längere und kürzere Slokas. Im ersten Kapitel z.B. sind alle Slokas kurz, wohingegen im zweiten Kapitel ab Vers 70 ein längerer Vers vorkommt und danach noch mehrere Langverse in der Gita folgen. Speziell im 11.Kapitel treten Langverse gehäuft auf.

So beginnt also das erste Kapitel der Bhagavad Gita.

Kapitel 1: Der Yoga der Mutlosigkeit Arjunas

Die Bhagavad Gita beginnt mit den Worten Dhritarashtras:

Kap. 1 Vers 1:
„Dhritarashtra sprach: Was taten mein Volk und die Söhne Pandus, nachdem sie sich zum Kampf bereit auf der heiligen Ebene von Kurukshetra versammelt hatten, oh Sanjaya?"

Sanjaya, der Dhritihastra immer ein guter Ratgeber gewesen war, und ihn immer wieder aufgefordert hatte, seine Kinder zur Raison zu bringen, der auch ein Yogi war, der meditierte und dem Narada das dritte Auge geöffnet hatte, so dass es alles in geistiger Vision mitverfolgt hatte, antwortete ihm nun:

Kap. 1 Vers 2-6:
Nachdem König Duryodhana die in Schlachtreihe aufgestellte Armee der Pandavas gesehen hatte, ging er zu seinem Lehrer Drona und sprach: „Sieh, Oh Lehrer! Diese gewaltige Armee der Söhne der Pandus, die der Sohn Drupadas, dein weiser Schüler in Schlachtordnung aufgestellt hat. Hier sind Helden, stake Bogenschützen, die im Kampfe Bhima und Arjuna ebenbürtig sind, Yuyudhana (Satyaki), Virata und Drupada auf großen Kriegswagen. Dhrishtaketu, Chekitana und der mutige König von Kashi, Purjit und Kuntibhoja und Shaibya, die besten Männer. Der starke Yudhamanyu und der tapfere Uttamaujash, der Sohn Subhadras (Abhimayu, der Sohn von Subhadra und Arjuna) und die Söhne Draupadis, die alle große Wagenlenker (große Helden) sind."

Die Namen dieser heldenhaften Krieger werden in der Mahabharata immer wieder erwähnt. Mit den folgenden Worten lobt Duryodhana seine Gegner.

Kap. 1 Vers 7:
„Erfahre auch, Oh Bester unter den Zweimalgeborenen! die Namen der Verdientesten von uns, der Anführer meiner Armee; diese nenne ich dir, um dich in Kenntnis zu setzen."

Als Zweimalgeborene werden in Indien die höheren Kasten, also die Brahmanen, die Kshatriyas und die Vaishyas bezeichnet. Es wird mit ihnen ein bestimmtes Einweihungsritual durchgeführt, was so eine Art spirituelle Neugeburt (also Zweitgeburt) darstellt. Jeder, der an diesem Ritual teilnimmt, wird als Zweimalgeborener bezeichnet. In den letzten Jahren gab es in Indien viele Bestrebungen, das

Kastenwesen aufzulösen. Dies ist inzwischen in den meisten Teilen Indiens auch geglückt. Die Aufhebung des Kastenwesens ermöglicht es dann nämlich auch den „Kastenlosen" eine Einweihung zu bekommen.
Drona, dem Dhritarashtra dies alles erzählte, war der Lehrer der Pandavas und der Kauravas. Er war eigentlich jemand, der Arjuna sehr schätzte und förderte. Doch weil er Duryodhana das Treuegelöbnis geschworen hatte, musste er jetzt, entgegen seinem Herzen, auf der Seite von Duryodhana kämpfen. Drona gilt als einer der mächtigsten Krieger.

Kap. 1 Vers 8-10:
„Du selbst und Bhishma und Karna und auch Kripa, der im Krieg Siegreiche, Ashvatthama, Vikarna und auch Jayadratha, der Sohn Somadatta. Und auch viele andere Helden, die bereit sind, ihr Leben für mich zu geben, alle ausgestattet mit verschiedenen Waffen und Wurfgeschoßen und im Kampfe sehr geschickt. Unsere Armee, die von Bhishma befehligt wird, ist unzureichend, während die ihre, die Bhima führt, groß genug ist."

In diesem Vers wird ein großes Paradox beschrieben, nämlich Tyrannen, die Angst haben. Die Armee der Kauravas war doppelt so groß wie die Armee der Pandavas. Aber die Pandavas hatten das Recht auf ihrer Seite stehen. Ferner stand Krishna auf ihrer Seite. Duryodhana wusste, dass Krishna nicht nur irgendjemand war, und so bekam er Angst. Das ist sehr charakteristisch. Es gibt keinen Tyrannen, der nicht paranoid war und letztlich auch Gründe dafür gehabt hat, paranoid zu sein. Alexander der Große z.B. hat alles Mögliche unternommen, um zu verhindern, dass er vergiftet werden würde. Er zählte zu den ganz großen Menschenschlächtern. Die Schlachten, die er angeführt hatte, waren die größten Schlachten, die es bis zu dieser Zeit gegeben hat. Hunderttausende von Menschen sind gestorben. Wenn irgendjemand ihm was Böses gesagt hat, dann ließ er diesem Menschen mit dem Schwert den Kopf abschlagen. Es konnte sowohl seinen besten Freund als auch seinen Geliebten treffen. Dieser hatte ihn irgendwann mal beleidigt, worauf hin Alexander der Große ihn umbringen ließ. Im Nachhinein hat er sich dafür Vorwürfe gemacht. Des Weiteren arbeiteten viele Vorkoster für ihn und er unterhielt eine riesige Leibwache. Man weiß nicht, wie oder woran er letztlich gestorben ist. Ob er doch irgendwie vergiftet worden ist - es gibt ja einen Roman darüber, wo das so beschrieben wurde - oder ob er vielleicht an Malaria gestorben ist oder sich zu Tode getrunken hat. Auf jeden Fall ging er als Begründer eines riesigen Reichs in die Geschichte ein. Er war zu keinem Zeitpunkt zufrieden und hatte immer Angst vor irgendwas gehabt. Neben ihm gab es auch viele andere Menschen, die grässliche Sachen gemacht haben und nie glücklich darüber waren, weil sie so etwas gemacht haben.

Es heißt immer „Ehrlich währt am längsten" aber ehrlich währt auch am glücklichsten. Das wird auch in der Mahabharata immer wieder beschrieben. Auch die Pandavas z.B., die in Kauf genommen hatten, dass sie 12 Jahre ins Exil gehen mussten, und dass sie eine kleinere Armee haben, hatten letztlich einen größeren Frieden im Herzen als die Kauravas. Trotzdem hatten sie auch Gewissensbisse, wie wir später sehen werden.

Kap. 1 Vers 11:
„Deshalb schützt alle an euren jeweiligen Plätzen in den einzelnen Teilen der Armee alleine nur Bhishma."
Duryodhana hat Angst, dass sein Heeresführer dort getötet wird.

Kap. 1 Verse 12-13:
„Sein glorreicher Ahnherr (Bhishma), der Älteste der Kauravas, brüllte nun wie ein Löwe und blies in sein Muschelhorn, um Duryodhana zu ermuntern. Darauf (nach dem Beispiel Bhishmas) erschallten plötzlich (von Seiten der Kauravas) Muschelhörner und Pauken, große und kleine Trommeln und Hörner, und der Klang war gewaltig."
Das war dann eigentlich der Beginn der Schlacht. Jetzt sollte es eigentlich beginnen.

Kap. 1 Verse 14 und 15:
„Dann bliesen auch Madhava (Krishna) und der Sohn Pandus (Arjuna), die in ihrem mit weißen Rössern bespannten prächtigen Streitwagen saßen, in ihre göttlichen Muschelhörner. Hrishikesha (Beiname von Krishna) blies das Panchajanya und Arjuna blies das Devadatta und Bhima (mit dem Bauche eines Wolfes), der schreckliche Taten vollbringt, blies das großartige Paundra Muschelhorn."
Devadatta und Paundra sind Muschelhörner. Es gibt viele Sagen des Altertums, in denen manche Kämpfer ihren Schwertern Namen gaben. In der Mahabharata wurde das ebenso gehandhabt. Hier hatten sowohl die Muschelhörner als auch die Streitwagen Namen.

Kap. 1 Vers 16:
„König Yudhisthira, der Sohn Kuntis, blies das Anantavijaya; Nakula und Sahadeva bliesen das Sughosha und das Manipushpaka."
Alle bliesen jetzt in ihre Muschelhörner.

Kap. 1 Vers 19:
„Dieser gewaltige Ton, der Himmel und Erde widerhallen ließ, zerriss die Herzen (der Männer) in Dhritarashtras Gefolge."
Dies bedeutet, dass die Kauravas Angst hatten. Obgleich sie mehr Kämpfer waren wussten sie, dass das Recht nicht auf ihrer Seite war.

Kap. 1 Vers 20:
„Als nun Arjuna, der Sohn Pandus, dessen Zeichen der Affe war, die Leute aus der Partei Dhritarashtras so in Schlachtreihe aufgestellt sah und auch sah, wie die Waffen entsichert wurden, um zu beginnen, nahm er seinen Bogen und wandte sich mit den folgenden Worten an Krishna, Oh Herr der Erde."

Mit „Herrn der Erde" ist in diesem Fall „Drithahastra" gemeint. Sanjaya erzählt ja Dhritarasta das Geschehen auf dem Schlachtfeld. Herr der Erde ist eine besondere Anrede für Könige. Diese fühlen sich dadurch besonders geehrt.
Ajrunas Zeichen war der Affe. Nicht irgendein Affe, sondern Hanuman. Arjuna war Verehrer von Hanuman und Shiva. Und auf seinem Emblem, seinem Streitwagen konnte man Hanuman sehen, wie er gerade durch die Lüfte springt. Wenn man sich Darstellungen anschaut, ist der blaue Mensch, der den Wagen lenkt, Krishna und der, der den Bogen hält, Arjuna.

Kap. 1 Vers 21-23:
„Arjuna sprach: Stelle meinen Wagen in die Mitte zwischen die beiden Armeen, Oh Krishna, damit ich die sehe, die hier zum Kampfe bereit aufgestellt sind, und weiß, gegen wen ich zu kämpfen habe, wenn die Schlacht beginnen soll. Denn ich möchte sie genau sehen, die hier zum Kampfe versammelt sind, und dem übelgesinnten Duryodhana (dem Sohn Dhritarashtras) in der Schlacht zu gefallen wünschen."

Arjuna weiß noch nicht genau, gegen wen er kämpfen soll, wer auf der anderen Seite steht. Duryodhana hat das bereits gesehen und es seinem stellvertretenden Heeresführer, dem Drona erzählt. Arjuna möchte es jetzt auch endlich sehen.

Kap. 1 Vers 24:
„Sanjaya sprach: Nachdem Arjuna so zu Krishna gesprochen hatte, stellte dieser, Oh Dhritarashtra, den besten aller Kampfwagen in die Mitte zwischen die beiden Armeen."

Einem anderen Vers der Mahabharata zufolge soll die „Mitte" ein kleiner Hügel gewesen sein. Von dort konnte man beide Formationen erkennen. Der Sage zufolge sollen es mehrere hunderttausend Menschen gewesen sein. Gelehrte nehmen an, dass diese Zahl ein bisschen übertrieben wäre, wahrscheinlich eine Null zu viel hätte. In jedem Fall war es eine riesige Ansammlung von Menschen und Arjuna bricht aus der Schlachtreihe aus und stellt sich oben auf den Hügel. Dazu gehörte eine Menge Mut. Alle Beteiligten überlegten, was er damit bezwecken wollte.

Kap. 1 Vers 25:
„Angesichts von Bhishma und Drona und allen Beherrschern der Welt sagte er: Oh Arjuna, (Sohn Prithas) sieh die versammelten Kurus."
Krishna stellt den Schlachtwagen auf den Hügel zwischen beiden Armeen und fordert Arjuna auf, es sich gut anzuschauen.

Kap. 1 Verse 26-27:
„Da sah Arjuna, (der Sohn Prithas), dass hier (in den Armeen) Väter und Großväter, Lehrer, Onkel, Brüder, Söhne, Enkel und auch Freunde aufgestellt waren. Er sah Schwiegerväter und auch Freunde in beiden Armeen. Als der Sohn

Kuntis, Arjuna, alle seine Angehörigen so aufgestellt sah, sprach er von großer Sorge und tiefem Mitleid erfüllt.“

Bislang war Arjuna davon ausgegangen, dass es eine ganz normale Schlacht sein würde. Es war ihm nicht bewusst gewesen, dass es Duryodhana gelungen war, so viele seiner Verwandten und Freunde und selbst seine Lehrer auf seine Seite zu ziehen. Jetzt erkennt er, was es eigentlich ist, nämlich ein Bruderkrieg.

Kap. 1 Verse 28-33:
„Arjuna sprach: Wenn ich diese meine Verwandten kampfbereit in Schlachtreihe aufgestellt sehe, Oh Krishna, versagen meine Glieder, mein Mund wird trocken, mein Körper zittert, und mein Haar steht zu Berge. Der Bogen entgleitet meiner Hand, und auch brennt die Haut auf meinem ganzen Körper; meine Beine versagen mir den Dienst, und also wird mein Geist wankelmütig. Und ich sehe schlechte Vorzeichen, Oh Keshava. Nichts Gutes sehe ich darin meine Verwandten im Kampf zu töten. Ich wünsche nicht den Sieg, Oh Krishna, nicht das Königreich und auch nicht Freuden. Was nützt uns Herrschaft, Oh Krishna, oder Freuden, oder selbst das Leben? Die, für die wir Königreich, Freuden und Annehmlichkeiten wünschen, stehen hier, bereit zu kämpfen und Leben und Vermögen einzusetzen.“

Arjuna sagt in diesen Versen, dass sie eigentlich nur in den Krieg ziehen wollten, um wieder Recht und Ordnung herzustellen. Um Menschen zu helfen, wieder ein freudevolles Leben führen zu können, damit die Armut, die Hungersnöte und die Tyrannei wieder aufhören können.

Die gleichen Menschen, für die die Gerechtigkeit durch Kampf wieder hergestellt werden soll, stehen sich jetzt in den Armeen gegenüber und werden sich gegenseitig umbringen. Arjuna sagt auch: „Ich wünsche nicht den Sieg, ich wünsche nicht das Königreich und nicht die Freuden.“ Es ist ihm letztlich klar, er will nicht kämpfen, um irgendetwas für sich zu bekommen. Er war ja eigentlich in der Zeit des Exils ganz zufrieden und glücklich. Er will kein Königreich haben und überlegt sich: Warum sollen wir das dann überhaupt machen?

Kap. 1 Verse 34-36:
„Lehrer, Väter, Söhne und auch Großväter, Onkel, Schwiegerväter, Enkel, Schwager und andere Verwandte, ich möchte sie nicht töten, auch wenn sie mich töten, Oh Krishna, nicht einmal, um der Herrschaft über die drei Welten willen; geschweige denn sie der Erde willen zu töten. Wenn wir diese Söhne Dhritarashtras töten, welche Freude können wir dann haben, Oh Janardan? Nur Sünde erwächst uns aus dem Töten dieser Bösewichte.“

Arjuna reagiert sehr emotional und versucht gleichzeitig das Ganze noch intellektuell auf dem Hintergrund der Purva Mimamsa Philosophie zu begründen. In der Purva Mimamsa Philosophie haben die Angehörigen verschiedener Kasten verschiedene

Pflichten. Es gibt Pflichten für die Shudras, die Bauern. Es gibt Pflichten für Vaishyas, die Kaufleute. Es gibt Pflichten für die Kshatriyas, die Krieger, Pflichten für die Herrscher und Verwaltungsbeamte. Auch die Brahmanen haben bestimmte Pflichten. Ursprünglich galten die Brahmanen als Priesterkaste. Doch schon zu Krishnas Zeiten waren nicht mehr alle Brahmanen gleichzeitig auch Priester. Oft waren es einfache Bauern die, um zu überleben, ein einfaches Leben geführt haben. Die Kshatriyas hatten folgende Aufgaben: das Land gerecht zu regieren, das Reich und die Menschen im Reich zu beschützen, und auch nach Ruhm und Ehre zu streben. Es war ihnen allerdings verboten gegen ihre eigenen Angehörigen und gegen ihre eigenen Lehrer zu kämpfen. Arjunas Herz blutete, weil er wusste, dass das nicht richtig war. Durch solche Taten entstehen Papas. Papas sind Sünden. Verwandte zu töten sind Papas.

Kap. 1 Verse 38-39:
„Daher dürfen wir die Söhne Dhritarashtras, unsere Verwandten, nicht töten; denn wie können wir glücklich sein, wenn wir unsere Angehörigen töten, Oh Madhava? Wenn diese auch weder etwas Böses darin sehen, Familien zu zerstören, noch eine Sünde in der Feindseligkeit gegenüber Freunden, da ihr Verstand von Gier überwältigt ist, warum sollten dann nicht wir, die wir das Böse in der Zerstörung von Familien deutlich sehen, lernen, uns von dieser Sünde abzuwenden, Oh Janardana?"

Gemäß der Purva Mimamsa Philosophie hat man die Aufgabe, sich um die eigene Familie zu kümmern. Und jeder hat die Aufgabe dafür zu sorgen, dass die Familie sich fortsetzt, dass die Sippe sich fortsetzt. Es gibt die Großkasten, die so genannten „Varnas", und es gibt die Kleinkasten, die so genannten „Jatis". Beide gelten als Sippen mit eigenen Gesetzen, eigener Ethik und eigenen religiösen Riten.
Einer Theorie zufolge ist eine Jati eine Kaste, die aus verschiedenen Gesellschaften heraus entstanden ist. Ansässige Volkstämme und Einwanderer haben sich zusammengruppiert und ihre eigenen religiösen Riten geschaffen. Alle Mitglieder der betreffenden Jati mussten sich an die Riten halten. Sie mussten die Riten ausführen und dafür sorgen, dass sie an die eigenen Nachkommen, die natürlich dann Mitglieder dieser Jati wurden, weitergegeben werden. Dies brachte ihnen erneut bestimmte Punyas ein.
Krishna wird an späterer Stelle (ab Kapitel 2) gegen diese Argumentation von Arjuna, und damit gegen die Aussagen der Purva Mimamsa Philosophie und das Glaubenssystem Arjunas recht klar Stellung beziehen. In der Bhagavad Gita fährt Arjuna aber mit seiner eigenartigen Argumentation fort:

Kap. 1 Verse 40 und 41:
„Wenn eine Familie zerstört wird, verlöschen die uralten religiösen Riten dieser Familie; in Folge der Zerstörung der Spiritualität sucht in der Tat Gottlosigkeit die ganze Familie heim. Wenn Gottlosigkeit regiert, Oh Krishna, verlieren die Frauen

der Familien ihre Ehre. Und durch die Ehrlosigkeit der Frauen, Oh Varshneya kommt es zur Vermischung der Kasten.“

Durch die religiösen Traditionen jeder Sippen wurden im Besonderen auch die Frauen beschützt, die ansonsten Vergewaltigungen, Entführungen usw. zum Opfer gefallen wären. Als eine der größten Papa (Sünden) galt es dort, eine Frau zu vergewaltigen. Wenn jemand nicht mehr daran glaubte, dann wurden auch die Frauen nicht mehr beschützt. Die Vermischung der Kasten war gemäß der Purva Mimamsa Philosophie etwas Schreckliches. Wenn eine Frau vergewaltigt, die nächste Frau entführt wurde, konnte es schnell zu der Vermischung der Kasten kommen.

Kap. 1 Vers 42:
„Die Vermischung der Kasten bringt die Mörder der Familien in die Hölle, denn ihre Ahnen fallen, da sie keinen Reis und kein Wasser (Trankopfer) erhalten haben.“

Wenn man, als Angehöriger einer Jati, die religiösen Riten nicht mehr durchführt, und zusätzlich noch die Ahnen nicht mehr ehrt oder Opferzeremonien durchführt, landet man laut Purva Mimamsa Philosophie nicht nur selbst in der Hölle, sondern alle eigenen Verwandten ebenfalls. Die Verehrung der Ahnen galt als ein besonders hohes Gut.

Kap. 1 Verse 43-47:
„Durch die bösen Taten derer, die Familien zerstören und somit die Vermischung der Kasten verursachen, werden die ewigen religiösen Riten der Kaste und der Familie zerstört. Wir haben gehört, Oh Janardana, dass es Angehörigen von Familien, in denen die religiösen Praktiken zerstört worden sind, in jedem Fall bestimmt ist, für eine Zeit unbekannter Dauer in der Hölle zu verweilen. Ach! Wir verstricken uns in große Sünde, wenn wir uns dazu bereit finden, aus Gier nach den Freuden eines Königreiches unsere Angehörigen zu töten. Es wäre für mich besser, die bewaffneten Söhne Dhritarashtras erschlügen mich im Kampfe, während ich unbewaffnet bleibe und keinen Widerstand leiste. Sanjaya sprach: nachdem Arjuna so in der Mitte des Schlachtfeldes gesprochen hatte, warf er Pfeil und Bogen von sich und setzt sich mit von Sorge überwältigtem Geist im Streitwagen hin.“

Wenn ihr euch jetzt mal das ganze Bild vergegenwärtigt:
Da gibt es zwei sich gegenüberstehende Armeen, die schon zum Angriff die Muschelhörner geblasen haben. Arjuna verlässt einfach die eigene Armee und begibt sich in die Mitte beider Armeen. Dort unterhält er sich mit Krishna und wirft danach einfach seine Waffen nieder.
Und dann dauert es noch 17 Kapitel, also mehrere Stunden, bevor die Schlacht überhaupt beginnt! Warum warten beide Armeen eigentlich so lange?
Nun, die Pandavas wissen, dass sie ohne Arjuna keine Chance haben. Ihre Armee besteht nur aus halb so vielen Kriegern wie die Armee der Kauravas. Arjuna ist ihr

stärkster Krieger und er wird von Krishna unterstützt. Die Kauravas teilen dieses Wissen, hoffen aber, dass Arjuna zu feige ist, dass er es mit der Angst zu tun bekommt und flieht. Dann würden sie leicht einen Sieg über die Pandavas erlangen. Wenn sie allerdings jetzt angreifen würden, dann könnte es sein, dass Arjuna gezwungenermaßen zu seiner Waffe greift und es eine große Schlacht mit vielen Toten auf Seiten der Kauravas geben wird. Aus diesem Grund warten beide Armeen ab.

Oft wird die Frage gestellt, warum Krishna Arjuna die Weisheit der Bhagavad Gita auf dem Schlachtfeld erzählt. Er hätte es auch vorher bei einer Tasse Getreidekaffee im warmen Zimmer oder in einem Ashram tun können. Die meisten Dinge, die in der Bhagavad Gita erzählt werden, haben mit dem Schlachtfeld nichts zu tun, sondern sind Grundlagen des spirituellen Lebens, die auf jede Lebenssituation anwendbar sind. Und jeder Mensch, egal in welcher Lebenssituation er ist, wird in der Bhagavad Gita Anleitungen finden, wie er sein Leben spirituell ausrichten kann. Wie er von Egoismus und Getrenntheit wegkommen und zu einem Gefühl der Einheit kommen kann.
Der Grund, warum Krishna das Arjuna auf dem Schlachtfeld erzählt hat, ist, dass wir keine Ausrede haben sollen für Tamas. Ich bekomme oft in Seminaren zu hören: „Was du dort erzählst ist ganz schön für diejenigen, die im Ashram leben, ein gemütliches, schönes, angenehmes konfliktfreies Leben haben, in dem das alles sehr einfach ist.“

Es sei dahingestellt, ob das Leben im Ashram immer ein angenehmes und konfliktfreies Leben ist. Aber die Bhagavad Gita ist eben nicht an Ashrambewohner adressiert geschrieben worden. Krishna verkündet das in einem Moment, vielleicht in einem der extremsten menschlichen Momente überhaupt, nämlich im Kriegszustand.
Als Kinder haben viele von uns wahrscheinlich unseren Eltern oder Großeltern immer wieder gesagt: „Hör auf über den Krieg zu erzählen, wir wollen es nicht mehr hören.“ Und manche Eltern wollten oft auch gar nichts erzählen. Sie standen unter einem posttraumatischen Syndrom, was bedeutet, dass sie zeit ihres Lebens von einer traumatischen Erfahrung berührt sind. Viele unsere Eltern und Großeltern hatten solche traumatischen Erkrankungen.

Arjuna befindet sich also in der extremsten menschlichen Situation, in der er überhaupt sein kann. Und wenn das, was Krishna Arjuna erzählt, in dieser Situation anwendbar ist, dann haben wir keine Ausrede mehr zu sagen: „Krishna kann das Arjuna ruhig erzählen. Dem geht es ja gut. Er lebt geschützt in einem Ashram, wo es keine menschlichen Probleme gibt.“ Nein, Arjuna befindet sich in einem schlimmen ethischen Konflikt. Er hat die Verantwortung für das Leben von Tausenden oder Hunderttausenden von Menschen. In dieser Situation hört er die Lehren Krishnas.

An dieser Stelle muss man sich mal vergegenwärtigen, warum Arjuna überhaupt Bedenken hat zu kämpfen. Wenn das Leute gewesen wären, die er nicht gekannt hätte, dann wäre es kein Problem für ihn gewesen zu kämpfen. Er hat ja schon in vielen

Schlachten gekämpft. Er hat des Öfteren die Bösen vernichtet, die Tyrannen, die Gesetzesbrecher. Doch nun erkennt Arjuna, dass diesmal die Bösen und die Guten seine eigene Familie sind. Dies ist die vielleicht wichtigste Erkenntnis überhaupt. Jeder Mensch gehört zu unserer Familie.

Wissenschaftler der modernen Biologie behaupten, dass wir alle von einem Menschen, gerne als „Luzie" bezeichnet, abstammen. Wir haben alle die DNA von Luzie in unserem Körper. Wir könnten auch durchaus sagen, dass wir die DNA von Adam oder Eva in uns hätten. Es ist sehr wahrscheinlich, dass wir alle einen gemeinsamen Urahnen haben.

Ferner führen manche Wissenschaftler aus, dass nur ein paar hundert Menschen die Eiszeit überlebt haben. Mit denen seien wir ebenfalls verwandt. Irgendjemand hat mal ein Gedankenexperiment gemacht und gesagt: „Über sechs Menschen kennen wir jeden Menschen auf diesem Planeten. Jeder kennt jemand anderen, der wieder jemand anders kennt, der jemand anderes kennt, der nochmals jemand anderes kennt. Über sechs Stufen müsste man jeden Menschen auf dieser Welt kennen."

Dies hat er auch zu beweisen versucht. Natürlich, im streng mathematischen Sinne, ist es nicht beweisbar. Trotzdem sind wir alle irgendwie über sechs Ecken miteinander befreundet. Vom yogischen Standpunkt aus haben wir alle das gleiche Selbst und wir haben alle die gleichen Gefühle und Emotionen. Letztlich sind wir alle Teile einer Familie.

Arjuna erkennt nun, dass die anderen seine Familie sind. Jetzt hat er Bedenken sie umzubringen. Obwohl die anderen ihn hassen, hat er das sehr große menschliche Gefühl von Liebe. Selbst Duryodhana und seinen anderen Cousins gegenüber empfindet er Liebe. Und gerade weil Arjuna diese Liebe spüren kann und seinen Gegner vergibt, sagt er, dass sie nur aus Verblendung heraus handeln und eigentlich gar nicht so schlimm sind. Er liebt sie weiterhin. Einzig und allein aus diesem Grund ist Krishna auch bereit, Arjuna die Bhagavad Gita zu erzählen. Arjuna besitzt Vairagya (Verhaftungslosigkeit, Abwesenheit von Gier). Er will kein Königreich. Er will keinen Ruhm, er will keine Freude. Eigentlich geht es ihm nur darum, das Rechte zu tun. Aber er hätte kaum Bedenken zu kämpfen, wenn es Leute wären, die er nicht kennt.
Beide Armeen stammen jedoch aus einer Jati, aus einer Sippe. Sie haben sich getrennt, was normalerweise gar nicht geht und Unrecht ist. Arjuna weiß, dass der Gegner doppelt so stark ist wie seine Armee. Allerdings verfügt Arjuna auch über ein gutes Selbstvertrauen. Er geht davon aus, dass er viel ausrichten kann und es zu vielen Toten auf beiden Seiten kommen wird.
Wenig Tote würde es dann geben, wenn eine Armee erheblich größer als die andere wäre. Wenn die beiden Armeen in etwa gleich stark sind, gibt es erheblich mehr Gemetzel. Und dabei wäre nicht klar, wie viele davon überleben würden. Würden ausreichend Überlebende übrig bleiben, um die religiösen Riten weiterzuführen?
Krishna wird sich an dieser Stelle nicht auf Arjunas Argumentation aus der Purva

Mimamsa Philosophie heraus einlassen. Im Gegenteil sogar. Krishna teilt ihm in den nächsten Kapiteln mit, dass Arjuna sich nicht um das kümmern soll, was die Purva Mimamsa Philosophie sagt, und, dass diese Philosophie nicht auf ethische Fragen anwendbar ist.
Krishna geht zwar an einigen Stellen kurz auf die Philosophie ein, will aber von einer höheren Ethik ausgehen. Er möchte Arjuna nicht darin unterstützen die Familienethik, die „In-den-Himmel-kommen- Ethik" oder die „Andere-in-den-Himmel-heben-Ethik" zu praktizieren. Ihm geht es letztlich um die Befreiung des Menschen.

Kap. 1 Abschlussvers:
„So endet in den Upanishaden der glorreichen Bhagavad Gita, der Wissenschaft vom Ewigen, der Schrift über Yoga des Dialogs zwischen Shri Krishna und Arjuna, das erste Kapitel mit dem Namen: Der Yoga der Mutlosigkeit Arjunas."

Dieses erste Kapitel endet mit einem bestimmten Vers, der sehr wahrscheinlich ursprünglich nicht aus der Mahabharata stammt, sondern von späteren Übersetzern eingefügt worden ist. Dieser Vers ist die Beschreibung der Bhagavad Gita. Es könnte sein, dass dieser Zusatz zum Schluss von Shankara geschrieben worden ist und er jedem Kapitel einen Titel gegeben hat.

Brahma Vidya = Wissenschaft vom Ewigen, also die Weisheit von Brahma
Yogashastra = Schrift über Yoga
Shri Krishna Yoga *samvade* = Samvade heißt Dialog zwischen Krishna und Arjuna
dhyayah heißt Kapitel
prathamo heißt erstes.

So endet das erste Kapitel der Mutlosigkeit Ajrunas. Mutlosigkeit ist einer der 18 Wege, die in der Bhagavad Gita beschrieben werden. *Visada*, was Mutlosigkeit bedeutet, wird sogar als Yoga bezeichnet. Oft ist es so, dass wir einen großen Schritt auf dem spirituellen Weg tun, wenn wir verzweifelt sind. In der englischen Übersetzung der Bhagavad Gita wird *visada* mit *desperation*, also *Verzweiflung* übersetzt.
Und diese Tatsache kann uns Mut geben; sie kann uns trösten. Wenn wir mal verzweifelt sind und uns der Verzweiflung auch stellen, dann können wir sagen, dass wir Yoga praktizieren. Und gerade dadurch, dass wir uns ab und zu in einer solchen Verzweiflung befinden und mutlos sind, können wir uns öffnen für eine tiefere Weisheit, eine tiefere Wahrheit.
Wir stehen öfters vor Konflikten, inneren und äußeren Konflikten. Gandhi und Yogananda interpretierten die ganze Bhagavad Gita als einen Kampf im Inneren.

Kapitel 2: Samkhya Yoga

Das zweite Kapitel beginnt mit den Worten Sanjayas.

Kap. 2 Vers 1-2:
Sanjaya sprach: „Zu dem vom Mitleid Überwältigten und Mutlosen, dessen Augen voll Tränen standen und er der sehr erregt war, sprach Madhusadana (der Zerstörer Madhus, (also) Krishna): Krishna sprach: „Woher kommt diese gefährliche Verzweiflung über dich, diese Niedergeschlagenheit, die deiner nicht würdig ist und unehrenhaft, und die die Himmelstore vor dir verschließen wird, Oh Arjuna?"

„Sri bhagavan uvaca" bedeutet immer „sprach". In der Bhagavad Gita kann man immer wieder den Begriff „Bhagavan", was übersetzt „Gott" heißt, finden. Insbesondere die Manifestation von Vishnu wurde als Bhagavan bezeichnet. In dieser Ausgabe wird es immer übersetzt mit den Worten: „Krishna sprach". Man könnte auch sagen „Gott sprach" oder „der gepriesene Herr sprach":

„Woher kommt diese gefährliche Verzweiflung über dich, diese Niedergeschlagenheit, die deiner nicht würdig ist und unehrenhaft, und die die Himmelstore vor dir verschließen wird, Oh Arjuna?"

In diesen Versen, genauso wie im gesamten ersten Kapitel, spricht Krishna zu Arjuna nicht höchste Worte der Weisheit. Deswegen werden die Verse auch von Swami Sivananda nicht kommentiert.
Der Grund dafür ist, dass Arjuna sich bislang immer als Freund an Krishna gewandt hat. Nehmt zum Beispiel einmal an, ein Freund von euch würde ein Yogaseminarhaus eröffnen und hätte viele Schwierigkeiten bei der Eröffnung und Vorbereitung. Er äußert darauf den Wunsch, das Zentrum gleich wieder zu schließen. Wie würdet ihr als guter Freund oder gute Freundin verhalten?
Natürlicherweise würdet ihr ihm gut zureden. Ihr würdet ihm sagen: „Du hast dir das doch vorher gut überlegt. Das sind jetzt nur Anfangsschwierigkeiten. Das ist ganz normal. Mach weiter. Du warst dir vorher doch sehr sicher. Warum bist du dir jetzt nicht mehr so sicher? Du hast mir doch vorher auch gesagt, dass es eventuell Probleme geben könnte. Mach einfach weiter, du hast ja erst damit angefangen." Solche oder ähnliche Worte würdet ihr zu eurem Freund oder eurer Freundin sprechen.

Und genau auf dieselbe Weise spricht auch Krishna zu Arjuna. Er spricht zu ihm als Freund und nicht als Lehrer. Wenn er Hilfe von Krishna als Lehrer hätte bekommen wollen, hätte er ihn auch als Lehrer ansprechen müssen. Allgemein gilt, wenn man von jemandem Weisheit haben will, sollte man ihn auch als Lehrer behandeln. Wenn man jemanden wie einen Freund behandelt, bekommt man eine Antwort als Freund.

Wenn man jemanden wie einen Schriftgelehrten behandelt, bekommt man eine Antwort als Schriftgelehrter. Wenn man aber wirkliche Weisheit bekommen möchte, gelehrt werden möchten, dann muss man die betreffende Person als Lehrer behandeln.

Und da Arjuna Krishna nur als Freund behandelt, antwortet Krishna ihm nur als Freund. Krishna fragt Arjuna, woher seine Verzweiflung kommt, die seiner nicht würdig ist, die unehrenhaft ist und macht ihm klar, das ihm die Himmelstore verschlossen sind. Die Aufgabe eines Kshatkriyas ist es, einen gerechten Krieg zu führen. Wenn ein Kshatkriya feige ist, dann ist das Papa, Sünde. Dann kommt er in die Hölle.

Kap. 2 Vers 3-4:
„Erliege nicht der Hilflosigkeit, Oh Arjuna, Sohn Prithas. Sie schafft dir keinen Nutzen. Treibe diese armselige Schwäche aus deinem Herzen! Steh auf, Oh Zerstörer der Widersacher!"
„Arjuna sprach: Oh Madhusudana, wie soll ich im Kampf Pfeile gegen die verehrungswürdigen Bhishma und Drona schicken, Oh Zerstörer der Feinde?"

Arjuna will von Krishna wissen, wie er gegen seine Lehrer kämpfen soll. Bhishma und Drona waren die Lehrer Arjunas. Von ihnen hatte er sowohl spirituelle Lektionen empfangen, als auch die Staatskunst gelernt. Ebenfalls lehrten sie ihn Waffen- und Heerkunst.

Kap. 2 Vers 5-6:
„Besser ist es in der Tat, in dieser Welt Almosen zu empfangen, als die edelsten Lehrer niederzustrecken. Töte ich sie aber, wird schon in dieser Welt all meine Freude am Besitz und an der Erfüllung meiner Wünsche mit (ihrem) Blut befleckt sein. Schwerlich kann ich sagen, ob es besser wäre, wir bezwängen sie, oder sie bezwängen uns. Auch die Söhne Dhritarashtras stehen uns gegenüber; nachdem sie getötet wurden, möchten auch wir nicht mehr leben."

Der Kampf auf dem Schlachtfeld steht symbolisch für viele Situationen. Glücklicherweise ist niemand von uns in der Situation, dass er über einen Krieg zu entscheiden hätte. Und ich hoffe, dass wir über so etwas niemals entscheiden müssen. Der deutsche Bundestag musste irgendwann mal entscheiden, ob er Truppen in den Kosovo oder nach Afghanistan entsenden wollte. Dies war keine leichte Entscheidung. Menschen, die zum Teil Jahre und Jahrzehnte für bedingungslosen Pazifismus gekämpft haben, dafür demonstriert haben, haben entschieden, Heere und Truppen dorthin zu entsenden. Es war eine äußerst schwierige Situation und es ist schwierig zu beantworten, was wirklich richtig oder falsch wäre. Dies ist ein Beispiel, derer es viele gibt.
Oft geschehen kleinere Ungerechtigkeiten, bei denen wir überlegen können, ob wir etwas dagegen unternehmen oder nicht. Manchmal tun wir aus Bequemlichkeit nichts

dagegen. Wir fühlen zwar in unserem Herzen, dass wir etwas tun sollten, aber es wäre eine Menge an Anstrengung notwendig. Oft sind wir nicht dazu bereit die auf uns zu nehmen oder wir überlegen länger, ob wir sie auf uns nehmen wollen. Wir fragen uns: „Soll ich das wirklich auf mich nehmen? Es wäre doch besser, wenn ich zwei Stunden am Tag habe, um zu meditieren als mich so zu bemühen."

Als bei Yoga Vidya im Jahr 2000 nach vier Jahren das Seminarzentrum „Haus Yoga Vidya Westerwald" gut lief, haben wir überlegt, ob wir ein weiteres Seminarzentrum eröffnen wollten. Manchmal habe ich gedacht: Warum sollen wir uns das eigentlich antun? Das Haus Yoga Vidya Westerwald lief gut, wir bräuchten nur die Preise um 20% anzuheben. Bei dem Andrang, den wir hatten, wäre das ohne Schwierigkeit möglich gewesen und dann hätten wir ein schönes Team zusammengesetzt und ein ruhiges, bequemes Leben führen können. Das Haus Yoga Vidya Westerwald war ausgebaut, warum also sollten wir uns weiter anstrengen? Ihr wisst, wie wir uns entschieden haben: Wir haben ein weiteres Seminarhaus gesucht und 2003 das sehr viel größere „Haus Yoga Vidya Bad Meinberg" eröffnet, was dann wieder zu vieler Mühe geführt hat...
So ist oft die Frage: Sollen wir es uns bequem machen oder uns anstrengen? Sollen wir Sicherheit suchen oder ein Risiko eingehen?

Eine andere Anwendung der Bhagavad Gita: Manchmal stehen wir vor Entscheidungen, und wir wissen ganz genau, was wir tun sollten. Wir sind aber zu faul, zu tamasig (träge) und wollen es nicht wirklich tun.

Manchmal entdecken wir zum Beispiel, dass wir den einen oder anderen Fehler in uns oder schlechte Angewohnheiten haben. Das habt ihr bestimmt auch schon mal an euch entdeckt. Und dann lesen wir in den Schriften, dass es gut ist, gegen schlechte Gewohnheiten anzugehen. Es ist gut gegen Ungeduld anzugehen. Es ist hilfreich, Gier und Ängste zu überwinden. Wenn wir eine schlechte Angewohnheit festgestellt haben, machen wir uns auf den Weg und sagen uns: „Ich werde etwas gegen meine Schüchternheit tun." Wenn wir uns die Schüchternheit dann näher anschauen: Was stellen wir fest? Sie ist irgendwie mit uns verwandt. Irgendwie bin ich das doch, warum soll ich dagegen angehen? Die Schüchternheit ist ein Teil von mir. Soll ich jetzt w i r k l i c h etwas dagegen tun? Soll ich mich darum bemühen sie abzulegen? Natürlich gibt es geeignete Mittel dafür: Ich kann über Mut meditieren. Ich kann mich freiwillig als Yogalehrer für große Yogastunden und Vorträge melden. Ich kann mich an meinem Arbeitsplatz melden, um Referate zu halten. Ich kann Elternsprecher werden oder mich in einer politischen Partei engagieren, für den Stadtrat kandidieren usw. Es gibt viele Möglichkeiten. Und dann denken wir plötzlich, ich will lieber mich lieber weiterhin in meinem Mauseloch verstecken. Ich habe viele Jahre oder gar Jahrzehnte ganz gut mit dieser Eigenschaft gelebt, warum sollte ich jetzt plötzlich dagegen kämpfen?

Wir befinden uns immer wieder an einem Scheideweg. Und immer wenn wir uns an einem Scheideweg befinden, immer wenn es gilt, wichtige Entscheidungen zu treffen, gibt uns Krishna in der Bhagavad Gita wichtige Hinweise. Oft sind diese nicht ganz leicht zu befolgen, denn sonst bräuchte die Gita kein ganzes Buch zu sein, und Vyasa hätte nach den nächsten Versen, nach der Antwort Krishnas an Arjuna einfach aufhören können, weiterzuschreiben. Krishna hätte sagen können: „Ich als Gottinkarnation von Vishnu sage dir klar, das ist deine Aufgabe." Aber genau diesem Wunsch Arjunas kommt er nicht nach. Stattdessen gibt er ihm und uns viele Kriterien an die Hand, die uns helfen, zu einer Entscheidung zu kommen. Und im 18. Kapitel Vers 63 sagt er: **„Nachdem du all das überlegt hast, handele wie du willst."**
Und zum Schluss rät Krishna Arjuna, ihm alles, was auch immer er tut, darzubringen.

Kap. 18 Vers 66 :
„Gib alle Pflichten auf und suche Zuflucht nur bei Mir alleine: Ich werde dich von allen Sünden befreien; sorge dich nicht."
Sarva-dharman parityajya mam ekam saranam vraja aham tva sarva-papebhyo moksayisyami ma sucah.

Arjuna wollte von Krishna wissen, was sein Dharma ist, was seine Pflicht, was seine Aufgabe ist. 17 Kapitel lang erzählt Krishna ihm, wie er herausfinden kann, was sein Dharma ist. Und dann sagt er ihm: „Jetzt überlege all dies und dann tue, wie du merkst dass es richtig ist. Danach gib die Vorstellung von richtig und falsch auf. Widme alles mir und ich erlöse dich von allen Papas (Schuld, Sünde)."

Vor allen schweren Entscheidungen - inneren oder äußeren - sollten wir das berücksichtigen, was Krishna in diesen 17 Kapiteln erzählt. Und ein kleiner Trost ist: oft wissen wir dann immer noch nicht, was das Richtige ist. Das macht das Leben nicht einfacher.

Manchmal stelle ich Menschen in meinen Seminaren oder Vorträgen drei Fragen:
1. Wer hat das Gefühl, dass das Leben einfacher geworden ist, seit er Yoga macht?
2. Wer hat das Gefühl, dass das Leben erfüllter geworden ist, seit er Yoga macht?
3. Wer meint denn, dass das Leben schöner und lebenswerter geworden ist, seit er Yoga macht?
Fast alle, die länger Yoga machen, finden, dass das Leben seit Beginn der Yogapraxis zwar nicht einfacher, aber dafür erfüllter und lebenswerter geworden ist.

Der buddhistische Meditationslehrer Jack Kornfield zum Beispiel sagt: Wenn man lernt mit zu leiden, dann leidet man auch mehr. Aber auch die Fähigkeit Leiden zu ertragen wird dann größer. Im deutschen Sprachraum sprechen Menschen oft von Mitgefühl oder Mitleid. Viele Menschen möchten Mitgefühl aber kein Mitleid bekommen. Doch ich finde, wenn der andere Mensch leidet und man dann mit ihm mit fühlt: Welche Emotion ist das dann, wenn nicht Mitleid? Oft wenden Menschen dann ein, es

käme darauf an, worauf ich das Bewusstsein lege. Lege ich es auf sein Leid oder darauf, ihm aus seinem Leid herauszuhelfen. Das wäre schon ein großer Unterschied.
Dem antworte ich meist: „Manchmal hilft man jemandem aus seinem Leid heraus, indem man seinen Schmerz fühlt. Manchmal sind Ratschläge das Dümmste, was man in dem Moment machen kann."

Relativ oft gibt es Menschen, die leiden und einem ihr Leid klagen. Und was macht derjenige, dem das Leid geklagt wird? Er gibt einen Ratschlag. Das führt bei dem Leidenden dann oft nur dazu, dass er sich völlig unverstanden fühlt. Natürlich können wir auch nicht mit jedem Einzelnen leiden. So groß ist unsere Leidensfähigkeit auch nicht. Aber manchmal kann es durchaus zu einem Problem werden, denn als Yogis werden wir feinfühliger. Viele Menschen, die einige Zeit auf dem Yogaweg sind und gefragt werden: „Hast du das Gefühl, dass du, seit du Yoga machst feinfühliger geworden bist?" antworten mit: „Ja".
Durch Yoga wird das Leben also nicht unbedingt einfacher. Wir wissen auch nicht immer direkt, was die richtige Entscheidung ist, aber wir haben viele Kriterien, um Entscheidungen fällen zu können. Wenn die Kriterien nicht ausreichend hilfreich sind und wir immer noch nicht wissen, was wir tun sollen, können wir eine Entscheidung treffen und sagen: „Oh Gott, ich mache das jetzt so und so. Ich bin mir nicht sicher ob es richtig ist. Ich bringe dir diese Entscheidung ganz und gar dar. Ich bringe dir die Handlung ganz dar. Wenn du willst, dass ich es nicht so mache, dann kannst du mich ja immer noch davon abhalten." Damit ist es nicht mehr die eigene Verantwortung, sondern Gottes Verantwortung.
Doch bevor Krishna Arjuna überhaupt lehren kann, muss der siebte Vers kommen, welchen ich persönlich für den wichtigsten Vers halte. Ohne diesen siebten Vers gäbe es die Bhagavad Gita überhaupt nicht.

Kap. 2 Vers 7:
„Mein Herz ist vom Makel des Mitleids überwältigt; mein Geist verwirrt hinsichtlich meiner Pflicht. Ich bitte Dich: Sage Du mir klar, was für mich richtig ist. Ich bin Dein Schüler. Lehre mich, da ich bei dir Zuflucht gesucht habe."

Mit diesen Worten öffnet sich Arjuna für Krishna als Lehrer. Er macht ihn jetzt zum Lehrer. Er akzeptiert ihn als Lehrer. Die vorherige Freundschaftsbeziehung ist aufgehoben. In diesem Moment bittet er um die Schülerschaft.
An einigen Stellen in der Bhagavad Gita kann man sehen, dass Arjuna anfangs nicht mit den Anforderungen Krishnas zufrieden ist. Arjuna sagt z.B.: „Sag mir jetzt klar, was für mich richtig ist." Vermutlich hätte er es noch deutlicher formuliert und gesagt: „Du, Krishna, sage mir jetzt was ich tun soll." Und erwartet hätte er vermutlich eine Antwort Krishnas wie: „Ich, Krishna, Manifestation Gottes, sage dir, mach es so und so."

Mein Lehrer, Swami Vishnu, hat mir auch fast nie eindeutig gesagt was ich tun soll, auch wenn es um wichtige Entscheidungen ging, vor denen ich gestanden habe. Er gab mir immer nur Kriterien, anhand derer ich vielleicht selbst entscheiden konnte. Das machen eigentlich alle großen Meister. Manche Menschen haben ja angst, wenn sie zu einem großen Meister gehen, versklavt zu werden. Aber die echten Meister handeln nicht so. Die guten Meister geben uns nur gute Kriterien, anhand derer wir uns dann entscheiden können.

Was qualifiziert nun Arjuna dazu, Schüler von Krishna zu werden? Welche Eigenschaften besitzt er für die Schülerschaft?

Er will Wissen.

Er ist um Frieden und um Gerechtigkeit bemüht. Dies ist auch sein Problem, denn die beiden Sachen widersprechen sich. Er will das höchstmögliche Gute tun. Es geht ihm weniger darum herauszufinden, wie er sich nachher besser fühlt. Es geht um Vairagya (Wunschlosigkeit). Arjuna besitzt Verhaftungslosigkeit, Wunschlosigkeit. Es geht ihm nicht darum, ob er reich wird oder nicht. Das Königreich ist ihm egal. Sinnesgenüsse sind ihm egal. Es ist ihm auch egal, wie er sich gut fühlen kann. Darüber spricht er nämlich überhaupt nicht. Es geht ihm darum, wie er das tun kann, was das Richtige ist. Er spricht zwar davon, was in der Situation das Richtige für ihn ist, will aber eigentlich wissen, wie er richtig handeln kann. Auch wir können überlegen, was für uns das Richtige ist.
Öfters wird die Frage gestellt: „Wie finde ich meinen Guru?“ oder „Brauche ich überhaupt einen Guru?“ Solange man sich die Frage noch stellt, braucht man ihn nicht wirklich. Wenn man ihn wirklich braucht, dann stellt sich die Frage nicht mehr. Wie können wir nun unseren Guru finden? Nicht dadurch, dass wir im Internet nachschauen nach Schlagworten wie „Guru, gut, qualifiziert, anerkannt“. Ich habe schon mal irgendwo eine Gurusuchmaschine gefunden, da gibt man ein paar Stichworte ein und dann steht da durchaus, welche der jetzigen Gurus für einen in Frage kommen.

Er besitzt Hingabe. Er sagt jetzt zu Krishna: „Lehre Du mich, was das Richtige ist.“ Er ist auch innerlich bereit, das zu befolgen, was Krishna ihm sagen wird.

Er praktiziert seit vielen Jahren regelmäßig Meditation, Pujas, Asanas und Pranayama. Ich habe schon einen Kommentar gelesen, wo Krishna dem jugendlichen Arjuna die Weisheit der Bhagavad Gita beibringt. Selbst Arjuna hat schon erwachsene Kinder, die auf dem Schlachtfeld mitkämpfen. Er kann also nicht so jugendlich sein.

Er weiß nicht weiter. Es heißt, ist der Schüler bereit, ist der Lehrer nicht weit. Solange alles gut geht auf dem Weg, braucht man auch keinen Lehrer. Und selbst, wenn der Lehrer da ist, wird man nicht übermäßig viel von ihm profitieren. Man praktiziert einfach. Aber dann, wenn man nicht mehr weiter weiß, Wissen will, bereit ist für Hingabe und der Geist über lange Praxis schon gereinigt ist, dann kann man den Lehrer verstehen. Als Lehrer können wir Gott annehmen, von dem wir intuitive Antworten bekommen. Oder wir können einen Menschen annehmen, den wir bis zu diesem Zeitpunkt als Freund betrachtet haben, der viel weiß. Oder jeden beliebigen Menschen, von wir annehmen, dass er ein großer Meister ist und der bislang weit entfernt von einem selbst war. Es gibt viele Möglichkeiten.

Arjuna hat selbst schon nachgedacht. Er ist besonnen.

Wenn wir selbst uns einen Lehrer wünschen, brauchen wir auch all diese Voraussetzungen. Wir müssen selbst wissen wollen. Wir müssen bereit sein, uns hinzugeben. Wir sollten schon eine Weile praktiziert haben, dass wir uns wirklich einstimmen können. Wir sollten nicht abwarten, bis der Lehrer auf uns zukommt. Wir sollten bewusst unser Leben führen. Wir sollten unsere Entscheidungen nicht danach fällen, was für uns angenehm und bequem ist. Auch sollten wir nicht überlegen, was lässt mich gut fühlen und nur das tun, sondern wir sollten uns überlegen, wie wir so handeln können, dass es das größtmögliche Gute bewirkt.

Patanjalis Theorie besagt letztlich auch: Wenn wir uns wirklich um etwas bemühen, dann fühlen wir auch Ananada im Inneren. Wir sind weniger an den Früchten unserer Handlung interessiert. Wenn wir nach diesem Motto leben, wenn wir so handeln und dann in Situationen kommen, wo wir nicht mehr weiter wissen, dann können wir beten. Dann wird der Meister sich manifestieren, oder Gott wird zu uns sprechen, oder wir spüren die innere Führung. Dies verspricht uns Krishna auch am Ende des 18. Kapitels.

Eine weitere Eigenschaft, die Arjuna als Schüler prädestiniert - die aus den bisherigen Versen nicht deutlich wird, sondern erst in späteren Versen - ist, er hakt nach. Er hinterfragt alles.

Swami Vishnu hat uns immer gesagt, dass es verschiedene Arten von Fragen gibt.

Es gibt die satvige Art von Fragen, wo man fragt, weil man es wirklich wissen will.

Es gibt die rajasige Art von Fragen, bei der man Fragen stellt, um zu zeigen, dass man selbst Recht und der andere Unrecht hat.

Und dann gibt es noch eine dritte Art von Fragen, nämlich die tamasige Art, die mit dem Thema nichts zu tun haben. Man stellt sie einfach, weil man unachtsam war. Man hat etwas nicht verstanden und glaubt auch nicht, dass man es verstehen kann, aber man äußert sich trotzdem.

Arjuna ist der sattvige Schüler. Krishna ist der sattvige Lehrer. Er nimmt Arjuna die Verantwortung nicht ab obwohl er ihm in den ersten Kapiteln öfters sagt: „Es wäre besser, wenn du kämpfst." Aber weil Arjuna zu sehr zu einer Meinung neigt, will Krishna ihm erst mal eine andere Perspektive vermitteln. Trotzdem lässt er in den letzten Kapiteln die Antwort letztlich offen. Arjuna hätte sich am Ende der Bhagavad Gita auch anders entscheiden können. Er hat sich ja, wie ihr wisst, entschieden zu kämpfen. Arjuna hätte aber auch die Lehren von Krishna annehmen können. Er hätte

dann vielleicht genauso gut spüren können, dass er nicht kämpfen müsste. Er hätte dann auch dieses Gefühl Gott weihen können. Der Ausgang dieses Lehrgespräch war nicht eindeutig klar. Für Arjuna allerdings war alles klar. Er wusste, dass zu kämpfen seine Pflicht war. Es kam zu einem furchtbaren Gemetzel. Die meisten der Krieger sind gestorben. Die Pandavas haben irgendwie gewonnen. Ein paar von ihnen überlebten. Von den Kauravas überlebten nur wenige. Und die wenigen überlebenden Kauravas sind dann noch nachts eingedrungen und haben die restlichen Überlebenden der Pandavas umgebracht. Letztlich haben nur die fünf Pandavas und wenige andere überlebt. Die Pandavas kehrten in das Königreich zurück und bemühten sich darum, die Verwaltung wieder zu organisieren und Gerechtigkeit herzustellen. Danach übergaben sie die Regierung an fähige Nachfolger. Sie zogen sich wieder von der Regierung zurück. Sie lebten im Wald, wo sie meditierten und andere Praktiken übten.
Manche Menschen sagen, das wäre nicht gerade ein Happy End und damit haben sie Recht. Interessanterweise ist es so, dass die meisten mythologischen Geschichten kein Happy End haben. Die Bibel hat nicht wirklich ein Happy End, da Jesus ans Kreuz genagelt wird. Er ersteht zwar wieder auf und kommt in den Himmel, aber trotzdem ist es kein Happy End. Die Apostelgeschichte endet blutig. Sie werden alle ans Kreuz geschlagen.
Auch die Nibelungensage hat, genauso wie der trojanische Krieg, kein Happy End. Erst werden alle Menschen in der Stadt getötet und am Ende, wenn die Sieger heimkehren werden sie zuhause umgebracht. Kaum eine der über jahrtausende bekannten Mythen hat ein Happy End. Man kann sich auch fragen, warum dem so ist. Auch im alten Testament wird nur getötet. Es endet damit, dass das Volk Israel ins Exil gehen und dort bleiben muss. Sie kehren erst sehr viel später wieder zurück ins gelobte Land, wo sie Gott erneut verraten. Auf der physischen Ebene gibt es nicht wirklich ein Happy End.
Es gibt verschiedene Interpretationen der Bhagavad Gita. Ich selbst habe mal eine Interpretation gelesen, in der das Verhalten von Bhishma kritisiert wird. In diesem Kommentar heißt es, er hätte sich anders verhalten müssen. Er hätte den Thron besteigen müssen, dann wären die Probleme gar nicht erst entstanden.
Er hätte seinem Vater nie das Versprechen geben dürfen, den Thron nicht zu besteigen. Sein Vater hatte ein Verhältnis mit einer anderen Frau gehabt. Diese wurde schwanger und gebar einen Sohn. Daraufhin hatte Bhishma hatte seinem Vater versprochen, damit dieser diese Frau heiraten kann, auf den Thron zu verzichten und ein ewiger Brahmachary zu werden. Dieser Sohn jedoch war kein sehr fähiger König. Deshalb kam es zu Problemen. Weiterhin wird in diesem Kommentar gesagt, Bhishma hätte sein Gelübde brechen müssen zum größten Wohl des Ganzen.
Die Inder haben zahlreiche Überlegungen angestellt darüber, wie die Mahabharata hätte geschrieben und wie sie hätte ausgehen können. Aber es ist natürlich müßig.

Manchmal taucht die Frage auf: „Warum hat Arjuna sich so verhalten? Er hätte ja auch direkt sagen können, ich ziehe mich zurück und meditiere. Aus der Sicht von Krishna gibt es ja keinen wirklichen Tod und so ist es ja in gewisser Weise egal wie er sich

verhält. Wenn ich jetzt so an Ahimsa denke, dann hätte er doch besser alle Waffen niederlegen und zum Frieden auffordern sollen."
Darauf kann ich nur antworten, dass Duryodhana den Krieg dann fortgesetzt hätte. Und mir wäre es auch viel lieber gewesen, wenn Arjuna nicht gekämpft hätte. Wenn er alle Waffen niedergelegt und sich einfach hingesetzt hätte. Alle wären dann von seiner menschlichen Größe begeistert gewesen. Sie hätten dann gegen Duryodhana revoltiert und es wäre alles friedvoll ausgegangen. In diesem Fall hätte es geklappt. Es hätte auch bei Hitler geklappt, wenn bereits 1933 ein Generalstreik ausgebrochen wäre. Schon bereits in der ersten Woche des Februars 1933 wäre der Spuk zu Ende gewesen. Da das nicht geschehen ist, wurde er zu mächtig. Es hat zwar in einigen Fällen, z.B. als er befohlen hat, alle Behinderten zu ermorden geklappt, denn da ist Bischoff von Galen aufgestanden und hat einen erfolgreichen Widerstand organisiert. Nun kann ich nichts daran ändern, dass die Mahabharata so ausgegangen und so schlimm ausgegangen ist. Doch gerade dieser Ausgang lehrt uns auch etwas sehr Wesentliches nämlich, dass wir uns durch Krisen weiter entwickeln und, dass nicht immer, wenn wir etwas Gutes tun infolgedessen auch alles gut enden wird.
Äußerlich geht nicht immer alles gut. Manche Menschen fragen sich öfters warum plötzlich alles in ihrem Leben schief geht, obwohl sie doch nur gut gehandelt haben. Warum sie krank werden, Krebs bekommen usw., wo sie doch so viel Yoga gemacht haben, sich gesund ernährt haben und gute zwischenmenschliche Beziehungen gepflegt haben. Sie haben jahrelang Psychotherapie gemacht, um alle inneren Spannungen aufzulösen und eigentlich waren sie im Frieden mit sich selbst und mit anderen. Warum werden sie dann trotzdem krank? Sie waren immer für andere Menschen da und haben allen Menschen Gutes getan. Warum passiert es jetzt ausgerechnet ihnen, dass ihr Haus angezündet wird und ihre Familie darin stirbt?
Dem kann man nur entgegnen, dass nicht immer, wenn wir alles richtig machen, wir auch automatisch auf der physischen Ebene belohnt werden, zumindest nicht in diesem Leben. Wir sammeln Karma und vielleicht geschieht uns dann im nächsten Leben etwas Positives. Aber darum geht es hier nicht wirklich. Sondern es geht darum, dass wenn wir alles richtig machen, wir eine Seelenkraft und einen Frieden bekommen, so dass wir auch mit Katastrophen umgehen können. Für materialistisch veranlagte Menschen ist das keine zufrieden stellende Antwort. Sie widerspricht einer unserer populären Weltanschauung, die wir bewusst oder unbewusst in uns tragen, nämlich der, dass: Wenn ich mich gut verhalte und alles richtig mache, dann gibt es in meinem Leben keine Katastrophe. Dann geht alles gut. Deshalb fragen sich Menschen wenn ihnen etwas Schlechtes widerfährt: "Warum mir? Was habe ich falsch gemacht? Warum ich?" Im Jahr 2004 gab es eine große Tsunamiwelle mit 230.000 Toten. Eine unserer Seminarleiterinnen war mit ihrem Mann in der Zeit des Tsunami dort. Dessen Familie lebt in einem Dorf direkt am Meer. In diesem Dorf haben die meisten Menschen überlebt. In den Nachbardörfern sind alle gestorben. Was hat dieses eine Dorf gemacht, dass es nicht überschwemmt wurde und was haben die anderen gemacht, dass sie überschwemmt wurden? Wir können nicht sagen, was sie gemacht haben. Wir können

vielleicht aus dem Karma heraus argumentieren: Die Bewohner dieses Dorfes haben vielleicht im früheren Leben irgendetwas gemacht. Vielleicht hilft das dem einen oder dem anderen. Aber wir können sagen, wir wissen es nicht wirklich. Der spirituelle Weg will uns nicht vor Katastrophen bewahren. Er wird uns helfen, eine Festigkeit in uns zu entwickeln und Zugänge finden zu etwas in uns, so dass selbst wenn Katastrophen geschehen, wir diese ertragen und daran wachsen und lernen können.
Es gibt eine interessante wissenschaftliche Untersuchung, die untersucht hat, wie Buddhisten mit traumatischen Erfahrungen umgehen. Sie selbst haben grässliche Sachen erlebt. Sie wurden vertrieben oder sind geflüchtet. Sie haben erlebt, wie ihre ganze Familie getötet wurde. Sie haben mit ansehen müssen, wie ihre Mutter, Schwester, Töchter vergewaltigt wurden. Sie waren zugegen, als Freunde und Bekannte gefoltert wurden. Der Terror machte auch vor Nonnen nicht halt. Sie wurden in Klöstern vergewaltigt.
Durch die Untersuchung hat man herausgefunden, dass die tibetischen Buddhisten sehr viel seltener unter posttraumatischem Syndrom gelitten haben als andere Opfer. Sie haben zwar in dem Moment und die Monate und Jahre danach furchtbar grausam gelitten, aber nicht mehr 12,20,30 Jahre später. Sie fühlten sich dann nicht mehr verfolgt. In ihrer Weltanschauung hatten Katastrophen einen Platz.
Bei Menschen, in deren Leben Katastrophen keinen Platz haben und trotzdem Katastrophen auftreten, kommt es zu großen Traumata. Ihr Verständnis der Welt und ihre Sichtweise bezüglich Sinnzusammenhänge sind vernichtet. Und man muss letztlich sagen, dass es keine 100% zufrieden stellende Antwort auf die ganzen Leiden in der Welt gibt. Die Theorie des Karmas hilft einem bei der Beantwortung weiter, aber sie kann das auch niemandem hundertprozentig erklären.
Wir können nur sagen, Dinge geschehen und Menschen, die durch Krisen hindurchgehen und überleben, werden daran wachsen. Im tiefsten Inneren sollten wir uns vergegenwärtigen, das wir nicht der Körper, nicht die Gedanken und nicht die Gefühle sind. Wir sind das unsterbliche Selbst. Und wenn wir das erkannt haben, dann können wir jede Katastrophe letztlich ertragen. Wir bemühen uns weiterhin Katastrophen für uns und für andere zu verhindern. Dies tun wir aber Demut und dem Wissen, dass wir nicht wissen, ob wir es verhindern können oder nicht.

Swami Vishnu hatte irgendwann Ende der 60er Jahre mal eine Vision gehabt. Es war keine sehr schöne Vision. Er hatte die Vision, das eine Feuerwand über den Erdball geht, die alles Leben auslöscht. Die Menschen fliehen vor ihr in alle Richtungen und Swami Vishnu hatte das Gefühl, dass genau das in der Zukunft sich realisieren würde. Infolgedessen hat er alles getan, dass die Vision sich nicht manifestieren kann. Ab diesem Moment hat er mehr Yogazentren gegründet. Er hat mehr Yogalehrerausbildungen unterrichtet, weil er fest davon überzeugt war, je mehr Menschen an Frieden denken und im Frieden mit sich selbst sind und den Frieden nach außen schicken, um so mehr Friedensenergie wird in der geistigen Atmosphäre entstehen und desto unwahrscheinlicher ist, dass so was passiert.

Er hatte noch eine zweite Vision. Er sah die Notwendigkeit Yogalehrerausbildungen anzubieten, wo er Menschen ausbilden wollte, die nachher Führungspersönlichkeiten werden sollten. Ich habe mal einen Film gesehen, wo Swami Vishnu die Vision so beschrieben hatte, dass künftig der amerikanische Präsident und die Minister und der Kongress alle Yogis wären. Darüber, das hat er uns später mal erzählt, musste er nachher einfach nur lachen. Seine Idee war die Ideale von Demokratie und Menschenrecht praktisch zu verbinden mit der yogischen Toleranz, Liebe und Spiritualität. Das empfand er eine sehr gute und gelungene Kombination. Allerdings hat er uns gleich zu Beginn gesagt, es kann sein, dass wir scheitern. Er meinte, im Moment wäre nicht die Zeit, sich einfach zurückzuziehen, sondern die Zeit, aktiv für Frieden in der Welt zu sorgen. Eine friedvolle Atmosphäre auf der Welt wäre notwendig. Es kann jeder Zeit sein, dass der Planet vernichtet wird. Wenn wir aber erkennen:

„Aham Brahma Asmi (ich bin Brahman)“, dann macht es uns, wenn der Planet vernichtet wird, nicht so viel aus. Wenn wir nachher alle verstrahlt sein werden und irgendwo so dahinvegetieren und gleichzeitig wissen „Aham Brahma Asmi“, dann werden wir zwar immer noch körperlich krank sein aber wir werden uns nicht so damit identifizieren. Und dadurch, dass wir selbst damit vielleicht besser umgehen können, geben wir anderen die Stärke, an diesem Leiden nicht zu verzweifeln.
Doch zunächst ist Ajruna erst einmal selbst verzweifelt.

Kap. 2 Vers 8:
„Ich sehe nicht, dass es diese Sorge, die meine Sinne verbrennt, beseitigen würde, auch nicht wenn ich blühende und unangefochtene Macht über die Erde und Herrschaft über die Götter Erlange.“

Götter sind hier Engelswesen in den höheren Astralwelten.

Kap. 2 Vers 9:
„Sanjaya sprach: Nachdem er so zu Hrishikesha (dem Herrn über die Sinne) gesprochen hatte, sagte Arjuna (der Bezwinger des Schlafes), der Zerstörer der Widersacher, zu Krishna: „Ich werde nicht kämpfen. Und verstummte.“„

Hrishikesha = Krishna
Bezwinger des Schlafes = er hat Tamas überwunden.
Es ist immer das Beste, wenn der Schüler den Lehrer fragt: „Bitte rate mir, was ich zu tun habe“ und gleichzeitig eigentlich gar keine Lust hat, das zu tun. Er will eigentlich lieber etwas anderes machen und nur die Erlaubnis von Krishna haben, ihn ziehen zu lassen.

Kap. 2 Vers 10:
„Zu dem Verzweifelten, der zwischen den beiden Armeen stand, Oh Bharata, sprach Krishna, beinahe lächelnd, die folgenden Worte“:

Mit „Bharata" ist hier „Dhritarashtra" gemeint. Normalerweise werden alle Nachfolger Bharatas, Bharata genannt.
Krishna lächelt, während er das spricht, obwohl Arjuna völlig verzweifelt ist. Er ist in Tränen aufgelöst und hat die Waffen weggeworfen. Die Armeen stehen sich gegenüber um sich gegenseitig zu ermorden und Krishna lächelt einfach nur. Dies hat eine besondere symbolische Bedeutung. Arjuna ist in seiner Froschperspektive gefangen. Er sieht nur diese verzweifelte Situation. Krishna will ihn aus dieser Situation herausholen. In diesem Fall leidet er nicht mit Arjuna. Er versteht ihn, aber er lächelt dabei. Es würde Arjuna jetzt auch nichts helfen, wenn Krishna einfach nur in Mitleid versinkt und sagen würde: „Oh Arjuna, du bist in einer ganz furchtbaren Situation. Alles ist ganz grässlich und ich fühle mit dir mit. Ich weiß auch nicht, was ich machen sollte." Es kann Situationen geben, wo so was angebracht wäre, aber in dem Fall ist es das nicht.

Kap. 2 Vers 11:
„Krishna sprach: Du sorgst dich um die, um die du dich nicht zu sorgen brauchst (du sprichst gute Worte, du argumentierst gut aus der Purva Mimamsa Philosophie, du legst deinen ethischen Konflikt dar aber) die Weisen sorgen sich weder um die Lebenden noch um die Toten."

Das klingt jetzt zuerst einmal etwas brutal. Mitgefühl ist eigentlich auch ein wichtiger Aspekt, Sorge aber nicht. Warum sorgen sich die Weisen nicht um die Lebenden oder um die Toten?

Kap. 2 Vers 12:
„Es gab nie eine Zeit, da Ich nicht war, oder du, oder auch diese Herrscher, und in Wahrheit werden wir auch in Zukunft niemals aufhören zu sein."

Die Seele ist unsterblich. Ob wir jetzt leben oder nicht ist unerheblich. Vor der Geburt waren wir, nach dem Tod werden wir sein. Jetzt leben wir eine Weile, die Ewigkeit ist sehr lange, und dieses Leben ist kurz. Vielleicht leben wir 20 Jahre, 80 Jahre oder gar 100 Jahre. Vielleicht werden wir es noch erleben, dass der Durchschnitt von uns 100 oder 120 Jahre alt werden könnte. Aber es ist nichts im Vergleich zur Ewigkeit. Wir werden auch in Wahrheit niemals aufhören zu sein.

Kap. 2 Vers 13:
„So wie in diesem Körper das Verkörperte (die Seele) durch Kindheit, Jugend und Alter geht, so geht es auch in einem anderen Körper; der unerschütterliche Mensch sorgt sich nicht darum."

Wir haben schon viele Jahre mit unserem Körper gelebt und sind mit ihm alt geworden. Wenn wir ein altes Foto von uns anschauen sagen wir oft: „Das bin ich." Was heißt das eigentlich: „Das bin ich?" Bin ich dieses Stück Papier? Nein. Bin ich derjenige mit diesen kurzen Haaren. Nein, die Haare sind ergraut und sehen anders aus. Bin ich derjenige, der so gut sehen kann?

Kap. 2 Vers 14:
„Die Kontakte der Sinne mit den Objekten, Oh Sohn Kuntis, die Hitze und Kälte, Vergnügen und Schmerz hervorrufen, haben einen Anfang und ein Ende; sie sind nicht dauerhaft; ertrage sie tapfer, Oh Arjuna."

Die Kontakte der Sinne haben ein Anfang und ein Ende. Das ist eine banale Weisheit, aber eine Weisheit, die wir immer wieder vergessen. Wenn es uns schlecht geht haben wir manchmal die Befürchtung, dass es uns nie mehr besser gehen wird. Und wenn es uns gut geht, dann denken wir, das muss immer so bleiben. Aber wenn es uns gut geht, geht dieser Zustand irgendwann wieder vorbei. Wenn es uns schlecht geht, dann geht dieser Zustand ebenfalls wieder vorbei. Gestern schien die Sonne. Heißt das, dass ab sofort immer die Sonne scheint? Heute war der Himmel den ganzen Tag grau. Wird der Himmel jetzt immer den ganzen Tag grau sein? Heute loben einen die Menschen, werden sie einen immer loben? Heute tadeln einen die Menschen, werden sie einen immer tadeln? Ein anderes Mal seid ihr in einen Raum gekommen indem es kalt war. Ist er deswegen immer kalt? Irgendwann seid ihr in einen Raum gekommen, der sehr warm war. Habt ihr jetzt immer warme Räume?
Wir können jetzt entweder den Rest unseres Lebens damit verbringen die Welt immer wieder so zu manipulieren, dass sie so ist, wie wir sie gerne hätten oder wir können herausfinden, was unser Dharma ist. Wenn wir versuchen wollen die Welt zu manipulieren ist das so ähnlich, wie wenn wir versuchen, den Schwanz eines Hundes zu begradigen. Dies ist ein bekanntes vedantisches Beispiel. Es gehört zu den so genannten Nyayas. Nicht im Sinne von Logik sondern von Beispielen. Wenn man versucht den Schwanz eines Hundes zu begradigen und ihn dann loslässt, was passiert dann? Er rollt sich sofort wieder auf. Und so ähnlich ist der Versuch die Welt zu manipulieren, dass sie sich so verhält, wie wir es gerne hätten. Es klappt nicht und wenn es uns doch mal gelingen würde, dann wären wir nur enttäuscht, weil wir nicht so glücklich wären, wie wir wollten. Und so stellt sich die Welt als *Leela*, ein Spiel, dar. Wir können ruhig Weltmanipulation spielen aber wir sollten es nicht zu ernst nehmen. Besser noch als Weltmanipulation zu spielen ist es herauszufinden: „Was ist mein Dharma? Was ist meine Aufgabe? Was kann ich tun?" Das sollten wir dann so gut tun, wie wir können, in dem Bewusstsein, dass sich die Welt verändert und wir auch Katastrophen erleben können. Diese können wir tapfer ertragen. Im Laufe der Zeit lernen wir es, mit den Dingen besser umzugehen. Nicht in einem Monat, nicht in einem Jahr, aber im Laufe der Jahre. Damit wir weiter lernen, gibt uns Gott immer schwierigere Sachen. Vor kurzem hat mich mal jemand gefragt, warum es so ist, dass wenn man eine Lektion nicht verstanden hat, die gleiche Lektion mit stärkerer Intention nachher noch mal kommt? Warum ist das manchmal so? Es ist nicht immer so, aber manchmal. Das hilft einem nachher die weniger dramatischen Ereignisse leichter zu ertragen.

Swami Vishnu hat uns geraten „Wenn es euch schwer fällt um halb sechs aufzustehen, dann steht zwei Wochen lang um halb fünf auf. Nachher wird es kein Problem mehr geben um halb sechs aufzustehen.“ In Swami Vishnus Ashram begann die Meditation grundsätzlich um 6.00 Uhr und bei den Weiterbildungen das Pranayama um 5.00 Uhr. Bei uns ist es alles eine Stunde später, wofür es gute Gründe gibt. Die Erfahrung hat gezeigt, dass es manchen gut getan hat, so früh anzufangen, manchen aber nicht. Sie haben dann in den Vorträgen - besonders wenn Swami Vishnu sie nicht gehalten hat - geschlafen. Wer gerne früh aufsteht kann bei uns ja schon um 5.00 Uhr an der Homa teilnehmen oder eine Stunde Kopfstand machen. Es gibt da viele Möglichkeiten.

Kap. 2 Vers 15:
„Dieser unerschütterliche Mensch, den all dies nicht berührt, Oh Größter unter den Menschen, und für den Vergnügen und Schmerz gleichbedeutend sind, ist geeignet, Unsterblichkeit zu verwirklichen.“

Wir sind schon unsterblich. Wir brauchen nichts zu machen, um unsterblich zu werden. Nur haben wir das vergessen. Wir identifizieren uns mit dem Vergänglichen, mit dem Sterblichen.
Das sind jetzt alles Dinge, die ihr wahrscheinlich schon viele Male gehört und gelesen habt. Und eigentlich wollen wir immer aufregendes Neues haben. Doch die größten Weisheiten sind eben sehr einfach und gleich. Wir sind die unsterbliche Seele. Wir vergessen es nur immer wieder. Wir müssen uns immer wieder daran erinnern. Swami Vishnu hat uns öfters gesagt: „Satsang ist, uns an das zu erinnern, was wir immer wieder vergessen.“ Es ist die große Weisheit, wir sind unsterblich und um unsere Unsterblichkeit zu verwirklichen müssen wir lernen in *Sukha* (Freude) und *Dukha* (Leiden) gleichmütig zu sein. Er sagt nicht, kein Sukha und Dukha mehr empfinden. Das ist wichtig zu verstehen. Er spricht nicht davon, dass derjenige, der Sukha und Dukha nicht mehr spürt, die Unsterblichkeit erreichen wird, sondern er sagt: Wer gleichmütig ist, in Sukha und Dukha, erreicht die Unsterblichkeit. Der Weise kann also durchaus auch Schmerz empfinden. Auch bei Swami Vishnu konnte ich sehen, dass er körperliche Gebrechen und infolgedessen auch Schmerz empfunden hat. Es gab auch Situationen, wo nichts geklappt hat und Swami Vishnu sehr ärgerlich geworden ist. Meist ist sein Ärger aber kurze Zeit später wieder verflogen. Der Ärger war da, erfüllte eine bestimmte Funktion, war dann aber wieder verschwunden und nicht erheblich.

Diese Lehren hat er öfters uns engeren Schülern vermittelt. Er betonte auch immer wieder, dass man alle Emotionen, die scheinbar Guten und die scheinbar Schlechten, Gott darbringen kann. Im Grunde genommen ist es alles ein Leela. Wir bringen alles Gott dar. Dann sind wir gleichmütig auch dann, wenn wir mal nicht gleichmütig sind…

Angenommen man hat leichte Knieprobleme im rechten Knie. Wenn wir da jetzt nur sagen würden: „Ach, da ist ein Knieproblem, dann muss ich halt eine zeitlang in der

Meditation anders sitzen" würden vermutlich die Knieprobleme verschwinden. Aber was denken wir?
„Oh, ich habe jetzt Knieprobleme, habe ich mich verletzt? Könnte ich einen Meniskusschaden haben? Werde ich jemals wieder meditieren können? Und wenn ich nicht richtig sitzen kann, dann werde ich niemals richtig meditieren können. Ich habe das ja schon mal gehabt, jetzt habe ich es wieder bekommen. Mache ich irgendetwas falsch? Mache ich meine Asanas falsch, habe ich mich sonst irgendwie falsch verhalten? Warum passiert mir das? Es ist gerade mit meinen Asanas so gut gegangen und jetzt konnte ich endlich mal den Lotus und was will mir das Knie jetzt sagen?"
Es gelingt uns aus einem Ameisenhaufen einen Mount Everest zu bilden. Aus einer kleinen Erkältung eine Infragestellung unseres gesamten Lebens zu machen.

Krishna spricht in der Gita erst von Vergnügen und dann von Schmerz und wer dieses Vergnügen und diesen Schmerz gleich behandelt, empfindet beides durchaus noch. Doch beides ist gleichbedeutend. Wenn wir das so empfinden können, dann sind wir geeignet, die Unsterblichkeit zu erlangen.

Kap. 2 Vers 16:
„Das Unwirklich hat kein Sein; es gibt kein Nichtsein des Wirklichen; wer die Wahrheit kennt (das Eigentliche sieht), hat erkannt, was an beidem wahr ist."

Shankaracharya hat einen längeren Bhagavad Gita Kommentar geschrieben und Swami Sivananda ist in seinem Kommentar relativ eng an Shankaracharyas Kommentar geblieben. Er schreibt über diesen Vers viele Seiten lang Kommentare. Er behauptet, diese Welt könne letztlich nicht wirklich sein. Sie existiere nicht. Sie sei eine Illusion. Einzig Brahman sei allgegenwärtig. Auch wenn er für uns zwischendurch unwirklich erscheint- wir denken selten im täglichen Leben an Brahman - ist Brahman trotzdem immer wirklich. Auch wenn wir es nicht wissen. Und diese unwirkliche Welt, die *Nitya* ist, also *Täuschung*, bleibt immer unwirklich. Sie wird niemals zum Unwirklichen. Selbst wenn wir denken, dass sie wirklich ist, wird sie nicht wirklich werden.
Ihr kennt das berühmte Beispiel von Schlange und Seil?
Jemand geht des Nachts in seine Hütte und denkt, er wäre von einer Schlange gebissen worden. Er stirbt fast in diesem Glauben. Doch er hat Glück. Es komm ein Weiser oder eine Weise vorbei und stellt fest, dass die Schlange ein Seil war. Und dann schleift er oder sie den angeblich Gebissenen zu der Stelle hin, damit dieser feststellen kann, dass es wirklich nur ein Seil war und seine Wunde nur dadurch entstanden ist, weil er sich vor Schreck an irgendeinem Dorn geschnitten hat.
Ist das Seil jemals zur Schlange geworden? Wird die Schlange nachher zum Seil? War die Schlange jemals wirklich? Hinter allem gibt es nur die alldurchdringende Wahrheit Brahmans. Über diese unendliche Wahrheit Brahmans stülpen wir die Vorstellung einer Welt. Das ist die so genannte Atya Ropa Vorstellung. Und nicht nur wir, als einziges Individuum machen das so, sondern jeder Mensch macht das so. Wenn ich jetzt einen

Teilnehmer frage, was der Gegenstand in meiner Hand ist, antwortet er: „Eine Uhr." Wenn ich dann einen anderen Teilnehmer frage: „Was ist das?" antwortet er ebenfalls: „Eine Uhr." Und so könnte ich weiterfragen. Jeden, den ich fragen würde, würde den gleichen Gegenstand in meiner Hand erkennen. Es ist jetzt nicht so, dass ein Teilnehmer eine Armbanduhr und der nächste Teilnehmer einen Blumenstrauß sieht. Wir sehen alle das gleiche, erschaffen alle die gleiche Illusion. Als Individuum können wir uns aber aus dieser Illusion befreien.
Ein ähnliches Beispiel, was das verdeutlicht, wäre: Stellt euch vor, wir wären jetzt alle in einem Kinofilm. Wir schauen auf die Leinwand und sehen alle den gleichen Film. Aber jeder Einzelne von uns kann sich entscheiden einfach den Raum zu verlassen. Wir müssen den Film nicht weiter anschauen und wir müssen auch in diesem Film Welt-Maya nicht länger bleiben. Oder wir bleiben noch länger in dem Film, erkennen aber gleichzeitig, dass das ist nur ein Film ist. Dann können wir den Film genießen, wir können auch durch die Emotionen hindurch gehen.
Angenommen es ist ein besonders gruseliger Film oder ein besonders gewalttätiger Film, dann können wir die Emotionen miterleben oder wir können uns vergegenwärtigen, dass alles nur ein Film ist oder wir können den Film verlassen. Wir haben da freie Entscheidungsfreiheit.
Vor zehn Jahren oder vielleicht ist es sogar noch länger her, habe ich mal „Schlaflos in Seattle" gesehen. Es ist ein Film, der ziemlich offensichtlich auf die Tränendrüsen drückt. Manchmal kann man vor Freude weinen, manchmal vor Trauer. Alle Menschen im Kino waren tief bewegt. Und obgleich die Stilmittel so offensichtlich waren, dass man wusste, dass das Ganze surreal ist, weinte man trotzdem.
Wenn man sich bewusst ist, dass alles nur ein Film ist, kann man ruhig mitweinen vor Freude und vor Trauer. Es ist nicht realistisch. Es ist irgendwie surrealistisch überspitzt. Und letztlich ist auch die Welt surrealistisch überspitzt.

Es gibt noch eine andere wissenschaftliche Theorie, die in der Zeitschrift „Der Spiegel" mal veröffentlicht worden ist. Dieser Theorie zufolge hält es eine Gruppe von Wissenschaftlern für möglich, dass das Leben hier eine Computersimulation ist, und wir nur Figuren in einer Computersimulation sind. Denn es ist absolut unwahrscheinlich, dass es Leben auf der Erde gibt. Noch unwahrscheinlicher ist, dass es seit einer Milliarde Jahren Leben auf der Erde gibt. Die Erde ist so zerbrechlich. Sie ist nur von einer wenige Kilometer breiten Hülle umgeben. Ständig verschieben sich die Erdplatten. Ständig gibt es Vulkanausbrüche und andere Naturphänomene und eigentlich müsste das alles ständig zu Katastrophen führen. Der Theorie zufolge hängt es einzig allein davon ab, dass jemand die Welt manipuliert und programmiert und falls er sich wirklich einmal verprogrammiert hat und es eine Katastrophe gibt, dann programmiert er ganz schnell neu und die Situation geht doch noch gut aus. Die logische Konsequenz dieser Theorie ist, dass die Simulation nur so lange laufen wird, wie diejenigen, die die Simulation gemacht haben, Spaß daran haben. Deshalb ist es gut, wenn wir uns irgendwie dramatisch verhalten.

Immer wieder taucht die Frage auf: „Warum hat Gott die Welt nicht einfach nur schön geschaffen?" Da könnte man auch fragen: „Welche Filme sind die populären Filme? Die wo alles schön ist und es ein Happy End gibt?" Nein. „Schlaflos in Seattle", „Titanic" etc. zählen zu den beliebtesten Filmen. Sie enden nicht mit einem Happy End und trotzdem schauen sich die Menschen das an. Einige haben sich diese Filme immer wieder angeschaut. Und so schafft Gott die Welt und wir spielen unseren Part in der Welt. Dessen sollten wir und immer bewusst sein. Shakespeare hat mal gesagt, die Welt sei eine Bühne, wo die Schauspieler kommen, ihren Part spielen und wieder gehen.
Wir sterben nicht, wenn wir unseren Part gespielt haben. In manchen Kleinkunstbühnen tritt der gleiche Künstler gleich im Anschluss seiner ersten Rolle in einer zweiten Rolle auf.
Und so spielen auch wir einen Part nach dem anderen. Mal spielen wir Mutter, dann spielen wir Yogalehrerin, danach Grafikerin oder Putzfrau usw.

Kap. 2 Verse 16-18:
„Das Unwirkliche hat kein Sein; es gibt kein Nichtsein des Wirklichen; wer die Wahrheit kennt (das Eigentliche sieht), hat erkannt, was an beidem wahr ist. Erkenne Das als unzerstörbar, Welches all das durchdringt. Niemand kann die Zerstörung des Unvergänglichen bewirken. Es heißt, diese Körper, die das ewige, unzerstörbare und unermessliche Selbst umgeben, hätten ein Ende. Deshalb kämpfe, Oh Arjuna."

Wir alle wissen, dass unsere Körper sterben. Krishna fordert Arjuna dazu auf zu kämpfen. Dies kann vielfältig interpretiert werden. Zum einen könnte man sagen, unsere Körper sterben sowieso, deshalb kann man auch kämpfen. Zum anderen könnte man Krishnas Worte auch übersetzten mit: wir sollten uns in diesem Leben bemühen.

Kap. 2 Vers 24:
„Dieses Selbst kann nicht zerschnitten, verbrannt, befeuchtet oder getrocknet werden. Es ist ewig, alldurchdringend, fest, unverrückbar und ohne Anfang und Ende."

Zuerst argumentiert Krishna vom Jnana Yoga Standpunkt, von der Vedanta Philosophie aus. Doch nun beginnt er seinen Argumentationsstandpunkt zu verändern. Er bemerkt, dass Arjuna mit den Gedanken abdriftet, wie dessen Gesichtsausdruck langsam ausdruckslos wird. Es ist eine Erfahrung, die alle großen Yogameister machen, wenn sie einen längeren Vortrag über Vedanta halten. Die Zuhörer driften ihnen ab.
Bei diesen subtilen Gedanken können nur wenige Menschen folgen. Deshalb wechselt Krishna jetzt den Standpunkt, so wie alle großen Yogameister es machen.

Sogar Shankaracharya, ein bedeutender Jnana Yoga Meister, hat nicht nur Jnana Yoga Schriften geschrieben. Er hat ebenfalls Schriften der Hingabe geschrieben und auch praktische Kommentare über Yoga Schriften verfasst. Shankaracharya systematisierte Pilgerreisen und Pujas. Er galt als der größte Jnani aller Zeiten. Gleichzeitig war er aber auch ein Bhakta, ein Karma Yogi und ein Raja Yogi. Des Weiteren hat er einen Kommentar über Pranayama geschrieben, weswegen er auch als Hatha und Kundalini Yogi bezeichnet wird. Es gibt zwar einige Gelehrte, die behaupten Shankaracharya, könne das alles nicht geschrieben haben. Das müsse irgendjemand anderes in seinem Namen veröffentlicht haben. Aber ich glaube das beruht auf einem Vorurteil von westlichen Philosophen, die denken, dass es nicht möglich ist, dass ein Mensch, der noch dazu nur 32 Jahre alt geworden ist, eine solche Bandbreite an spirituellem Wissen gehabt haben kann. Doch Krishna besaß sie. Shankara besaß sie und ebenfalls Swami Sivananda. In Indien ist das durchaus sehr üblich, dass große Meister verschiedenste Standpunkte einnehmen können.

Um Yoga ganzheitlich leben zu können, müssen wir öfter den Standpunkt wechseln. Wir müssen es so machen wie *Hanuman* (ein beispielhafter Aspirant in der Ramayana) es in folgender Geschichte zum Ausdruck brachte: Die Gottinkarnation *Rama* war zusammen mit seiner Frau *Sita* und seinem Bruder Lakshmana ins Exil geschickt worden. Ihm wurde seine Frau geraubt. Mit seinem Bruder *Lakshmana* durchstreifte er den Wald und suchte seine entführte Frau Sita. Eines Tages traf er auf Hanuman. Hanuman war ein Diener von *Sugriva*. Sugriva war ein Affenkönig, der ebenfalls ins Exil geschickt worden war. Bei ihrer Begegnung fragte Rama den Hanuman: „Wer bist du?" und in dem Moment, wo Rama Hanuman fragte: „Wer bist du?" fiel Hanuman in Ekstase, hatte eine Vision und antwortete: „Auf der physischen Ebene bin ich dein Diener. Auf der geistigen Ebene bin ich ein Teil von dir und auf der höchsten Ebene bin ich du."

Diese gleiche Einstellung können wir selbst haben: Wenn wir im Alltag handeln, können wir uns als Gottes Diener fühlen. Wenn wir nachdenken, können wir uns als Teil Gottes empfinden. Und in tiefer Meditation und Kontemplation spüren wir, dass wir eins sind mit Gott.

Ähnliche Aussagen werdet ihr in allen Schriften großer Meister immer wieder finden, so auch bei Krishna. Krishna spricht zuerst von der Unsterblichkeit der Seele. Manche Menschen fragen dann: „Was spielt es für eine Rolle, was wir tun? Es wäre ja egal, was wir machen, wenn die Seele sowieso unsterblich ist." Doch alleine diese Ebene zu betrachten reicht nicht aus.

Auf der praktischen Ebene nämlich sind wir ein Diener Gottes. Auf dieser Ebene geht es darum, herauszufinden, was unsere Aufgaben sind, unser Dharma zu tun, unsere Aufgaben erfüllen.

Auf einer höheren Ebene sind wir ein Teil von Gott. Und auf der höchsten Ebene sind wir eins mit Gott.

Wir sollten uns immer bewusst sein, dass auch Krishna in der Bhagavad Gita öfters den Standpunkt wechselt. Es gibt relative und absolute Standpunkte. Ähnlich ist es in der modernen Physik, die auch kein kohärentes Weltbild entwirft. In der Physik gibt es widerstreitende Theorien, die das gleiche Phänomen unterschiedlich interpretieren und, die beide als richtig gelten. Das wahrscheinlich bekannteste Modell, von dem viele von euch schon mal gehört haben, ist das Modell des Teilchen-Wellencharakters des Lichts. Da haben sich Newton und Huygen schon darüber gestritten. Auch Einstein hat sich damit auseinandergesetzt. Die einen sagen, Licht sei ein Teilchenstrom. Die anderen behaupten, Licht sei ein Wellenstrom in einem Äther. Vertreter der Teilchenstromtheorie behaupten, es gäbe Teilchen, die von einem Ort zum anderen wandern. Und das Interessante ist, manchmal verhält sich das Licht wie ein Teilchenstrom und manchmal wie eine Welle. Z.B. gibt es viele Experimente mit Lichtinterferenzen, die klar und schlüssig beweisen, dass Licht eine Welle ist. Diese Interferenzmuster, die es dort gibt wenn man Strahlen von links und von rechts durch einen Doppelschlitz hindurchführt und wie sich dann das Licht verhält, zeigt ganz klar, dass Licht eine Welle ist und kein Teilchenstrom sein kann. Und dann gibt es andere Experimente. Dazu gehört vor allem der fotomechanische Effekt, der bei der ganzen Fotografie ausgenutzt wird. Er zeigt einwandfrei, dass Licht ein Teilchenstrom sein muss. Demnach kann Licht keine Welle sein. Somit stehen die Physiker vor einem Problem. Manchmal verhält sich Licht wie ein Teilchenstrom. Manchmal verhält sich Licht wie eine Welle. Doch physikalisch ist es nicht denkbar und nicht erklärbar, dass etwas gleichzeitig Welle und Teilchenstrom sein kann. Beides schließt sich aus. Es ist ein logischer Widerspruch. Die Physiker versuchen diesen Widerspruch bis heute irgendwie zu lösen. Einstein war das immer schon unsympathisch. Er hat viele große Entdeckungen gemacht und hat sein Leben lang versucht, alles in der Unified Field Theory, der einheitlichen Feldtheorie, zu verbinden. Ihm hat es nicht gefallen, dass es scheinbar so viele Zufälle in der Welt gab. Gott könne nicht würfeln. Meines Erachtens nach hat er vergessen, dass nur dadurch, dass die Welt physikalisch nicht determiniert ist, überhaupt Raum für ein Einschreiten Gottes in die Welt da ist. Nur dadurch, dass Zufälle theoretisch möglich sind, nur dadurch ist überhaupt denkbar, dass von einer physikalischen Warte aus betrachtet, die physische Welt durch eine höhere Kraft verändert wird. Gerade dadurch, dass das Gesetz der Kausalität, wie es von Newton aufgestellt worden ist, auf der physischen Ebene eben nicht hundertprozentig gilt, nur dadurch ist die Existenz eines ins Weltall eingreifenden Gottes denkbar. Wenn auf der physischen Ebene alles streng determiniert wäre, hätte Gott irgendwann die Welt geschaffen. Seitdem läuft alles mechanisch und determiniert ab. Im 19. Jahrhundert glaubten alle, irgendwann könnten sie diese Welt in ein logisches, erklärbares System hineinbringen und alle Gesetze des Universums verstehen. Im 19. Jahrhundert gab es die Aussage eines brillanten Menschen, ich weiß leider nicht mehr, wie er hieß, der einen großen Physiker gefragt hatte: Er würde gerne Physik studieren, wo er denn Physik studieren sollte? Und dieser antwortete ihm: Er solle überhaupt keine Physik studieren. In zehn bis zwanzig Jahren wären die gesamten Gesetze der Physik erforscht. Physik wäre kein interessantes Gebiet, wo neue Forschungsergebnisse zu erwarten seien. Er solle sich etwas anderes aussuchen.

Die größte physikalische Forschungsgesellschaft Englands hat auch mal behauptet,

dass sie es in 20-30 Jahren geschafft haben wollen, das ganze Universum vollständig und schlüssig zu erklären. Kurze Zeit darauf wurde die Atomphysik entdeckt, dann kam Einstein, danach kam die Quantentheorie. Im Anschluss daran kam die Heisenbergsche Unschärferelation und dann Quarks. Erst seitdem haben die Physiker Abstand davon genommen zu behaupten, dass sich das Universum vom Menschen wirklich vollständig und schlüssig erklären lasse. Es gibt immer noch Physiker, die es versuchen. Wer weiß, vielleicht gelingt es auch in einem ganz übergeordneten Sinn und einer Logik, die der normale Mensch niemals nachvollziehen kann. Aber es bleibt die Frage: Warum sollte sich die Welt so verhalten, dass es vom Menschen her logisch zu erkennen wäre?
Dessen sollten wir uns immer bewusst sein. Unterschiedliche Standpunkte können auf unterschiedliche Lebenswirklichkeiten angewandt werden, ohne sich zu widersprechen. Sie haben in verschiedenen Lebensumständen ihren Sinn. So wie ja auch die Vaishesika Philosophie, die materielle Philosophie, auch ihren Sinn hat. Nicht umsonst lehren wir in den Yogalehreraus- und Weiterbildungen auch Anatomie und Physiologie. Nicht umsonst muss man lernen, wie man einen Beruf richtig ausführt. Und es ist auch gut zu wissen, wie man eine Steuererklärung macht und solche Sachen. Alles Sachen, die aus der Vaishesika Philosophie heraus verstanden werden können. Auch Krishna sagt an späterer Stelle im 2. Kapitel, als er eine Definition von Yoga gibt: „Yoga ist Geschick im Handeln". (Kap.2 Vers 50)

Kap. 2 Vers 26:
„Doch auch wenn du annimmst, Es würde ständig geboren und stürbe ständig, selbst dann, Oh mächtig Bewaffneter, sorge dich nicht."

Krishna argumentiert zuerst vom Sankhya und Vedanta Standpunkt aus, dass dieses Unsterbliche durch nichts berührt wird. Das impliziert, dass noch nicht mal die Seele verkörpert wird. Die Seele existiert einfach. Demgegenüber steht, dass es einen relativeren Teil der Seele, nämlich Atman oder Jiva gibt. Und dieser Jiva wird geboren und stirbt.

Kap. 2 Verse 26-27:
„Selbst dann, Oh mächtig Bewaffneter, sorge dich nicht, denn für die, die geboren wurden, ist der Tod unvermeidlich, und die Geburt für die, die tot sind; daher sei nicht besorgt über das Unvermeidliche."

Hier liefert Krishna uns einen guten Grund, warum es nicht so gut ist, sich umzubringen. Mit einem Selbstmord ist das Weltall nicht wirklich vorbei, sondern man wird wiedergeboren. Unser physischer Tod bedeutet nicht automatisch eine Verwirklichung unseres Selbst. Es ist so ähnlich, wie wenn wir uns mal abends um 18.00 Uhr ins Bett legen oder abends um 22.00 oder um 24.00 Uhr. Ganz so erheblich ist es nicht. Es führt zwar am nächsten Tag zu mehr oder weniger Müdigkeit und vielleicht führt es dazu, dass wir nicht einschlafen und lange wach bleiben. Aber so ähnlich ist der Tod, nur mit dem Unterschied, dass im Moment der Geburt Gedächtnisschwund herrscht. Währenddessen, wenn wir morgens aufwachen, können wir uns typischerweise doch nach einer Weile erinnern, was gestern war.

Kap. 2 Vers 28:
„Zu Beginn sind Wesen unsichtbar, in ihrer Mitte sichtbar, Oh Arjuna, und am Ende sind sie wieder unsichtbar. Worum sollte man sich also sorgen?"

Gebrauchen wir einmal das Beispiel der Sonne. Nehmen wir an, es wäre ein sonniger Tag, dann wäre um 5.00 Uhr die Sonne unsichtbar. Um 7.30 Uhr im Winter geht sie auf, und abends um 18.00 Uhr wahrscheinlich schon um 17.00 Uhr, geht sie wieder unter. Später am Tag ist sie wieder unsichtbar. Wir brauchen jetzt nicht um die Sonne zu trauern, weil wir wissen, dass sie später am Tag wieder scheint. Es ist wichtig diese Sache zu verstehen.
Es gibt auch vieles, was wir über Reinkarnation lesen können. Wir dürfen es nicht vergessen und insbesondere dann nicht, wenn wir selbst in Lebensgefahr sind oder wenn ein Angehöriger stirbt. Es hilft, wenn wir uns daran erinnern.

Kap. 2 Vers 29:
„Der eine sieht Dies als ein Wunder an; der andere spricht darüber wie von einem Wunder; ein anderer hört davon wie von einem Wunder; und obwohl sie davon gehört haben, versteht Es doch keiner."

In diesem Vers heißt es, dass wir versuchen können, das Selbst zu verstehen. Aber wir sollten begreifen, dass es ist nicht wirklich verstehbar ist. Wie ich vorher schon beschrieben habe, geht die moderne Physik nicht mehr davon aus, dass wir das Weltall intellektuell schlüssig erklären können. Viele Wissenschaftler behaupten, Naturwissenschaft sei ein Weg zu Gott. Je mehr wir dort forschen, desto mehr stehen wir vor diesem grandiosen, phantastischen Leben und sehen, was für eine Intelligenz inwendig ist. Wir sollten uns aber niemals einbilden, dass wir die Intelligenz 100 % verstehen können. So ähnlich ist es auch mit der Philosophie des Vedanta. Wir können sie sehr schlüssig in Begriffe fassen. Und es gibt ja auch Indologiestudien an einigen Universitäten in Deutschland, wo versucht wird, diese Philosophie sehr logisch zu erfahren. Aber wenn wir dabei das Gefühl dafür verlieren, dass es wie ein Wunder ist, dann haben wir die Logik nicht ganz erfasst. Dann schaffen wir das Verständnis nur mittels Begriffen, wie schon Buddha mit den Worten: „Beschränke nicht das Unbeschränkte mit Begriffen", festgestellt hat. Anfangs hat Buddha völlig darauf verzichtet eine größere Philosophie zu entwickeln. Er hat zwar eine Psychologie entwickelt, eine Theorie des Geistes, die ähnlich der von Patanjali ist und Menschen sich fragen, wer diese Theorie von wem übernommen hat, aber über Philosophie hat er wenig gesprochen. Erst seine Nachkommen, wie z.B. Nagachula, haben dann auch

große philosophische Systeme entwickelt. Bei all diesen Philosophien müssen wir uns immer bewusst sein, dass wir sie nie ganz erfassen können. Wenn wir das Gesetz des Karmas gelehrt bekommen, dann entspricht das einer einfachen, logischen Stringenz. Trotzdem dürfen wir uns nicht einbilden, dass wir es wirklich vollständig verstehen. Es ist und bleibt immer noch ein Wunder.
Wenn wir etwas über Raja Yoga und die Funktion des Geistes lernen, dann klingt das alles auch sehr logisch. Wenn wir eine Weile lang versuchen, unser Raja Yoga Wissen anzuwenden, dann klingt es immer noch sehr gut, aber es ist immer noch ein Wunder, wie unser Geist funktioniert. Sri Kartikeyan, ein indischer Yoga Meister, der Yoga Vidya regelmäßig besucht, sagt gerne: „Je länger ich auf dem Yogaweg bin, desto mehr sehe ich alles als das äußerste Wunder an und habe ein Gefühl dafür, wie wunderbar alles ist. Das ist auch eine wichtige spirituelle Eigenschaft." Sri Kartikeyan ist bereits seit 50 Jahren auf dem Yogaweg.

Krishna wechselt jetzt in der Bhagavad Gita erneut den Standpunkt. Er verlässt die Sicht des Vedanta und Jnana Yoga und wechselt über zum Standpunkt des Bhakti Yoga, wo das Herz einfach mit Respekt und Staunen vor allen Wundern steht. Dies ist ein psychologischer Schachzug von ihm. Arjuna hat zuvor nicht so ganz verstanden was Krishna ihm sagen wollte. Er war gar nicht darauf vorbereitet und kann es verständlicherweise nicht auf Anhieb sofort logisch nachvollziehen. Durch das Hören dieser Wahrheiten gelangt sein Geist trotzdem in höhere Ebenen und er kann dann erneut von einer anderen Warte aus die Dinge betrachten. Krishna sagt Ajruna ja auch, dass niemand es vollständig verstehen kann. Dass es ein Wunder ist. Nach diesen Worten wechselt er wieder zu dem philosophischen Standpunkt und argumentiert von dort aus weiter.

Kap. 2 Vers 30:
„Dies, das im Körper jedes Menschen Wohnende, ist stets unzerstörbar, Oh Arjuna; deshalb sorge dich um kein Geschöpf."

Diese Aussage hört sich für einen westlichen Menschen unvorstellbar schrecklich an. Wir sollten aber verstehen, dass Krishna hier aus der Purva Mimamsa Philosophie heraus argumentiert, die Arjuna vertraut ist. Krishna argumentiert aus Sicht dieser Philosophie heraus, weil er Arjuna erreichen möchte. Viele große Meister handeln so. Sie vermitteln ihre Lehren so an ihre Schüler, dass diese sie in ihrem jeweiligen Weltanschauungskonzept verstehen. Deshalb sprechen auch viele Yogis, die in den Westen kommen, über den wissenschaftlichen Kontext. Was ich ja auch gemacht habe. Damit das Ganze etwas verständlicher wird, habe ich ein paar Beispiele aus der Physik gebraucht.
Oder wir können auch aus Forschungsarbeiten zitieren, die zeigen, dass Yoga auch für die Gesundheit gut ist. Dass Yoga auf der psychologischen Ebene gut ist, usw. Wir sind in einem wissenschaftlichen Kontext groß geworden, in dem es gut ist, sich öfters auf dieses Philosophiesystem zu beziehen. Wenn Swami Vishnu vor Menschen gesprochen

und intuitiv gefühlt hat, dass diese Menschen hauptsächlich in der christlichen Tradition stark verankert sind, dann hat er dort viele christliche Beispiele gebraucht, um Analogien aufzuzeigen. Ähnlich verhält sich Krishna zu Arjuna. Auch er verwendet Beispiele aus der Purva Mimamsa Philosophie und sobald er Arjuna damit erreicht hat, verteufelt er die Purva Mimamsa Philosophie.

Kap. 2 Vers 31:
„Des weiteren zaudere nicht angesichts deiner Pflicht, denn es gibt für einen Kshatriya nichts Höheres als einen gerechten Krieg."

Swami Sivananda schreibt, dass Krishna weltliche Gründe angibt, warum er kämpfen muss. Weltlich bedeutet zu Zeiten Krishnas etwas anderes, als es heute bedeutet. Zu Krishnas Zeiten hieß weltlich zu sein, Vergnügen zu haben und Verdienste anzusammeln. Heute bedeutet „weltlich" eher materielle Güter anzusammeln. Für uns heute klingt dieser Vers sicher befremdlich. Aus gutem Grund würde hoffentlich kaum jemand denken, dass irgendein Krieg irgendetwas „Hohes" darstellen würde, wie „gerecht" er auch sein möge. Jeder Krieg, auch ein „gerechter" Krieg ist letztlich das Eingeständnis einer Niederlage, nämlich dass man den Konflikt nicht mit friedlichen Mitteln lösen konnte. Krishna allerdings bezieht sich hier auf das Weltbild, die Ethik seiner Zeit.

Kap. 2 Vers 32:
„Glücklich sind die Kshatriyas, Oh Arjuna! Die aufgerufen sind, in einem solchen Kampf zu bestehen, der sich ohne ihr Zutun als offenes Tor zum Himmel anbietet."

In diesem Vers sagt Krishna, dass wir über einen gerechten Krieg in den Himmel gelangen. Hoffentlich berührt uns alle das relativ peinlich, denn es gibt auch heute noch Leute, die meinen, dass sie über einen „Heiligen" Krieg (z.B. Jihad) in den Himmel kommen.

Kap. 2 Vers 33:
„Wenn du jedoch diesen gerechten Kampf nicht aufnehmen willst, lädst du Sünde auf dich, da du deine Pflicht und deinen Ruf vernachlässigt hast."
Es ist die Pflicht eines Kshatriyas sich um seine Ehre zu bemühen.

Kap. 2 Verse 34-36:
„Auch werden die Menschen von deiner nie endenden Unehre berichten; und für einen Menschen, der einmal verehrt worden ist, ist Schande schlimmer als der Tod. Die großen Wagenkämpfer werden denken, du hättest dich aus Furcht vom Kampf zurückgezogen; und Menschen, bei denen du in hohem Ansehen standest werden dich gering schätzen. Auch deine Feinde, die an deiner Macht Anstoß nehmen, werden viele schmähende Worte finden. Was ist schmerzlicher als das?"

Das hört sich paradox an. Zuerst erzählt Krishna Arjuna, er sollte gleichmütig in Sukha (Vergnügen) und Dukha (Schmerz), in Ruhm und Schande sein. Dann verdeutlicht Krishna Arjuna die Auswirkungen seines Handelns. Krishnas Ziel ist es, Arjunas Aufmerksamkeit zurückzugewinnen. Krishna lehrt Arjuna, dass er gleichmütig in Erfolg und Misserfolg sein soll. Es ist eine der essentiellen Lehren Krishnas, für die Krishna immer wieder neue Begründungen sucht. Arjuna soll gleichmütig in Erfolg oder Misserfolg sein, gleichmütig er ob Lohn erntet oder nicht. Und aus dem Purva Mimamsa System heraus begründet Krishna das mit den Worten aus den nächsten Versen.

Kap. 2 Vers 37-38:
„Wenn du getötet wirst, erlangst du den Himmel; wenn du siegst, erfreust du dich der Erde; daher, Sohn Kuntis, erhebe dich zum Kampf entschlossen. Nachdem Vergnügen und Schmerz, Gewinn und Verlust und auch Sieg und Niederlage für dich gleichbedeutend geworden sind, nimm den Kampf um des Kampfes willen auf; so wirst du nicht sündigen."

Auch wir in der heutigen Zeit kommen immer wieder in ethische Dilemmas. Manchmal wissen wir, was ethisch richtig ist, aber wissen nicht, ob wir damit Erfolg haben werden oder nicht. Wir wissen nur, wir sollten so oder so handeln. Wir wissen, wir sollten es einfach tun, weil wir merken, dass es richtig ist. Es ist egal, ob wir nachher das richtige Ergebnis erzielen oder nicht. Ich erinnere mich an eine Teilnehmerin einer 2-jährigen Yogalehrerausbildung. Sie hat irgendwann mal gefühlt, dass sie die Krankenkassen finanzierte Krankengymnastik, die sie angeboten hat, nicht mehr machen will. Stattdessen wollte sie einen Naturkostladen eröffnen, was sie dann auch gemacht hat. Sie hat in einer Großstadt einen Naturkostladen eröffnet, viel investiert, sowohl Geld und Ersparnisse, als auch Zeit und Herz. Wenn man etwas Neues aufmacht, dann reicht ein sieben bis acht Stunden Arbeitstag nicht aus - und war zwei bis drei Jahre glücklich. Der Naturkostladen lief gut, bis eines Tages einer dieser großen Naturkostsupermärkte nebenan aufgemacht hat. Diese sind natürlich etwas billiger und haben ein größeres Angebot. Der Vorteil ist, es werden mehr Menschen dazu gebracht, Naturkost zu verzehren. Der Nachteil ist, sie sind der Tod der kleinen Naturkostläden, wo Menschen mit viel Idealismus arbeiten. Und so musste auch die Teilnehmerin der 2-Jahresausbildung ihren Laden wieder schließen, wodurch sie einiges an Geld verloren hat.
War es jetzt richtig, dass sie den Naturkostladen eröffnet hatte, oder war es falsch?
Sie hatte mich damals auch um Rat gefragt, ob sie einen Naturkostladen aufmachen soll oder nicht. Ich habe versucht ihr die Vor- und Nachteile aufzuzeigen, Handlungskriterien zu geben und zu sagen, wenn sie sich einmal entschieden hat einen Laden zu eröffnen, dann soll sie es danach Gott darbringen. Egal ob es nachher erfolgreich ist oder nicht, die rechte karmische Lektion kommt.

Für uns ist das Wichtigste herauszufinden, was unser Dharma ist, diesem dann zu folgen und dabei gleichmütig in Erfolg und Misserfolg zu sein. Wenn etwas schief geht, dann heißt das nicht, dass wir uns falsch entschieden haben. So zumindest lehrt es uns Krishna.

Ich hatte mal einen Vortrag von einem Pfarrer gehört, der meinte, Jesus sei gescheitert. Denn er wurde ans Kreuz geschlagen und errichtete kein Gottesreich. Für die Jünger seiner Zeit war Jesus der Messias. Nach jüdischer Vorstellung ist der Messias derjenige, der das Himmelsreich Gottes auf Erden entwickelt. Jesus selbst hat ganz am Anfang nicht behauptet, er werde jetzt bald ans Kreuz geschlagen werden. Erst ein paar Wochen vor seinem Tod hat er immer wieder davon gesprochen. Zu Anfang hat er tatsächlich mehr davon gesprochen, dass wir alle erleben wie das Reich Gottes noch zu unseren Lebzeiten auf die Erde kommen wird. Daher sprach der Pfarrer davon, Jesus sei gescheitert auf dieser Welt. Irgendwie hat das alle beunruhigt. Der Pfarrer behauptete noch dazu, das sei ein großer Unterschied zwischen Christen und Hindus. Nur die Christen hätten die Größe zu sagen, dass ihr Gott scheitert. Und durch das Scheitern von Gott in der Welt haben wir Menschen auch alle das Recht zu scheitern. Erlösung ist nicht in der Welt, sondern nach der Welt. Schließlich sagt Jesus: „In der Welt habt ihr Angst. Doch seid getrost: Ich habe die Welt überwunden." Aber wir finden das gleiche auch in Indien. Swami Chinmayananda hat geschrieben, Krishna sei, weltlich gesehen, gescheitert auf dieser Welt. Er wollte ein friedvolles Gottesreich auf Erden. Krishna schuf laut der Schrift „Bhagavatam" *Dwaraka*, einen Kontinent vor Indien. Er wollte dort eine ideale Gesellschaft errichten, den idealen Gottesstaat, wo Wohlstand herrscht, spirituelles Leben möglich ist, wo Menschen keine materiellen Sorgen haben müssen, und so ihren Geist freihaben, um meditieren zu können. Er erschuf diesen Kontinent absichtlich außerhalb von Indien, um nicht in Kriege verwickelt zu werden. Er wollte einen friedvollen Staat für seinen Volksstamm, die Yadhavas, schaffen, in der Hoffnung, dass die anderen Völker das anschließend nachahmen würden.

Und was ist dann passiert?
Krishna wurde in einen Krieg nach dem nächsten hineingezogen. Er wurde immer wieder gebeten, seine Yadhava Armee jemandem zur Hilfe zu geben, was er auch nicht ablehnen konnte. Gegen Ende des Lebens empfanden die Yadhavas das schöne, harmonische Leben mit geregelter Meditation, nur als langweilig. Sie fingen an, sich zu betrinken, um dem Leben ein bisschen mehr Pep zu geben. Sie wurden übermütig und haben alle möglichen Streiche gespielt. Sie haben sogar einfach aus Langeweile angefangen sich gegenseitig umzubringen. Da hat Krishna erkannt, dass sein Idealstaat so nicht klappen kann und hat darauf hin verfügt, dass, wenn er seinen physischen Körper verlässt, der Kontinent wieder im Ozean verschwinden soll. Darüber informierte er Arjuna und Uddhava. Beide sind nach Krishnas Tod zu den Yadhavas gegangen und haben den Menschen gesagt:
„Dieser Kontinent wird untergehen und Krishna hat uns beauftragt alle Yadhavas in Sicherheit zu bringen."
Die Yadhavas waren relativ groß und hellhäutig. Sie werden oft beschrieben als

Menschen mit hellen Haaren. Swami Vishnu glaubte, dass sie vielleicht sogar die Vorfahren der Indogermanen waren. Das würde bedeuten, dass alle Indoeuropäer Nachfahren von Krishnas Volksstamm waren. Dies ist allerdings nur eine Theorie, die wenig wissenschaftliche Evidenz hat. Auf jeden Fall ist Krishna in den weltlichen Zielen seines Lebens scheinbar gescheitert.

Aber ist Krishna deswegen insgesamt gescheitert? Nein. Nur, was er materiell sichtbar errichten wollte, ist gescheitert. Was Jesus, zumindest wie man seinen Predigten entnehmen kann, errichten wollte, nämlich ein goldenes Zeitalter - hat er zwar so nicht genannt, aber so ähnlich - wo die Menschen in Liebe miteinander umgehen, ist ebenfalls bis heute nicht Wirklichkeit geworden. Doch bis heute berühren diese seine Reden Menschen immer noch. Es gibt immer wieder Menschen, die Jesus Lehren auch in die Tat umsetzen. Christen wie auch Nichtchristen. Auch Gandhi war sehr berührt von der Bergpredigt, genauso wie auch Martin Luther King und Nelson Mandela. Menschen aller Zeiten und Generationen waren von Jesus, wie auch von Krishnas, Lehren stark berührt. Und es gibt sicherlich einen Grund, weshalb Gott in seinen Inkarnationen eben nicht diesen Erfolg hat, wie wir das jetzt denken würden, wie eine Inkarnation Gottes auf der Welt Erfolg haben müsste. Sie lehren uns mit ihrem Scheitern, dass spirituelles Leben nicht der materielle Erfolg ist, sondern das Bemühen, sein Dharma zu tun, das Rechte zu tun, ethisch zu leben und von Erfolg und Misserfolg unberührt zu sein. Sie lehren uns, uns für hohe Ideale einzusetzen. Sie lehren uns, alles zu tun, dass alles klappt und gleichzeitig zu wissen, dass das Selbst unsterblich ist. Letztlich müssen wir handeln im Bewusstsein, dass alles, was wir tun Leela, göttliches Spiel, ist. Swami Chinmayananda erzählte uns, dass wir uns bewusst sein sollten, dass die Welt Leela ist, auch wenn wir keinen Erfolg haben. Krishna ist in allen möglichen Dingen gescheitert. Er hat unglaublich gelitten im Leben und blieb dennoch immer gleichsam lächelnd. Er tat, was zu tun war, und wenn Dinge nicht so ausgingen, wie es oberflächlich gesehen richtig wäre, hatte das seinen Sinn. Deshalb kann man nicht sagen, dass Krishna in allem gescheitert ist. Er hat die Samen gesät und die Herzen der Menschen berührt. Und er berührt Herz, Hand und Kopf der Menschen bis heute. Er kann es deshalb, weil sein Leben so war wie es war. Genauso, wie Jesus die Herzen der Menschen bis heute berühren kann, weil sein Leben so war wie es war.

Ich habe zu diesem Vers viele Worte gebraucht, um eben diesen einen Aberglauben, den wir haben: „Wenn wir alles richtig machen, dann haben wir auch Erfolg", zu überwinden. Wir können alles richtig machen und keinen materiellen Erfolg haben, dafür aber großen spirituellen Erfolg bekommen. Darauf kommt es an. Das besagt das Gesetz des Karmas. Dinge entwickeln sich so, wie sie für unseren spirituellen Fortschritt nötig sind.

2. Kap. Vers 39:
„Du hast die Weisheit über Sankhya gelernt. Höre nun die Weisheit über Yoga; wenn du sie besitzt, Oh Arjuna, wirst du die Bande des Karma abwerfen."

Sankhya ist in der Bhagavad Gita der Name für Jnana Yoga (Yoga des Wissens) verbunden mit Entsagung.
In der Einleitung habe ich über die sechs klassischen Philosophiesysteme geschrieben. Krishna versteht unter Sankhya etwas Umfassenderes als was „Sankyha" im Kontext der sechs Philosophiesysteme bedeutet. Die sechs Philosophiesysteme waren zu Krishnas Zeiten noch nicht fertig ausformuliert. Wenn Krishna in der Bhagavad Gita von Sankhya spricht, dann ist es zum einen eben das System von Sankhya, wie ihr es kennt: Das Zusammenspiel der zwei Urprinzipien Purusha (Seele, Bewusstsein) und Prakriti (Natur, Universum). Zum anderen subsummiert Krishna auch das Vedantasystem von Brahman und Atman unter Sankhya. Krishna ist ein großer Praktiker. Er legt auf philosophische Präzision nicht allzu großen Wert. Deshalb kann die Bhagavad Gita auch so unterschiedlich interpretiert werden. Sie hat hier große Ähnlichkeit mit der christlichen Bibel: Auch da gibt es die unterschiedlichsten sich widersprechenden Konfessionen und Theologien, die sich aus der Bibel begründen. Wie Jesus kommt es auch Krishna mehr auf das Praktische an. Es ist wichtig zu verstehen: „Ich bin nicht der Körper. Ich bin nicht die Emotion. Ich bin nicht die Gedanken". Das sagt Krishna klar. Da ist er eindeutig. Aber ob das jetzt heißt, dass die Welt eins ist mit Brahman oder getrennt ist von Brahman, darüber lässt er sich nicht aus. Ob die Welt eine relative Wirklichkeit hat, wie das die Dwaita Vedanta sagt oder ob sie gänzlich unwirklich ist, wie Adwaita sagt, auch das sagt er nicht so genau. Es gibt zwar den einen Vers (II 16), wo er sagt: „Das Unwirkliche hat kein Sein, das Wirkliche hat kein Nichtsein." Da erscheint es so, dass Krishna auf Advaita Vedanta hinaus will. Aber in anderen Versen scheint es so, als ob er von einer dualistischeren Sicht ausgeht. Sicher ist: Was wir denken, was die Welt ist, das ist sie nicht wirklich. Aber ob es jetzt tatsächlich eine Welt gibt, oder keine Welt gibt, und die Welt nur eingebildet, ein Traum ist, das lässt Krishna ein bisschen offen. Dass die Welt nicht so ist, wie wir sie wahrnehmen, dürfte allen Menschen klar sein. Vom wissenschaftlichen Standpunkt aus betrachtet gibt es keine Farben, es gibt nur Schwingungen. Wie wir die Welt wahrnehmen, ist von wissenschaftlichem Standpunkt aus betrachtet, ein Zusammenspiel von dem, was außen in der Welt ist und was unser Gehirn daraus macht. Und seit Psychologie Volksgut geworden ist, ist jedem Menschen klar, dass ein und dasselbe Ereignis von zwei verschiedenen Menschen unterschiedlich wahrgenommen und interpretiert wird. Ein einfaches Beispiel: Heute ist die Temperatur um 10 Grad gestiegen. Gestern war noch Schnee draußen, heute ist der Schnee geschmolzen. Manche finden es toll, dass es jetzt so viel wärmer ist. Andere finden es schade, dass der Schnee weg ist.

Bei der Übersetzung muss man aufpassen. In den meisten deutschen Übersetzungen der Bhagavad Gita wird „**Karma**" übersetzt als „Handlung". Meist wenn ihr in einer deutschen Übersetzung der Bhagavad Gita „Handeln", „Handlung" lest, steht im Sanskrittext „Karma". Der Sanskrit-Ausdruck Karma ist jedoch viel vielschichtiger als der deutsche Ausdruck Handlung. Karma heißt sowohl „handeln", als auch „Resultat des Handelns", als auch das „Gesetz des Karmas". Daher übersetze ich diesen Vers am liebsten: „Wenn du die Weisheit des Yoga besitzt, Oh Arjuna, wirst du die Bande des Karma abwerfen."

„Bande des Karma" heißt Verschiedenes: Zum einen heißt es, dass wir verhaftet sind an das, was wir tun und daher gebunden sind. Zum anderen gibt es das Gesetz des Karma: Wenn wir Gutes tun, bekommen wir gutes Karma, wenn wir schlecht handeln, bekommen wir schlechtes Karma. Das Ziel des Yoga ist es, weder gutes noch schlechtes Karma zu bekommen. Wir sollten ohne Verhaftung und ohne Identifikation handeln.

2. Kap. Verse 40-41:

„Dabei ist keine Anstrengung vergebens und es entsteht auch kein Schaden, und schon ein wenig von diesem Wissen, schon ein wenig Praxis von diesem Yoga schützt vor großer Furcht. Hier, Oh Freude der Kurus, gibt es nur einpünktige Entschlossenheit; weit verzweigt und endlos sind die Gedanken der Unentschlossenen."

Krishna lobt Yoga und bezeichnet Arjuna als „Freude der Kurus".

Wenn wir überlegen, wie wir besseres Karma erzeugen, und unsere Wünsche besser befriedigen können, sind das nie endende Überlegungen. Erfüllen wir uns einen Wunsch, kommen schon der nächste Wunsch, und der übernächste Wunsch und noch einer. Wenn es dagegen um die Einheit geht, sind wir sehr konzentriert und 100% entschlossen, dieses Ziel zu erreichen. Wenn wir das Ziel erreichen, dann haben wir alles erreicht. Es ist dann nicht so, dass wir nachher feststellen, das war jetzt nicht ausreichend und überlegen müssen, was als nächstes kommt. Dieses Ziel können wir anstreben.

2. Kap. Verse 42-43:

„Blumige Worte finden die Unweisen, die an den rühmenden Worte der Veden gefallen finden, Oh Arjuna, und sich sagen: „Es gibt nichts anderes". Sie sind voller Wünsche, der Himmel ist ihr Ziel (sie sprechen mit einer bestimmten Absicht), und das Ergebnis ihres Tuns ist eine neuerliche Geburt; sie schreiben verschiedene Methoden mit einer Überfülle an bestimmten Handlungen vor, um Vergnügen und Macht zu erlangen."

In diesen Versen spricht sich Krishna eigenartigerweise gegen die Lehren der Veden aus. Er bezieht sich dabei auf den Karma Kanda der Veden, also dem Teil der Veden, der über Punyas und Papas spricht. Der Teil, wo man lernt, bestimmte Dinge zu tun, um Wünsche zu befriedigen, und in den Himmel zu kommen. Natürlich wird das nicht in allen Veden beschrieben, auch nicht in den ersten drei Teilen der Veden. Es gibt Schöpfungsmythen und Weisheitslehren und vieles mehr. Aber es gibt eben auch einiges, was dort steht, was wir tun können, um unsere Wünsche zu befriedigen. Dem zu folgen, ist, laut Krishna, unweise. Falsche Motive in blumige Worte zu kleiden bringt nichts. Wenn wir nach falschen Motiven handeln, dann richtet sich unser Geist nicht beständig auf Meditation und Samadhi aus. Wir werden stattdessen von unseren Wünschen getrieben und bekommen immer mehr Wünsche.

2. Kap. 46. Vers:
„Für den Brahmanen mit Selbsterkenntnis sind alle Veden ebensoviel wert wie ein Wasserbehälter an einem überfluteten Ort."

Das Wort „Brahmane" kann man auch übersetzen mit „Brahmankenner mit Selbsterkenntnis".
Es kommt selten vor, dass man in einer heiligen Schrift Kritik an anderen heiligen Schriften findet. Krishna allerdings schimpft hier sehr stark über die Purva Mimamsa Philosophie, die seiner eigenen Tradition entsprungen ist. Arjuna handelt aus der Purva Mimamsa Philosophie heraus. Krishna selbst hat Arjuna zuvor einige Grundsätze dieser Philosophie dargelegt und jetzt kritisiert er diese Philosophie sehr stark. Er sagt zu Arjuna, das es sinnlos ist darüber nachzudenken, welche Handlungen gutes Karma, welche Handlungen schlechtes Karma schaffen. Darüber nachzudenken wäre so überflüssig, wie wenn man schon überflutet ist und noch zusätzlich jemand einem einen Eimer Wasser über den Kopf schüttet.

2. Kap. 45. Vers:
„Die Veden sprechen von den 3 Eigenschaften der Natur, erhebe dich über diese 3 Eigenschaften. Oh Arjuna, befreie dich von den Gegensatzpaaren und weile immer in der Eigenschaft von Sattva, frei von den Gedanken von Erlangen und Behalten, und ruhe fest im Selbst."

Krishna gibt uns jetzt viele Tipps, wie wir auf dem spirituellen Weg voranschreiten können. Wir sollen uns über die drei Eigenschaften, die drei Gunas, Sattva, Rajas, und Tamas, erheben. Tamas bedeutet „Trägheit, Dunkelheit, Blendung". Rajas bedeutet „Unruhe, Leidenschaft, Gier". Sattva bedeutet „Reinheit, Licht, Freude", die aus dem Selbst heraus kommt.
Als weiteren Tipp rät er uns, uns von Gegensatzpaaren (Dvandvo) zu befreien. Gegensatzpaare können z.B. Vergnügen und Schmerz, Lob und Tadel, Reichtum und Armut sein.
Es hilft wenn wir öfters überlegen, wann wir in den Dvandvos gefangen sind und uns dann sagen: „Ich bin nicht diese Dvandvos. Ich weile in Sattva." Das widerspricht jetzt dem, was Krishna zuvor sagte. Erst rät er uns, über die drei Gunas hinauszuwachsen, jetzt sagt er, wir sollen Sattva kultivieren. Man kann diese Aussage wie eine Art Leiter verstehen. Zuerst müssen wir Tamas und Rajas überwinden, indem wir Sattva erhöhen. Wenn wir Sattva erhöht haben, ist der nächste Schritt nicht an Sattva zu haften.

Oft fragen mich Menschen, wie es zu verstehen ist, dass Shiva Tamas repräsentiert. Darauf antworte ich, dass Shiva nicht wirklich Tamas repräsentiert. Shiva steht symbolisch für die Zerstörung, für die Auflösung. Manchmal wird gesagt, Shiva wäre tamasig, Vishnu sattvig und Brahma rajasig. Vermutlich würden weder die Verehrer Shivas, noch die Verehrer Vishnus oder Brahmas diesen Aussagen zustimmen. Begründet werden diese Annahmen immer damit, dass Brahma etwas erschafft, also rajassig ist. Vishnu bewahrt die Welt, ist also sattvig und Shiva zerstört etwas, ist also tamassig. Oft wird Shiva auch dargestellt wie er am Krematorium auf Leichen sitzt und Schädel in der Hand hält. Das ist seine Eigenschaft als Kapala (Gott der Schädel). Shiva ist der Gott, der den Tamas zerstört. Auch die Zerstörung kann positive Aspekte haben. Um etwas Neues entstehen zu lassen, muss Altes zerstört werden. Wenn ich einatme wird Sauerstoff zerstört, Kohlendioxid geschaffen und das Leben wird erhalten. Im Atemvorgang sind alle drei Gunas enthalten. Für uns Menschen, ist es gut, Tamas und Rajas zu reduzieren und Sattva zu erhöhen damit wir ausgeglichener, reiner, und leichter meditieren können. Dann wären auch unsere Koshas, unsere Hüllen reiner und durchlässiger. Und wenn sie durchlässig sind dann können wir unser Selbst besser wahrnehmen.

Krishna lehrt uns in der gesamten Bhagavad Gita, wie wir Sattva erhöhen können. In den ersten Kapiteln erläutert er uns das noch recht theoretisch. In den letzten sechs Kapiteln, den Kapiteln des Jnana Yoga, erläutert er uns das recht praktisch. Krishna beginnt die Bhagavad Gita, indem er uns über die Weisheit des Selbst lehrt. Dem folgt eine Unterweisung ins Karma Yoga. Er lehrt uns, welches die richtige Einstellung zum Handeln ist. Danach lehrt er uns wie wir Bhakti, Hingabe zu Gott entwickeln können und erst dann spricht er über Rajas, Tamas und Sattva. Wir sollen immer das sattvige tun, ohne daran verhaftet zu sein. Dieser Lehre folgt einer Erläuterung, wie wir Devas und Asuras, die göttlichen und dämonischen Eigenschaften, unterscheiden können. Krishna rät uns immer das Göttliche zu wählen. Er spricht über Prakriti und Swabhava und sagt uns, dass es gut ist unserer Swarupa zu folgen. Wenn wir vor einer Entscheidung stehen, müssen wir erst überlegen, was wäre sattvig, tamasig oder rajassig und dann möglichst das sattvige wählen. Daneben können wir auch überlegen, was göttlich und was dämonisch wäre. Doch im Grunde genommen sind Materialisten Asuras. Sie wollen ihre Wünsche erfüllen und die Methoden gehen oft über die Einhaltung von ethischen Prinzipien hinaus. Das gilt es zu vermeiden. Als nächstes folgt die Überlegung, was meine Pflicht aus dem Karma heraus ist, und was meine Wesensnatur ist. Diese Kriterien machen die Essenz der Bhagavad Gita aus.
Nehmen wir mal als Beispiel an, ein Mensch liegt in seinem eigenen Blut auf der Straße. Unsere Aufgabe wäre es, ihm zu helfen. Oder: Wir haben ein Kind in die Welt gesetzt. Dann wäre es unsere Aufgabe, uns um das Kind zu sorgen.
Als nächstes müssen wir überprüfen, welche Swarupa, welches Swadharma, welche Prakriti wir haben. Wenn Krishna von Swarupa spricht, dann meint er die relative Wesensnatur, also unsere tiefe Persönlichkeit. Sie wird auch als Swabhava bezeichnet, das tiefe innere Gefühl, oder auch Prakriti, unsere tiefe innere Natur.

Das Swabhava verschiedener Menschen ist sehr verschieden. Der eine Mensch z.B. hat einen hohen Gerechtigkeitssinn. Dann ist es seine Aufgabe sich für die Gerechtigkeit zu engagieren. Jemand anderes, der nicht diesen hohen Gerechtigkeitssinn hat, sondern das innere Bedürfnis andere zu lehren, anderen zu helfen, sollte Lehrer werden. Ein dritter Mensch zum Beispiel, der den Menschen materiell helfen möchte, könnte Anlageberater werden oder selbst viel verdienen, um dann viel Geld für gemeinnützige Zwecke zu spenden.

Ajruna hat ein gewisses Dharma, eine Pflicht. Er hat ein Swadharma, persönliche Aufgaben, die er erfüllen muss. Krishna fordert Arjuna immer wieder auf, sich seines Dharmas bewusst werden und sich anhand seines Dharmas, Swadharmas, Swarupa und Swabhava zu entscheiden. Sie sind maßgeblich für seine Handlungen. Allerdings deutet er das hier nur an. In späteren Kapiteln gibt er praktischere Hinweise darauf.

Aus dem Zusammenspiel von *Karma* (äußerer Situation) und *Swarupa* (innere Natur) ergibt sich also *Swadharma*, die innere Pflicht.
Swarupa muss unterschieden werden von Raga und Dwesha (Mögen und Nichtmögen) und muss auf sattvige Weise gelebt werden. Das Leben der Swarupa muss ethisch sein.

So lange, wie wir im physischen Körper leben, haben wir Anteile von Sattva, Rajas und Tamas. Immer sollten wir versuchen Sattva zu erhöhen. Wir können Sattva erhöhen, indem wir sattvige Nahrung essen, eine sattvige Sprache verwenden. Wir können sattvig, rajasig und tamasig mit anderen sprechen. Das hat einen Einfluss auf unseren Geist und Emotionen. Wir können sattvige, rajasige oder tamasige Musik hören, sattvige, rajasige oder tamasige Bücher lesen. Geschichten von Heiligen z.B. sind sattvig. Liebesromane sind rajasig. Wir können auch sattvige, rajasige und tamasige Körperübungen machen oder Kleidung tragen. Auch unsere Wohnung können wir mittels dieser Gunas einrichten. Natürlich müssen wir auch aufpassen, denn wir leben auch in bestimmten Lebensumständen. Angenommen ihr habt eine Familie. Euer Ehemann, Ehefrau, oder Lebensgefährte/in ist auf einem anderen Weg. Jetzt lebt man mit diesen Menschen zusammen, man handelt aus seiner Swarupa heraus, man liebt sich sehr und heiratet. Man hat ein gemeinsames Karma und der Respekt vor den Wünschen des Partners gehört auch dazu. Man kann Kompromisse eingehen, die dann wahrscheinlich nicht so sattvig sind, wie man es selber gerne hätte. Dann ist es wichtig für uns, uns nicht an Sattva zu hängen, sie nicht zu einer goldenen Fessel werden zu lassen. Es gibt Menschen, die sehr stark an Sattva verhaftet sind, dass sie, wenn sie irgendwo eingeladen sind und der Salat nicht aus organisch/ökologischem Anbau ist, mit einem schimpfen. Dieses Beispiel zeigt, dass man es mit Sattva auch übertreiben kann. Und manchmal ergibt das Karma, dass wir nicht 100% sattvig sein können. Trotzdem sollten wir es nicht unterbewerten. Und ich glaube viele Aspiranten kümmern sich zu wenig um Sattva. Es ist wichtig, dass wir uns um Sattva bemühen, und öfters mal ehrlich zu uns selbst sind und schauen, wie viel Sattva wir wirklich haben.

2. Kap. Vers 47:
„Dein einziges Recht ist es zu wirken, und kein Anspruch hast du auf die Früchte deines Tuns. Lass weder die Früchte deiner Handlung dir Motiv zur Handlung sein, noch wende dich zum Müßiggang."

Krishna rät Arjuna, nicht an den Früchten der Handlung zu haften, und die Handlung nicht auszuführen, mit der Intention, Früchte zu bekommen, belohnt zu werden. Die Mehrheit der Menschen handeln, um etwas zu erreichen. Man arbeitet, um Geld zu verdienen. Man isst, um den Körper zu erhalten usw. Kann man überhaupt handeln, ohne etwas erreichen zu wollen? Ja, man kann handeln ohne etwas erreichen zu wollen. Immer wenn wir handeln, weil etwas getan werden muss, weil es unser Karma ist zu handeln, weil es unsere Svarupa ist etwas zu tun oder, weil wir uns dazu berufen fühlen.

Gleichzeitig müssen wir uns bewusst machen, dass wir auch oft handeln, um Früchte zu bekommen. Wir müssen logisch denken und planen. Um eine Handlung geschickt zu machen, müssen wir auch an die Früchte und das Ergebnis denken. Aber wir sollten nicht wirklich daran hängen, und das nicht als Hauptmotiv unserer Handlung zugrunde legen. Wir sollten spüren, dass genau das in dem Moment unsere Aufgabe ist.
Angenommen jemand fühlt sich von innen heraus berufen ein Kooperationscenter zu eröffnen. Er muss dann logisch vorgehen. Er muss überlegen, wo er das Startkapital herbekommt und wie viel Geld er einnehmen muss, um das Center am laufen halten zu können. Er muss Werbung machen, lernen wie man eine Broschüre erstellt usw. Es erscheint zunächst so, als würde es ihm um die Früchte gehen. All dieses muss er aber bedenken, wenn das Center gut laufen soll. Sein eigentliches Ziel kann sein, der Menschheit zu helfen, zu dienen und Yoga zu verbreiten. Dann kommen öfter Prüfungen auf einen zu. Manchmal erntet man Früchte, manchmal nicht. Manchmal erreichen wir unser Ziel, manchmal erreichen wir es nicht.

2. Kap. Vers 48:
„So handle, Oh Arjuna, und sei fest im Yoga, gib Bindungen auf, und bewahre Gleichmut in Erfolg und Misserfolg. Ausgeglichenheit im Geiste, Gleichmut wird Yoga genannt."

Bindungen kann man auch mit Verhaftungen übersetzen. Der 48. Vers ist einer der berühmtesten Verse der Bhagavad Gita. „Samatva", wie es im Sanskrittext heißt, bedeutet „Ausgeglichenheit im Geist".
Als erstes lehrt Krishna uns frei von Gegensatzpaaren zu sein. Dann sollen wir Sattva erhöhen und uns nicht an Sattva verhaften. Wir sollen handeln um der Handlung nicht der Früchte willen. Wir sollen es engagiert, nicht müßig, tun und gleichmütig in Erfolg und Misserfolg sein. Zwischen Früchten ernten und Erfolg und Misserfolg besteht ein Unterschied.

Er hat als erstes gesagt: Frei von Gegensatzpaaren. Dann hat er gesagt, sattvig, danach frei von Erlangen und Behalten, handeln um der Handlung willen, nicht für die Früchte. Erfolg und Misserfolg sind das Ergebnis der Handlung.
Angenommen ihr bekommt auf eurer Arbeit ein Projekt anvertraut. Ihr bearbeitet es sorgfältig und am Ende, wenn das Projekt fertig gestellt ist, lobt euch euer Chef, wie gut es geworden ist, und ihr bekommt eine Prämie dafür. Zwei Wochen später spricht euch euer Chef erneut an und sagt, er fände euer Projekt nach wie vor ganz toll, nur leider hat der Vorstand euer Projekt verworfen. Wie fühlt ihr euch dann? Ihr habt die Prämie bekommen, die Früchte geerntet, aber das Ergebnis war nicht gut.

Oder angenommen, ihr macht heute jemanden einen tollen Vorschlag. Der Vorschlag wird umgesetzt und das führt dazu, dass 20% der Arbeitskräfte eingespart werden können und ihr selbst seid unter den 20%. Das Projekt war ein Erfolg, aber die Früchte waren schlecht.
Nehmen wir ein weiteres Beispiel zur Hilfe. Angenommen ihr gebt einen Yogakurs vielleicht sogar auf Spendenbasis. Zum Schluss loben euch die Teilnehmer. In der vorletzten Stunde sprechen sie von den fantastischen Wirkungen, die das Yoga auf sie hat. In der letzten Stunde lasst ihr einen Klingelbeutel herumgehen, und jeder gibt 50 Cent. Ihr bekommt also kaum Früchte der Handlung, habt aber ein gutes Ergebnis erzielt.
Oder ihr startet einen Yogakurs mit vielen Teilnehmern. In der dritten Stunde ist nur noch die Hälfte der Menschen da, in der fünften Stunde sind nur noch zwei Teilnehmer anwesend und in der siebten Stunde seid ihr allein. Vielleicht schreiben euch noch drei oder vier Menschen, wie toll sie den Kurs gefunden haben und danken euch. Dann habt ihr gute Früchte geerntet, seid relativ gut bezahlt worden, doch das Ergebnis ist nicht so gut.
Es ist wichtig die Bhagavad Gita richtig zu verstehen. Krishna sagt uns, wir sollen gleichmütig in Erfolg und Misserfolg sein. Er rät uns nicht, gleichgültig zu sein.
Man kann sich sagen, dass man seinen Yogakurs einfach unterrichtet, wenn es jemandem gefällt ist es okay, wenn es niemandem gefällt ist es auch okay. Und wenn man dann zum fünften Mal einen Anfängerkurs mit 20 Teilnehmern in der vierten Stunde auf zwei Teilnehmer reduziert hat, denken, die Aspiranten oder Yogaschüler von heute taugen nichts mehr. Sie sind für mich nicht gut genug und ich mache was ich will. Das ist nicht im Sinne von Krishna. Er sagt extra, wir sollen nicht müßig sein. So zu denken wäre eine Form von müßig sein.

2. Kap. Vers 50:
„Der Mensch, der Weisheit (Gemütsruhe) besitzt, weist in diesem Leben gute wie auch schlechte Taten von sich; deshalb widme dich dem Yoga; Yoga ist Geschickt im Handeln."

Wenn etwas schief gegangen ist, forschen wir vielleicht nach der Ursache. Wenn es möglich ist, die Urschache zu beseitigen, dann beseitigen wir sie. Es kann aber auch sein, das wir feststellen: es gibt eine bestimmte Ursache, die man nicht abstellen kann.

Nehmen wir mal an, wir kennen jemanden, der ein vorbildlicher Redner ist, den wir bewundern. Wir selbst sind auch ein ganz guter Redner. Trotzdem könnten wir den gleichen Vortrag nie auf die gleiche Art und Weise wie unser Vorbild geben. Wir können uns bemühen, den gleichen Enthusiasmus, Humor und Tiefsinnigkeit in unseren Vortrag zu legen, aber er wird nie genauso sein, wie der unseres Vorbildes. Wir können es probieren, ihn möglichst gut zu machen, und wenn sich hinterher jemand bei uns beschwert, können wir überlegen, ob wir das umsetzen können oder nicht. Wenn man aber am Boden zerstört ist, weil einen jemand kritisiert und behauptet, dass er das alles schon in der Yogalehrerausbildung gelehrt bekommen hätte, und man sich schon ein bisschen mehr Mühe hätte geben können, ist das weniger hilfreich. Man kann sich überlegen, was man das nächste Mal anders machen kann. Oder man kann am Boden zerstört sein und denken: „Undankbarer Haufen." Oder man kann auch schimpfen und sagen: „Du bist noch vollkommen unreif."

Der Umgang mit Kritik ist eine der schwierigsten Angelegenheiten. Wir sind sehr stark darauf fixiert, Kritik zu beachten und das Positive weniger zu beachten. Bei den Deutschen ist dieses Phänomen stärker ausgeprägt als bei anderen Nationen. Angenommen ihr haltet einen Yogakurs mit 20 Teilnehmern ab und 19 davon sagen euch am Ende, wie toll es war und einer kritisiert euch. Woran denkt ihr auf dem Nachhauseweg?

Es ist auch durchaus etwas sattviges, wenn man überlegt, wie man etwas besser machen kann. Das ist vielleicht auch ein Vorteil. Bei Yoga Vidya sind wir auch durchaus ähnlich veranlagt. Viele Mitarbeiter denken, immer wenn irgendwo im Haus eine Kritik ist, müssten sie sie mir ins Fach legen. Das ist schon mehrfach vorgekommen. Beim Abschluss der Ausbildung sind Feedbackbögen verteilt worden, und ich bekomme gesagt: „28 Feedbackbögen waren sehr positiv aber diese 2 wollte ich dir auch noch zur Kenntnis geben." Dann fange ich natürlich an zu überlegen, was und wie man es da noch besser machen kann. Und manchmal zucke ich mit den Schultern und sage: „Om Tat Sat."

Bei jeder Kritik besteht die Chance, dass man ein Stück weiterkommt. Deshalb bemühen wir uns. Wir bemühen uns sogar noch stärker als zu Swami Vishnus Zeiten in seinen Zentren. Swami Vishnu hat gesagt, wir machen nur das, was in der Tradition ist. Wenn es den Menschen gefällt ist es gut, wenn es ihnen nicht gefällt, dann ist es auch okay. Swami Vishnu hat noch mehr auf Kritik reagiert und Verbesserungsvorschläge gemacht, als die Amerikaner, die in großen Teilen für die Atmosphäre in den Seminaren verantwortlich waren. Irgendwie wurden die Anregungen weniger beachtet. Es war in seinen Centren nicht so wichtig. Wir bemühen uns hier mehr, die Kritik zu beachten. Manchmal muss ich auch sagen: „Wir können es nicht allen Menschen recht machen. Wir können es nicht immer allen richtig vermitteln. Wir sollten Gleichmut üben und die Kritik nicht überbetonen."

Also Gleichmut in Erfolg und Misserfolg, Kritik annehmen, als mögliche Anregung sehen, es eventuell noch besser zu machen, aber nicht deshalb aus dem Gleichgewicht kommen.

2. Kap. Vers 49:
„Handeln ist dem Yoga der Weisheit weit unterlegen, Oh Arjuna. Nimm Zuflucht bei der Weisheit unglücklich sind die, für die die Früchte Motiv der Handlung sind."

Im Sanskrittext wird das Wort „Karma" verwendet. „Karma" ist ein sehr vielschichtiger Begriff. Das Verständnis der Vielschichtigkeit dieses Begriffs, ist der Schlüssel zum Verständnis der Bhagavad Gita. Karma hat die folgenden Bedeutungen:
1. Handlung
2. Resultat der Handlung (Wir können uns also fragen: „Was ist mein Karma?" Oder man kann sagen: „Das ist jetzt mein Karma. Wenn ich Kreuzprobleme habe, dann ist das halt mein Karma. Ich kann es deshalb nicht ändern. Es ist auch Schicksal.")
3. Gesetz
4. Ritual (wenn wir sagen, wir müssen ein bestimmtes Karma ausführen, dann kann das heißen, dass wir verschiedene Rituale ausführen wollen).
5. Purva Mimamsa Philosophie (In der Purva Mimamsa Philosophie gibt es den so genannten „Karma Kanda", d.h. den „Teil der Veden", Kanda heißt immer „Teil", der beschreibt, wie man gutes Karma schafft.)

Wenn Krishna von Karma spricht, dann muss man immer ein bisschen spielerisch ausprobieren welche dieser oben genannten Karmabegriffe Krishna wählt. Krishna nutzt viele Wortspiele.
Er sagt: **„Handeln ist dem Yoga der Weisheit unterlegen."** Er spricht hier nicht von Jnana Yoga, sondern von Buddhi Yoga. Unterscheidungsyoga ist dem Karma Yoga unterlegen. Nach dem Karma Kanda zu handeln, um gutes Karma zu bekommen, ist dem Yoga der Weisheit weit unterlegen.
„Nimm Zuflucht bei der Weisheit." Krishna rät uns, unsere Unterscheidungskraft zu nutzen und weise handeln.
„Unglücklich sind die, für die die Früchte Motiv der Handlung sind."
Warum sind diese Menschen unglücklich? Sie sind unglücklich, weil die Früchte nie ausreichen, oder sie nicht zufrieden mit ihnen sind. Manchmal erreichen sie die Früchte nicht und falls sie sie doch erreicht haben, verschwinden die Früchte auch wieder. Angenommen, es gäbe einen Preis für die beste Asana, die ihr macht und jetzt würdet ihr Asanas üben, um dann nachher dafür einen Preis zu gewinnen. Oder ihr übt Asanas, weil ihr wisst, dass Asanas irgendwie gut sind. Was macht euch mehr Spaß? Wenn ihr Asanas übt, um zu gewinnen, oder wenn ihr Asanas einfach nur so macht?
Wenn wir sie einfach nur so machen, machen sie uns mehr Spaß. Dies wurde auch schon durch Forschungsergebnisse im Bereich der Arbeitsmotivationsforschung nachgewiesen.

2. Kap. Vers 50:
„Der Mensch, der Weisheit besitzt, weist in diesem Leben gute wie auch schlechte Taten von sich; deshalb widme dich dem Yoga; Yoga ist Geschick im Handeln."

Das Wort „Taten" ist meiner Meinung nach ein Übersetzungsfehler. Es müsste mit Karma übersetzt werden und dann würde es heißen: „Er weist in diesem Leben gutes wie auch schlechtes Karma von sich." Es geht ihm nicht darum, gutes oder schlechtes Karma zu bekommen. Wenn wir so handeln ist es geschickt und wir handeln dann umso besser. Wenn wir nicht ständig an den Früchten und am Ergebnis unserer Handlung hängen, dann wird unser Handeln besser sein.
Man hat auch festgestellt, dass die Wissenschaftler, die am allerbesten sind, diejenigen sind, die einfach in ihrer Forschung aufgehen. Musiker und Sänger zum Beispiel, die so in ihre Tätigkeit absorbiert sind, dass sie nicht ständig daran denken, ob und wie viel Applaus sie nachher dafür bekommen.

2. Kap. Verse 51-53:
„Die Weisen, die mit Wissen erfüllt sind, die die Früchte ihrer Handlungen aufgegeben haben, und die frei sind von den Fesseln der Geburt, gehen an einen Ort, der jenseits allen Leidens ist. Wenn dein Verstand den Sumpf der Täuschung durchquert hat, wirst du zu Gleichmütigkeit gegenüber Gehörtem und noch zu Hörendem gelangen. Wenn dein Verstand, der verwirrt war durch die Worte der Veden, die du gehört hast, nun unerschütterlich und fest im Selbst ist, wirst du Selbstverwirklichung erlangen."

Wenn wir so handeln, dann befreien wir uns von den Fesseln der Geburt und wir erreichen die Selbstverwirklichung.

2. Kap. Vers 54:
„Arjuna sprach: Wie, Oh Krishna, ist ein Mensch von stetiger Weisheit, einer, der im überbewussten Zustand aufgegangen ist? Wie spricht jemand, der stetige Weisheit besitzt, wie sitzt er, wie geht er?"

Krishna hat zuvor über denjenigen gesprochen, der in dem Zustand der Selbstverwirklichung weilt bzw. hat er Arjuna erklärt, wie er zur Selbstverwirklichung gelangen kann. Es ist wichtig darauf zu achten, wie wir handeln, nach welchen Kriterien wir unsere Entscheidungen treffen, nämlich: ohne Verhaftung oder ohne an den Früchten zu hängen und gleichmütig in Erfolg und Misserfolg zu sein, gelten als die wichtigsten Grundlagen bei der Ausführung von Handlungen. Krishna spricht jetzt davon, dass, wenn Ajruna das beachtet, er die Selbstverwirklichung erreichen wird.
Den Ausdruck, den er dafür verwendet, heißt *Sthitaprajna*. Ein Sthitaprajna ist jemand von „beständiger Weisheit". Als *Prajna* wird jemand bezeichnet, der „viel weiß". Und *sthita* bedeutet „beständig". Jeder Mensch besitzt etwas Weisheit. Jeder Mensch hat

seine lichten Momente. Aber wir haben auch unsere weniger lichten Momente. Es heißt, ein selbstverwirklichter Mensch ist ein Sthitaprajna, ein Mensch von beständiger Weisheit.
Arjuna möchte von Krishna wissen, woran er überhaupt einen selbstverwirklichten Menschen erkennt. Er bittet Krishna darum, ihm zu erklären, wie ein solcher Weiser spricht, sitzt und geht. Er möchte äußere Kriterien gelehrt bekommen, die ihm zeigen, dass er einen verwirklichten Menschen vor sich hat. Arjuna möchte auf einen Blick erkennen können, ob er einen selbstverwirklichten Menschen vor sich hat oder nicht. Vielleicht wäre ein solches Kriterium, dass der Mensch besonders getragen sprechen müsste. Vielleicht müsste er besonders gerade sitzen oder besonders majestätisch gehen.
Doch leider kommt Krishna Arjunas Wunsch nicht nach. Er gibt ihm keine äußeren Erkennungskriterien an die Hand. Er kann es auch überhaupt nicht, da alle Meister sehr verschieden sind. Es gibt Meister, die sehr ruhig sind und sehr klar wirken. Jedes Wort, das solche Meister, wie z.B. Swami Chidananda sprechen, ist von großer Ruhe und Bedachtheit.
Daneben gibt es auch die burschikosen Meister, die voller Emotionen sprechen. Sie überschlagen sich bei ihren Reden. Swami Vishnu z.B. war ein solcher Meister.
Wenn man Swami Chidanandas Vorträge transkribiert hatte, waren sie sofort druckfertig. Es gab nichts an ihnen, was hätte geändert oder ergänzt werden müssen. Man brauchte einfach nur seine Vorträge aufzunehmen, zu transkribieren und schon hatte man ein Buch. Ganz selten ist es ihm passiert, dass er mal ein Wort in einem Satz vergessen oder zu viel einfügt hatte.
Bei Swami Vishnu-devananda war es immer eine große Herausforderung, seine Vorträge druckfertig zu machen. Während man seinen Vorträgen lauschte, war alles einleuchtend und klar. Wenn man das dann aber niedergeschrieben hatte, stellte man fest, dass nur etwa jeder dritte Satz ein korrekter englischer Satz war.

Des Weiteren gibt es sehr kleine oder sehr große Meister. Swami Sivananda z.B. war sehr groß. Wieder andere Meister sind sehr dick oder sehr dünn. Swami Chidananda war extrem dünn, Swami Vishnu-devananda eher dicker. Es gibt Meister, die sehr logisch denken können, wie z.B. Swami Chidananda, Swami Krishnananda und Swami Vishnu-devananda. Es gibt andere Meister, die das nicht können.
Manche Meister sind sehr gebildet, wie z.B. Swami Krishnananda. Andere Meister sind gänzlich oder weitestgehend ungebildet gewesen, wie z.B. Ramana Maharshi und Ramakrishna. Die beiden konnten zwar lesen und schreiben, aber keine Schriften studieren und ihr Bildungsstand entsprach in etwa unserem Grundschulniveau.
Andere Meister sind große Gebildete. Dazu zählen z.B. Swami Chinmayananda und Swami Dayananda. Wieder andere Meister gelten als so genannte „verrückte Narren“, wie z.B. Ramakrishna, der allen Konventionen getrotzt hat. Manche Meister sprechen nicht, andere leben zurückgezogen. Swami Chaitanyananda z.B. wurde von Swami Sivananda in die Einsamkeit geschickt. Er sollte mehrere Jahre meditieren.

Swami Nadabrahmananda hat er in eine Höhle geschickt, wo er zwölf Jahre lang allein musizieren sollte.
Meister sind insgesamt sehr verschieden. Woran könnte das liegen? Es könnte an ihrem Parapdha Karma oder ihrer relativen Swarupa liegen. Dass es so viele verschiedene Meister gibt, die in so vielen verschiedenen äußeren Umständen leben, zeigt uns, auch wenn die Erfahrung des Nirvikalpa Samadhi, des höchsten Zustandes, identisch ist, es sehr unterschiedlich sein kann, wie wir diesen Zustand nachher leben. Das bedeutet auch, dass jeder einzelne von uns anders sein wird, wenn einst vollkommen ist. Wir werden die gleiche Erfahrung im nirvikalpa samadhi machen. Aber wenn wir in der Welt handeln, handeln wir unterschiedlich. Trotz allem bleiben ein paar Dinge übrig, die gleich sind. Von diesen erzählt uns Krishna im nächsten Vers.

2. Kap. Vers 55:
„Von dem Menschen, Oh Arjuna, der alle Wünsche des Geistes vollständig von sich weist und im Selbst durch das Selbst Zufriedenheit erfährt, wird gesagt, er habe stetige Weisheit.“

Hier wird also der „Sthitaprajna“ beschrieben. Prajna bedeutet „Weisheit, Wissen“. Sthita bedeutet „beständig“. Es ist ein zufriedener, wonnevoller Zustand.

2. Kap. Vers 56:
„Der Mensch, dessen Geist durch Unglück nicht erschüttert wird, der sich nicht nach Vergnügen sehnt und frei ist von Anhaftung, Furcht und Zorn, wird ein Mensch stetiger Weisheit genannt.“

In Situationen, wo einem ein Unglück geschieht, kann man am besten erkennen, ob jemand weise ist oder nicht. Wir können sehen, wie jemand in so einer Situation reagiert. Wird er durch sie erschüttert oder nicht. Reagiert er voller Angst oder eher ärgerlich. Manchmal gibt es Meister, die, um ihre Schüler zu lehren, auch mal ein bisschen Ärger zeigen. Wenn wir etwas lernen wollen ist es gut, wenn in den Worten des Meisters eine große Kraft liegt. Angenommen der Meister wäre wie eine wandelnde Statue oder wie ein Computer, der ganz monoton sprechen und sagen würde: „Du hast dich heute nicht richtig verhalten. Ich erwarte von dir, dass du das änderst.“ So etwas hilft uns nicht zu lernen. Manchmal wird bei den Meistern der Geist zum Spiegel des Schülers. Man erkennt aber trotzdem wenn er ärgerlich wird, dass es sich nicht um einen tiefen Ärger handelt, sondern nur etwas ist, wie eine Art Lehrenergie, die durch den Meister fließt. Swami Vishnu z.B. war ein Meister, der auch sehr gut schimpfen konnte. Allerdings hat er auch nie von sich behauptet, dass er selbstverwirklicht wäre. Er meinte Ärger sei eine Schwäche von ihm, die er noch überwinden müsste. Ich selbst habe Swami Vishnu mal während einer Mitarbeiterbesprechung erlebt, wo jemand etwas zum wiederholten Male nicht getan hat, was er hätte tun sollen. Swami Vishnu wurde sehr ärgerlich und sagte: „Warum hast du das nicht gemacht? Wie oft habe ich

dir gesagt, dass du das tun sollst? Das mir das nie mehr vorkommt bei dir." Wenn ein Meister, der sehr viel Energie hat, mal ärgerlich wird, dann wird das Tamas im Astralkörper des Gegenübers durcheinander gerüttelt und nicht nur bei dem Angesprochenen, sondern bei allen anderen Menschen im Raum ebenfalls. Es war noch nicht einmal notwendig, dass Swami Vishnu die Stimme erheben musste, um diese Wirkung zu erzielen. In der gleichen Versammlung sprach er direkt danach zu einer Frau, die erst ein paar Wochen im Ashram und sehr schüchtern war, und fragte sie: „Wie geht es dir? Hat alles geklappt mit deiner Aufgabe? Ist alles in Ordnung?" Swami Vishnu änderte seine Stimmung von einem Moment auf den nächsten. Er musste nicht vorher den Raum verlassen und sich abzukühlen, bevor er mit dem nächsten Menschen sprechen konnte. Swami Vishnu war nicht wirklich ärgerlich, sondern es floss einfach eine Lehrenergie durch ihn hindurch.
Ähnlich ist es mit dem Gefühl der Angst.
Es gibt eine Geschichte von Swami Sivananda. Er hatte mal einen Schüler, der ihm eine große Stütze schon seit Beginn des Aufbaus der Divine Life Society war. Es bestand eine enge Bindung zwischen Swami Sivananda und seinem Schüler. Der Schüler wusste fast immer schon intuitiv, was Swami Sivananda wollte. Swami Sivananda brauchte ihn nur anzusehen und dann wusste der Schüler was zu tun war und erledigte es auch sofort. Eines Tages wurde dieser Schüler nun von einem tollwütigen Hund gebissen. Swami Sivananda hat ihn daraufhin in ein Krankenhaus geschickt. Er hat sich bemüht alles Notwendige für seinen Schüler zu tun. Er gab ihm einen Arzt des Ashrams mit ins Krankenhaus, damit der sich auf dem Weg ins Krankenhaus um den Schüler kümmern konnte. Der Arzt sollte auch dafür sorgen, dass der Schüler im Krankenhaus die richtige Behandlung bekommt. Am nächsten Tag bekam Swami Sivananda ein Telegramm aus dem Krankenhaus, in dem es hieß, seinem Schüler ginge es besser. Alle umherstehenden Menschen konnten daraufhin ein freudiges Leuchten auf Swami Sivanandas Gesicht wahrnehmen.
Am nächsten Tag folgte ein zweites Telegramm mit der Nachricht, dass der Schüler gestorben sei. Der Bote, der Swami Sivananda das Telegramm überbrachte, wurde von Swami Sivananda gebeten, ihm das Telegramm vorzulesen. Aus den Augen des Boten flossen Tränen. Swami Sivananda sah erst einmal sehr schockiert aus, als er die Todesnachricht erhielt. Eine Stunde später wurde der Leichnam zum Ashram gebracht. Swami Sivananda vollzog die Toten-Riten, die bei dem Tod eines Swamis üblich waren und kurze Zeit später war Swami Sivananda wieder der gleiche Mensch wie vorher. Die Zeremonie war sehr bewegend. Aber nach der Zeremonie war alles abgeschlossen. Swami Sivananda zeigte keine Emotionen mehr und ging wieder zum normalen Alltag über. Die Geschichte war für ihn abgeschlossen.

Swami Sivananda war, wie Krishna beschreibt, frei von Zorn, Furcht und Anhaftung. Direkte Emotionen sind ein Teil der Persönlichkeit großer Meister. Sie sind aber nichts, was sehr tief geht, nichts, was sich verankert, nichts, was den Menschen erschüttert.

2. Kap. Vers 57:
„Wer überall ohne Verhaftung ist, Gutem wie Schlechtem verhaftungslos begegnet und weder bejubelt noch verabscheut, dessen Weisheit ist fest begründet."

Wir sollen Gutem und Schlechten verhaftungslos begegnen. Dieses Universum ist gekennzeichnet von Dualität. Alle Menschen haben gute und schlechte Eigenschaften. Wir bemühen uns zwar immer wieder das Gute zu tun, das Gute in anderen Menschen zu stärken, aber manchmal müssen wir auch dem Schlechten Widerstand leisten und trotzdem verhaftungslos sein.

2. Kap. Vers 58:
„Wenn er, so wie die Schildkröte, die ihre Glieder an allen Seiten einzieht, seine Sinne von den Sinnesobjekten zurückzieht, wird seine Weisheit unerschütterlich."

Krishna fordert uns auf, die Fähigkeit zu entwickeln, jederzeit unsere Sinne zurückziehen zu können. Er verwendet das Beispiel der Schildkröte. Wenn eine Schildkröte in Gefahr ist, dann zieht sie einfach alle vier Beine und ihren Kopf ein und ist geschützt, so dass niemand ihr etwas tun kann.
Bei uns Menschen ist es ähnlich. Im normalen Leben müssen wir unsere fünf Sinne aktiv nach außen gehen lassen. Wir sind aber ebenfalls in der Lage, unsere fünf Sinne wieder nach innen zu ziehen, und dann nicht von Äußerlichkeiten beeinflusst zu werden. Wir sind nicht die Sklaven unserer Sinne. Einem großen Meister gelingt Pratyahara, die Sinneskontrolle. Von Swami Sivananda wird berichtet, er habe sich einmal die Woche einen Tag lang zurückgezogen und nur meditiert. Swami Sivanandas Hütte liegt am Ganges direkt an der Pilgerstraße, die zum Ashram führte. In Rishikesh hatten sich mehrere Ashrams angesiedelt. Die Sivananda Stadt wurde immer bekannter, was zur Folge hatte, dass immer mehr Menschen nach Rishikesh und zum Ashram kamen. Infolgedessen sollte die Hauptpilgerstraße geteert werden. Große Presslufthammer wurden eingesetzt genau an dem Tag, wo Swami Sivananda meditieren wollte. Die Schüler des Meisters hatten vergessen diesem mitzuteilen, dass direkt neben seinem Kutir die lauten Maschinen arbeiten würden. Am nächsten Tag entschuldigten sich die Schüler beim Meister mit den Worten: „Tut uns leid, dass wir dir nicht gesagt haben, dass an dem Tag, wo du länger meditieren wolltest, die lauten Presslufthammer genau neben deiner Hütte am arbeiten waren." Swami Sivananda blickte seine Schüler erstaunt an und meinte nur: „Tatsächlich? Ich habe nichts gehört." Diese Anekdote verdeutlicht die Fähigkeit von großen Meistern Pratyahara auszuüben.

Auch unser Geist hat grundsätzlich die Fähigkeit, sich vollständig zurückzuziehen. Das können wir im Tiefschlafzustand beobachten. Da hören wir wenig. Auch wenn wir in Ohmacht gefallen sind hören wir nichts, obwohl unser Ohr weiterhin physisch anwesend ist. Wenn wir unser Prana von den Sinnen zurückziehen, dann hören, sehen, riechen, schmecken und fühlen wir nichts.

Swami Vishnu lehrte, dass ein großer Meister ebenso gut auf dem Münchner Marienplatz, wie auch in einer Höhle im Himalaya meditieren kann. Wenn wir allerdings noch keine großen Meister sind, dann hilft es, an einem Ort zu meditieren, wo die Schwingung besser ist.

2. Kap. Vers 59:
„Die Sinnesobjekte wenden sich vom Enthaltsamen ab und lassen das Verlangen (zurück); aber auch sein Verlangen wendet sich ab, wenn er des Höchsten gewahr wird."

Hier beschreibt Krishna eine Weise, wie wir zum Höchsten kommen können. Als erstes sollten wir uns den Dingen enthalten, von denen wir wissen, dass sie nicht so gut sind. Shankara, ein großer Yogameister, hat einmal die *Shatsampat* beschrieben, die so genannten „sechs edlen Tugenden".
Als *Sadhana Chatustaya* gelten die „vier Eigenschaften, die den Menschen für das Sadhana qualifizieren". Sie sind auch die Charakteristika von *Subecha* (Erste Stufe des Wissens). Dazu zählen *Viveka* (Unterscheidungskraft), *Vairagya* (Abwesenheit von Raga. Raga bedeutet Mögen oder Nichtanhaften), *Mumukshutva* und *Shat Sampat*. Shat Sampat besteht aus „sechs Schätzen, aus sechs wertvollen Teilen". Dazu zählen:

- *Sama*, Gelassenheit, Gleichmut
- *Dama*, Sinneskontrolle
- *Uparati*, Abwenden des Geistes von Äußerem, nach innen gehen
- *Titiksha*, Aushaltenkönnen
- *Shraddha*, Vertrauen, Glaube
- *Samadhana*, geistiges Gleichgewicht.

Sama bedeutet „Gleichmut". Wir können lernen unseren Geist gleichmütig zu halten. Das gelingt uns nicht immer, aber zumindest können wir unsere Sinne kontrollieren. Nehmen wir einmal an, jemand würde uns beleidigen. Am besten wäre es dann, wenn wir gleichmütig reagieren und nichts sagen würden. Buddha z.B. wurde immer wieder angefeindet, da er das Massenmönchstum in Indien eingeführt hat. Tausende oder gar Zehntausende von Menschen haben ihre Heimat, ihre Familie, ihre Ehepartner, ihre Kinder verlassen. Menschen, die zum Teil noch sehr jung waren, die eigentlich noch hätten zu Hause leben müssen, sind Nonnen und Mönche geworden. Die Ehepartner mochten das nicht. Die Eltern waren nicht begeistert davon, dass ihre Kinder sie verlassen haben. Des Weiteren hat Buddha die Kastentrennung nicht eingehalten. Er hat die Tieropfer verboten und vieles mehr. Dies hatte zur Folge, dass viele Menschen Buddha nicht mochten. Eines Tages kam ein Mann auf Buddha zu und beschimpfte ihn. Er sprach: „Du Menschheitsverführer, du Verrückter, du Idiot." Er schrie Buddha fünf bis zehn Minuten lang an und Buddha hörte ihm völlig gleichmütig zu. Der Mann wies Buddha auch darauf hin, dass er noch nicht mal Selbstachtung besitzen würde, da er sich nicht verteidigen würde. Nachdem er Buddha das vorgeworfen hatte, antwortete dieser: „Mein Freund, angenommen jemand gibt dir ein Geschenk und du nimmst es nicht an. Wem gehört es dann?“ Der Mann antwortete: „Natürlich dem Schenkenden. Aber was hat das jetzt hiermit zu tun?“ „Mein lieber Freund, du hast mir gerade einige Geschenke angeboten und ich habe sie nicht angenommen.“ Es hieß, dass der Mann später ein Schüler von Buddha wurde, weswegen die Geschichte auch überliefert worden ist.

Es gibt die Geschichte eines Heiligen namens Eknath, der im 16. Jahrhundert gelebt hat. Eknath hat, über die Ausführung der Buchhaltung, die Verwirklichung erreicht. Eknath war ein Ashrambuchhalter und der Ashramleiter bestand bei der Buchführung darauf, dass sie hundertprozentig auf die *Paisa* (Währungseinheit) genau korrekt ist. Eines Abends wollte Eknath, dann um 17.00 Uhr die Kasse abschließen und stellte fest, dass da genau ein Paisa fehlte. Daraufhin ging er noch einmal alle Bücher von Beginn an durch. Er zählte alles Geld mehrfach, überprüfte alle Quittungen und was es sonst noch so gab wieder und wieder. Nachts um 4.00 Uhr plötzlich fand er den Fehler. Und in dem Moment, wo er den Fehler fand, erlangte er die Erleuchtung. Wahrscheinlich ist auch ein Grund dafür, warum Eknath, Eknath heißt, dass er *Ekagratha* (Zustand des Geistes) erreicht hat. Eknath war ein Krishnaverehrer. Er bekam viele Schüler, die auch *Padapuja* (Puja mit den Füßen des Gurus) machten. Im Westen kennt ihr Pujas mit *Murtis* (Statuen). In Indien macht man häufig Puja mit den Füßen eines großen Meisters. Man verneigt sich vor den Füßen und es wird die göttliche Kraft in den Füßen angerufen. Die Füße werden mit Milch und Wasser übergossen, manchmal auch mit Joghurt. Danach werden sie gewaschen und dekoriert. Es werden verschiedene Aschen aufgetragen und Blumen hingelegt. Der Meister bekommt Girlanden umgelegt und muss die ganze Zeit dort ruhig sitzen.

Es existieren einige Filme, wie eine solche Padapuja mit Swami Sivananda durchgeführt wird. Für einen Menschen aus dem Westen wirkt das allerdings ziemlich befremdlich. Es kann aber manchmal sein, dass das Bedürfnis entsteht, wenn man soviel Liebe vom Meister empfangen hat, sich vor ihm zu verneigen und ihm die eigene Ehrerbietung auszudrücken und sich besonders vor seinen Füßen zu verneigen.

Eines Tages, als Eknath schon älter geworden war, kam jemand zu ihm, der nicht sein Schüler war, sondern eher das Gegenteil. Dieser hat ihn beschimpft und angespuckt. 108 Mal hat er ihn beleidigt. 108 Mal hat er ihn bespuckt. Nach dem 108. Mal hob Eknath die Hand und der Beleidiger hatte plötzlich eine Erfahrung des Überbewussten und eine Vision Gottes.

Eknaths Schüler haben ihren Meister daraufhin gefragt: „Meister, wir dienen dir seid vielen Jahren. Uns hast du nicht die Vision Gottes geschenkt. Dieser Mensch hat dich beleidigt und angespuckt. Wir machen täglich mit dir Padapuja und geben dir Münzen und Reis und Blumen und uns hast du noch keine Vision Gottes geschenkt. Warum machst du das?“ Eknath erwiderte: „Dieser Mensch war 100% konzentriert auf mich und hat genau das gemeint, was er gesagt hat. Wenn ihr mit der gleichen Konzentration und Vertrauen mich verehrt, dann werdet ihr diese Vision auch haben.“

Es gibt tausende von Geschichten, die diese Wirklichkeit verdeutlichen.

Es gibt z.B. auch eine Geschichte von Swami Sivananda. Er hatte öfters große Kongresse einberufen, zu denen tausende von Menschen kamen. Dutzende von großen Meistern haben dort Reden gehalten. Eines Tages stand ein Mann während eines Kongresses auf und rief: „Ich muss es einfach mal ganz deutlich sagen: Swami Sivananda verrät die alte indische spirituelle Tradition. Er lässt Frauen in den Ashram. Er erlaubt dort keine Kastentrennung. Westler dürfen in den Ashram kommen. Schmach und Schande über ihn." Nach seinen Worten forderte Swami Sivananda ihn auf, auf die Bühne zu kommen und ins Mikrofon zu sprechen, so dass jeder ihn verstehen konnte. Seine Schüler, die die Kongresse organisiert hatten, meinten daraufhin zum Meister: „Wir haben keine Redezeit für ihn." Swami Sivananda entgegnete nur: „Ich glaube, ich soll gleich einen Vortrag halten. Zieht seine Zeit von meiner Redezeit ab." Seine Schüler waren bestürzt und auch der Beleidiger ging auf die Bühne und wusste erst einmal nicht, was er sagen sollte. Dann äußerte er sich aber dennoch. Swami Sivananda ist nachher nicht auf seine Worte eingegangen, sondern hielt nur seine gekürzte Rede. Diese Geschichte lehrt uns, was *Sama* - Gleichmut - bedeutet. Swami Sivananda war sogar dann noch gleichmütig, als ein paar Jahre vorher jemand versucht hat, ihn zu ermorden.

Wenn es uns nicht gelingt *Sama* zu halten, weil wir noch nicht so ein Heiliger sind wie Swami Sivannada, dann sollten wir wenigstens *Dama*, die Sinneskontrolle, üben. Wenn uns jemand beleidigt und wir den intensiven Wunsch verspüren ihm etwas an den Kopf zu werfen, sollten wir dem Wunsch nicht folgen. Wenn uns jemand anbrüllt, dann sollten wir nicht unbedingt zurückbrüllen. Auch wenn unsere Emotionen innerlich sehr stark sind, sollten wir uns bemühen äußerlich eine gewisse Ruhe zu bewahren. Wenn uns das nicht gelingt, dann sollten wir *Uparati*, das Weggehen üben. Wir sollten dann noch schnell mit letzter Beherrschung eine Entschuldigung finden und sagen: „Danke. Da sprechen wir später darüber." Man kann dann ein Glas kaltes Wasser trinken, ein paar Mal tief durchatmen oder an die frische Luft gehen und hinterher versuchen wieder gelassener auf das Anliegen des anderen einzugehen. Es mag seltene Fälle geben, wo ein kurzer Ärgerausbruch mal Wunder bewirkt. Aber wenn die anderen nicht gewohnt sind, dass das Gegenüber ärgerlich wird, dann wird es sie sehr durcheinander bringen und tief treffen. Meistens nimmt das auch kein gutes Ende. Es ist besser, man bemüht sich um Gleichmut. Wenn man keinen Gleichmut bewahren kann, dann kann man wenigstens seine Worte beherrschen und wenn man merkt, dass einem das nicht gelingen würde, findet man einen Grund, um die Situation zu verlassen. Später kann man die Situation dann geschickter wieder angehen.
Das gleiche gilt, wenn wir eine schlechte Angewohnheit haben, die wir nicht sein lassen können. Am besten wäre, wir üben Gleichmut. Wenn wir das nicht können, sollten wir wenigstens die Sinne beherrschen. Wenn auch das nicht gelingt, sollten wir die Situation meiden, die uns in Versuchung führen kann. Wenn das zu schwierig ist, wie z.B. wenn wir einen Arbeitsplatz haben, bei dem uns so etwas tagtäglich passiert, dann können wir das als Herausforderung annehmen und sagen: „Es ist jetzt meine

besondere spirituelle Aufgabe, Gleichmut zu üben und geschickt zu handeln." Tief mit dem Bauch atmen, aufgerichtet stehen, seinem Gegenüber Gutes wünschen oder sagen: „Ich muss mal kurz auf die Toilette gehen", sind einige Möglichkeiten der Situation zu begegnen. Mit der Zeit kann es uns gelingen, gleichmütiger zu reagieren. Wir können auch erkennen, dass dieser Mensch, tief in seinem Inneren, göttlich ist. Eine weitere Möglichkeit ist, sich die Situation einmal geistig vorzustellen, und sich zu überlegen: „Wie werde ich das nächste Mal reagieren? Was werde ich das nächste Mal sagen?" Am Ende jeder Meditation können wir uns noch einmal vorstellen, dass das oder das passiert und ich selbst so oder so reagieren werde. Man könnte auch überlegen: „Wie könnte ich geschickt reagieren?" Andererseits können wir aber auch schauen, wo wir selbst uns verändern können. Vielleicht handele ich ja auch immer wieder in der gleichen Situation auf die gleiche Weise. Menschen sind ja nicht alle generell bösartig. Wenn ich immer wieder in die gleiche Situation gerate, kann ich auch überlegen: „Woran liegt es, dass ich immer in die gleiche Situation gerate? Was kann ich bei mir verändern, damit ich den anderen nicht dazu bringe, dass er sich so komisch verhält." Man kann auch ein Gespräch mit seinem Gegenüber führen und ihm sagen, dass man sich immer ungerecht behandelt fühlt und fragen, wie man sein müsste, um nicht solche Kritik zu empfangen.

Die nächste *Shat Sampat* ist *Titiksha*, „Aushalten können". Es gibt Situationen, die wir nicht einfach meiden können. Unsere Aufgabe ist es dann, die Situation und unsere eigene Unvollkommenheit, aushalten zu lernen. Man muss lernen, mit der Situation zu leben. Manchmal müssen wir auch damit leben lernen, dass es uns nicht immer gelingt die Beherrschung zu behalten.
Als nächstes müssen wir fest daran glauben, dass es uns eines Tages gelingen wird, diese Situation aushalten zu können. Wenn wir uns lange genug bemühen gehen wir den Weg rückwärts von Titiksha zu Uparati, Dama und dann kommen wir zu Sama und schließlich zu Samadhana.
Ähnlich spricht Krishna in der Bhagavad Gita. Er sagt, dass sich die Sinnesobjekte vom Enthaltsamen abwenden und das Verlangen zurückbleibt. Es gibt immer noch geistiges Verlangen. Aber auch sein Verlangen wendet sich ab, wenn er des Höchsten gewahr wird. Wenn wir dann die absolute Wahrheit erfahren, Krishna spricht von *Param*, „das Höchste, das Transzendente", dann sind wir im Gleichgewicht.

2. Kap. Vers 60:
„Die ungezähmten Sinne, Oh Arjuna, ziehen den Geist des Weisen mit großer Macht weg, mag dieser sich auch größte Mühe geben (sie zu kontrollieren)."

Selbst einem Weisen, wenn er noch nicht selbstverwirklicht ist, passiert es immer wieder, dass er die Kontrolle verliert. Diese Beobachtung kann uns trösten. Selbst wenn wir schon weise sind, kann es immer wieder Objekte geben, die unsere Sinne unkontrolliert werden lassen.

Es gibt eine alte Geschichte, die sowohl als eine Rabbigeschichte, als auch als eine alte indische Weisheitsgeschichte bekannt geworden ist.
Es lebte einmal ein alter Weiser, zu dessen Geburtstag ganz viele Menschen kamen. Alle lobten und verehrten ihn, bis auf Einen. Dieser Mensch war ein Materialist, der von Spiritualität nicht viel hielt und nur sagte: „Was macht ihr nur für ein Tamtam um diesen Weisen? Sein Bart ist auch nicht mehr wert, als der eines Ziegenbocks.“ Der Meister überhörte die Worte, die Gäste waren sehr schockiert. Am Ende seines Lebens, als alle Schüler um den Meister versammelt waren, bat er diese, den Mann zu holen, der das damals gesagt hatte. Die Schüler brachten den Mann zu dem Weisen und der Weise sagte zu ihm: „Du hast mir etwas sehr Wichtiges gesagt, wofür ich dir danken möchte. Du hast gesagt, dass mein Bart nicht mehr wert ist, als der Bart eines Ziegenbocks. Das hat mir deutlich klar gemacht, dass es keinen großen Unterschied zwischen Mensch und Tier und zwischen Weisen und Nichtweisen gibt. In jedem Moment wusste ich, dass es jederzeit passieren kann, dass ich alten Gewohnheiten zum Opfer falle.“

Bis zum Zustand von Nirvikalpa Samadhi sind alle Samen noch in uns. Sagt deshalb niemals: „Darüber bin ich hinaus. Das brauche ich nicht. Das kann mir nicht passieren.“ Ich höre das immer wieder von Aspiranten und bete dann innerlich: „Möge dein Fall ein sanfter sein.“ Der Fall wird auf jeden Fall kommen. Wenn jemand denkt, er sei 100% über etwas hinausgewachsen, ist die Wahrscheinlichkeit sehr hoch, dass diese Sache noch einmal wiederbelebt wird. Deshalb sollten wir demütig und vorsichtig sein.
Swami Vishnu-devananda hat seinen Schülern auch immer wieder gesagt: „Es gibt keine Garantie dafür, dass ich in fünf Jahren noch auf dem spirituellen Weg bin.“

Es gibt eine Geschichte eines Sufi Heiligen, der ein großer Meister mit vielen Schülern war. Er hatte sich eines Tages in eine Frau verliebt. Sie war sehr viel jünger als er selbst. Er schenkte ihr Blumen und versuchte mit ihr zu sprechen. Er erklärte ihr seine Liebe und sie wollte mit ihm nichts zu tun haben. Nachts stand er vor ihrem Schlafzimmerfenster und sang Liebeslieder für sie. Sie warf Unrat auf seinen Kopf. Er sang einfach weiter. Sie erwirkte eine Verfügung gegen ihn wegen Belästigung, so dass er nicht näher als einen Kilometer an sie heran kommen durfte. Er beobachte sie täglich aus genau einem Kilometer Entfernung. Er schrieb ihr Liebesbriefe und wunderschöne Gedichte. Er magerte ab, aß fast nichts mehr und ein Schüler nach dem nächsten verließ den Meister. Schließlich heiratete die Angebetete einen anderen Mann, zog in ein entferntes Dorf. Auch dorthin folgte ihr der Meister. Aber irgendwann, von einem Tag auf den nächsten, stand der Meister auf, ging weg und das Problem war beendet.
Ich habe schon verschiedenste Interpretationen über diese Geschichte gehört. Eine Interpretation besagt, der Meister hätte noch dieses Karma gehabt. Er hätte noch mal intensivstes Liebesschmerzkarma erfahren müssen.
Andere Interpreten sprechen davon, dass kein Meister vor solchen Versuchungen gefeit ist. Dennoch wird die Gnade Gottes einen beschützen. Man erlebt die Sache und danach ist sie beendet.

Wieder andere Interpreten glauben, dies sei nur ein Test für seine Schüler gewesen. Sehen sie des Meisters tiefe göttliche Natur, oder werden sie von seiner offensichtlich verrückten Handlungsweise in ihrem Glauben beirrt. Es gab auch nur einen einzigen Schüler, der dem Meister treu blieb. Er hat am nächsten Tag die Selbstverwirklichung erreicht.
Doch egal, wie wir die Geschichte interpretieren, sollten wir vorsichtig sein. Und noch vorsichtiger sollten wir sein, wenn jemand von sich behauptet, er sei gänzlich verwirklicht. Swami Vishnu hat oft erzählt, wenn jemand Swami Sivananda gefragt hatte, dass es von dem und demjenigen hieße es, er sei selbstverwirklicht, ob das stimme und woran man erkennen könnte, ob er selbstverwirklicht ist, antwortete der Meister nur: „Es gibt einen Test, der sich SB 40 nennt." *S* steht für „shoe". *B* steht für „beating". *40* steht für „40 Mal". Wenn jemand sagt, er sei selbstverwirklicht und ein anderer kommt und ihn dann 40 Mal mit einem alten Schuh abklopft und er immer noch so ruhig und gleichmütig ist, dann ist die Wahrscheinlichkeit groß, dass er tatsächlich selbstverwirklicht ist. Swami Vishnu hat uns dann immer gesagt, weil er wusste, dass westliche Schüler so etwas wörtlich nehmen: „Ich bin nicht selbstverwirklicht. Also versucht es gar nicht erst bei mir."

2. Kap. Vers 61:
„Nachdem er sie alle gezügelt hat, sitze er unverwandt und versenke sich in Mich; die Erkenntnis des Menschen ist stetig, der seine Sinne beherrscht."

Krishna erzählt Arjuna, wie ein selbstverwirklichter Mensch sein sollte. Krishna identifiziert sich mit Gott. Wir sollen unsere Sinne zügeln, uns ruhig hinsetzen und uns dann in die göttliche Wirklichkeit versenken. Dies gilt auch als eine Meditationstechnik, die wir üben können. Wenn wir ein Mantra wiederholen, dann sind wir uns der göttlichen Gegenwart bewusst. Wenn wir unsere Sinne beherrschen, kann unsere Erkenntnis beständig wachsen und stetig sein. Wenn wir von unseren Sinnen immer wieder hin und her gerissen werden, verlieren wir das Wissen, da unser Buddhi in den Dienst der Sinne gebracht wird anstatt umgekehrt, die Sinne in den Dienst des Buddhi. Die meisten Menschen benutzen ihre Vernunft, um ihre Sinne zu befriedigen. Andere Menschen haben plötzlich den Wunsch nach einer Mango. Was könnten sie tun? Sie könnten sich überlegen, wo sie jetzt eine Mango herbekommen. Sie könnten eine andere Person fragen, wo es im Ort ein Lebensmittelgeschäft gibt. Sie könnten im Internet suchen, ob sie vielleicht die Telefonnummer von einem Geschäft herausbekommen und dann dort anrufen und fragen, ob sie Mangos haben. Falls ja überlegen sie sich weiter, wie sie dahin gelangen können. Sie benutzen ihren Intellekt um in den Genuss einer Mango zu gelangen. Wenn wir wirklich etwas wollen, dann nutzen wir unseren Intellekt, um genau das zu bekommen.
Umgekehrt könnten wir aber auch unsere Sinne beherrschen und uns fragen, ob es überhaupt angebracht ist soviel Aufwand zu betreiben. Wir können uns fragen, ob wir das wirklich brauchen. Wenn wir feststellen, das brauchen wir doch nicht, weil wir ja

Äpfel, Apfelsinen, Bananen etc. haben und somit genügend Vitamine bekommen können, dann ist es gut. Dann sind unsere Sinne im Dienst des Intellekts und nicht der Intellekt im Dienst der Sinne. Wenn wir nach unseren Überlegungen aber zu dem Ergebnis kommen, dass wir die Mangos jetzt ganz dringend brauchen, dann müssen wir uns sie doch besorgen.

2. Kap. Verse 62-63:
„Durch den Gedanken an die Dinge entsteht Verhaftung an sie; aus Verhaftung werden Wünsche geboren; aus dem Wunsch entsteht Zorn. Aus Ärger entsteht Täuschung; aus Täuschung der Verlust der Erinnerung; aus dem Verlust der Erinnerung die Zerstörung der Unterscheidung; durch die Zerstörung der Unterscheidung geht er zugrunde."

Krishna lehrt uns, wie wir schrittweise der Maya verfallen und in Dukha, dem Leiden, gefangen sind. Zuerst haben wir einen kleinen Gedanken, wie z.B. den Gedanken an eine Mango. Dann entwickeln wir Verhaftung und denken: „Wäre doch toll, wenn ich jetzt eine Mango hätte." Das zieht den tiefen Wunsch nach, dass man jetzt unbedingt eine Mango braucht. Dann setzt man sich ins Auto und fährt zum Supermarkt. Vorher hat man noch in dem Supermarkt angerufen und sie haben einem beteuert, dass sie reife Mangos haben. Als man aber im Supermarkt ankommt, liegen nur steinharte grüne Mangos im Regal. Wir werden ärgerlich, zornig. Wenn wir ärgerlich, zornig sind, dann sind wir getäuscht. Wir haben vergessen, dass es eigentlich nur ein kleiner Wunsch war und die Mango eigentlich gar nicht so wichtig ist. Wir haben vergessen, dass wir eigentlich mal gesagt haben, wir wollten die Selbstverwirklichung erreichen und, um sie zu erreichen, wollten wir eigentlich liebevoll Ahimsa üben. Aber anstatt Ahimsa zu üben, haben wir unsere Unterscheidungskraft verloren und beschimpfen jemand gänzlich Unschuldigen. Was kann die Verkäuferin dafür, dass ihre Vorgängerin etwas gesagt hat, was gar nicht wahr ist oder wenn gerade vorher ein Kunde im Geschäft war, der die einzigen fünf reifen Mangos aufgekauft hat.

Ich werde oft gefragt, wie es kommt, dass, je mehr jemand sich bemüht, positive Eigenschaften zu entwickeln, es umso schlimmer mit den negativen Eigenschaften wird. Es gibt zwei Gründe dafür, warum das so erscheint.

Der erste Grund ist die eigene Wahrnehmung. Solange man nicht versucht die Gedanken zu beherrschen, solange wird es einem nicht bewusst, dass man die Gedanken nicht beherrschen kann. Solange man davon ausgeht, dass Ärger und Ungeduld etwas sind, was von außen beeinflusst wird, denken wir, wir hätten es weil die anderen Menschen so schlecht sind. Aber in dem Moment, wo wir erkennen, dass Ärger und Ungeduld eigentlich eine Charakterschwäche sind, sind wir nicht nur ärgerlich über äußere Sachen, sondern zusätzlich auch noch ärgerlich über uns selbst. Wir merken, dass wir diese Charakterschwäche haben. Swami Sivananda beschreibt es in seinen Büchern, als ein gutes Zeichen. Es zeigt, dass man auf dem Weg und bereit ist, an sich zu arbeiten.

Der zweite Grund, der dieses Phänomen beschreiben kann, ist die Reinigung. Swami Sivananda schreibt in seinen Werken, dass durch den Druck von Yoga die Unreinheiten zum Vorschein kommen. Wenn wir das erst einmal nur lesen, dann klingt das ganz gut. Was heißt aber emotionale Unreinheiten? Ärger, Enttäuschung, Neid, Gier, Depression, Niedergeschlagenheit usw. kommen an die Oberfläche. Es gibt dann mehrere Dinge, die Swami Sivananda uns rät. Eine Möglichkeit wäre, die Unreinheiten einfach zur Kenntnis zu nehmen. Uns bewusst zu machen, dass das ein positives Zeichen ist. Eine weitere Möglichkeit wäre die Emotionen loszulassen und sich nicht mit ihnen zu identifizieren. Auf jeden Fall ist es gut und ein Zeichen dafür, dass wir auf dem spirituellen Weg voranschreiten.
Wichtig ist, dass wir uns selbst dafür nicht böse sind, dass es so ist. Erinnert euch daran, was Krishna am Anfang lehrt, als Arjuna vor diesem Problem steht. Je mehr ihr versucht euren Geist zu beherrschen, desto unbeherrschter wird er. Was können wir machen? Krishnas erste Reaktion darauf ist ein Lächeln. So ähnlich können auch wir das Spiel unseres Geistes erst einmal lächelnd anschauen und uns danach bewusst machen, dass wir all diese Emotionen nicht sind. „Ich bin das unsterbliche Selbst. Ich bin unberührt davon.“ Wenn wir all das wissen und als ein göttliches Spiel ansehen und uns mit all unseren Emotionen liebevoll selbst betrachten, dann können wir daran arbeiten, diese zu verändern.

2. Kap. Verse 64-66:
„Der selbstbeherrschte Mensch jedoch, der sich mit beherrschten Sinnen zwischen den Dingen bewegt und frei ist von Anziehung und Ablehnung, erlangt Frieden. In diesem Frieden werden alle Schmerzen zerstört; denn der Verstand des Gleichmütigen wird bald stetig. Der Unstete kann das Selbst nicht erkennen, und Meditation ist für ihn unmöglich; und wer nicht meditiert, kann keinen Frieden finden, und wie kann es Glück geben für den Menschen, der keinen Frieden hat?“

Im Sanskrittext stehen „raga“ und „dvesha“. *Raga* heißt übersetzt „Anziehung“, *Dvesha* heißt übersetzt „Ablehnung“.
Wir lernen uns selbst zu beherrschen. Wir können alles tun, was wir wollen, beherrschen aber unsere Sinne und sind frei von Raga und Dvesha. Dadurch bekommen wir Frieden. So wird Dukha zerstört. *Dukha* wird oft mit „Schmerz“ oder „Leid“ übersetzt. Der Verstand des Gleichmütigen wird stetig. Wenn wir stetig sind, dann können wir unser Selbst erkennen. Wir können meditieren und Frieden finden und wir haben Glück.

2. Kap. Vers 67:
„Denn der Geist, der den Spuren der wandernden Sinne folgt, trägt seine Unterscheidungsfähigkeit fort, so wie der Wind ein Boot am Wasser (fortträgt)“

Wenn ihr das so hört, klingt es zunächst ganz vernünftig. Wenn ihr aber am Montag wieder nach Hause geht, dann könnt ihr überprüfen, ob es wirklich so ist. Es ist heutzutage nicht so einfach diese Weltanschauung zu haben, da sie allen Weltanschauungen entgegenläuft, wie die Philosophie des Alltags auszusehen hat. Wer allerdings eine Weile nach dieser Philosophie lebt, lebt ein friedvolles, glückliches Leben. Es macht einen eben nicht glücklich, seine Wünsche zu befriedigen. Es macht uns nicht glücklich, einfach das zu tun, was uns in den Sinn kommt. Es macht uns auch nicht glücklich für unser Recht zu kämpfen. Es macht uns glücklich, wenn wir Dinge akzeptieren. Wenn wir erkennen, was unsere Aufgabe ist und uns für diese einzusetzen. Wir setzen uns für unsere Aufgabe ein, nicht in dem Gefühl, mein Einsatz ist nur dann etwas wert, wenn hinterher etwas dabei herauskommt. Wir tun, was getan werden muss und was hinterher dabei herauskommt, liegt nicht an uns. Ob uns Menschen dafür mögen oder nicht mögen ist eine andere Sache. Wir handeln mit Geschick und unter Beachtung von Ahimsa. Es gibt auch Menschen, die sagen: „Ich mache alles für das Wohl der Menschheit, ob die anderen wollen oder nicht.“ Dafür wird dann erst einmal ein Viertel der Bevölkerung getötet und dann schauen wir, wie es weitergeht. Es gibt immer ethische übergeordnete Prinzipien, die bei jeder Handlung zu beachten sind. Dazu zählt u.a. *Ahimsa*, was manchmal auch als „Prinzip des geringsten Mittels“ dargestellt wird.

2. Kap. Verse 68-69:
„Deshalb, Oh mächtig bewaffneter Arjuna, besitzt der Mensch fortdauernde Kenntnis, dessen Sinne völlig von den Sinnesobjekten abgezogen sind. In dem Zustand, der für alle Wesen Nacht bedeutet, ist der Selbstbeherrschte wach; wenn alle Wesen wach sind, ist das Nacht für den Muni (Weisen), der sieht.“

Diese beiden Verse können auf verschiedenste Art und Weise interpretiert werden. Vor der Erfindung des elektrischen Lichts galt der Tag als ewas besonders Schönes, die Nacht hingegen galt als weniger schön. Am Tag kann man besonders aktiv sein. Man kann sich bemühen, reich zu werden, Geld anzuhäufen, Ruhm zu bekommen. Das ist für den weltlichen Menschen Tag. Für den Yogi ist das Nacht. Da kommt das, was kommen soll und wofür wir uns nicht besonders bemühen sollen. Man macht das, was zu tun ist. Es ist auch nicht yogisch von der Gemeinschaft zu leben und Sozialhilfe zu kassieren oder Arbeitslosengeld, wenn man arbeiten könnte. Wenn keine andere Möglichkeit da ist, dann muss man auch seinen Stolz überwinden und von der Sozialhilfe leben. Aber wenn man arbeiten könnte, dann gehört es auch dazu, dass man sich bemüht Arbeit zu finden und seinen Lebensunterhalt selbst zu verdienen. Man sollte nicht auf Kosten von anderen leben. Wir bemühen uns darum und gehen gleichzeitig davon aus, dass wir all das bekommen, was für uns kommen soll. Es ist nicht einfach der Tag, um jetzt reich zu werden usw.

Für den Yogi ist Tag, wenn er sich bemüht, sich selbst zu beherrschen. Er soll sich aktiv darum bemühen, den Geist zu beherrschen und Zufriedenheit zu erlangen. Für den anderen Menschen ist das Nacht. Sie bemühen sich Geld anzuhäufen und glauben Frieden und Glück kommen dann von alleine. Im Gegensatz dazu kämpft der Yogi nicht um Geld, Haus, Auto usw., sondern er bemüht sich um geistigen Frieden und hofft, der Rest kommt von alleine und in dem Maße, wie er kommen soll. Eine schöne Weise, den Geist zur Ruhe zu bringen, ist das Singen von Mantras. Wir haben im Haus Yoga Vidya auch öfters ein 24-stündiges Mantra-Singen, wo man auch gut nachts singen kann. Zwar erscheint das einigen Menschen schwierig, neben einem Seminar nachts noch aufzubleiben, aber nehmen wir mal an, eure beste Freundin würde heiraten. Da hätte wahrscheinlich niemand Schwierigkeiten, die ganze Nacht durchzufeiern. Für eine Feier machen wir die Nacht zum Tag, für ein Singen machen wir das nicht.

Ich erzähle euch mal eine kleine Geschichte:
Es war einmal eine Dorfgemeinschaft, die einen großen Bhakta eingeladen hatte. Der Bhakta sollte Geschichten erzählen und Mantra-Singen und alle Menschen der Gemeinde wollten mitsingen. Abends um 20.00 Uhr ging es los. Alle waren enthusiastisch dabei. Der Weise erzählte eine Geschichte. Um 21.00 Uhr gingen die ersten. Um 22.00 Uhr war der Weise in völliger Ekstase. Ein Viertel der Dorfbewohner hatten den Platz verlassen. Um 23.00 Uhr sang der Weise immer ekstatischer. Er hatte schon gar nicht mehr mitbekommen, was um ihn herum vor sich ging. Es waren nur noch 10 Leute anwesend. Schließlich um 3.00 Uhr morgens, als der Meister aus seiner Ekstase herauskam, sah er nur noch einen einzigen Menschen. Der Weise schaute den Menschen an und sagte zu ihm: „Du bist ein großartiger Bhakta, dass du bis jetzt wach geblieben bist." Der Mann antwortete: „Nein, ich bin kein großartiger Bhakta. Ich bin hier geblieben, weil du auf meiner Decke sitzt."

Oder ein anderes Beispiel, was ich euch erzählen möchte, ist das Folgende:
In den Sivananda Zentren gibt es kein so ausgefeiltes Weiterbildungsangebot wie in den Häusern Yoga Vidya. Da gibt es nur die TTC, das ist die Yogalehrerausbildung. Und es gibt die ATTC, das ist eine 4-wöchige Weiterbildung. Wenn ihr drei 9-Tage Weiterbildungen richtig kombiniert, dann habt ihr den Inhalt dieser Weiterbildung. Wo ich die Yogalehrerausbildung gemacht habe, hat sie der Swami Vishnu noch selbst gegeben. In der Zeit war auch Swami Sivanandas Geburtstag und es gab ein besonderes Programm. Es gab Pujas und wir haben ein Schauspiel aufgeführt aus dem Leben von Swami Sivananda. Swami Vishnu hat sich das Schauspiel angeschaut und ist währenddessen in Samadhi gefallen. Normalerweise hat er sich immer in unserer Gegenwart bemüht, nicht in Samadhi zu fallen, da es immer länger dauerte, bis er wieder zurückkam. Swami Vishnus Assistenten haben erzählt, dass er von 4-6 Uhr meditierte und wenn er um 6.00 Uhr zur Meditation mit uns kam, saß also Swami Vishnu in diesem Zustand auf der Bühne um uns Energie und Segen zu schicken. Seine eigene Meditation war früher. Nun saß Swami Vishnu kerzengerade, ganz ruhig und wir wussten gar nicht, was wir jetzt tun sollten. Seine Assistentin meinte nur zu uns, dass wir einfach weitermachen sollten. Es wurde 22.00 Uhr. Wir sangen das Om Tryambakam und machten das Arati.

Da von Swami Vishnu eine besonders starke Schwingung ausging, setzten wir uns alle zu ihm und meditierten mit ihm gemeinsam. Gegen 22.45 Uhr gingen die ersten und dann ging einer nach dem anderen. Um 23.00 Uhr bin ich dann auch gegangen. Der Tag begann für uns ja schon um 5.00 Uhr morgens wieder. 4.15 Uhr mussten wir aufstehen, wenn wir die Kryas noch vorher machen wollten. Wenn an diesem Abend eine Abschlussparty mit buntem Abend stattgefunden hätte, dann wären wir wahrscheinlich alle bis Mitternacht geblieben. Ein Yogi hat andere Präferenzen und die sind manchmal den Präferenzen von anderen Menschen entgegengesetzt. Damit müssen wir auch umgehen lernen. Wir können nicht erwarten, dass immer nur die anderen lernen, ihre Erwartungen umzustellen, wenn wir unsere Erwartungen ändern. Bis zu einem gewissen Grad müssen wir auch Kompromisse schließen, wenn wir mit anderen zusammen leben.

2. Kap. Vers 70:
„Der Mensch erlangt Frieden, in den alle Wünsche einfließen wie das Wasser in den Ozean, der unbewegt bleibt, obgleich er von allen Seiten her gespeist wird; nicht aber der Mensch, der voller Wünsche ist."

Hier wird ein ähnliches Prinzip beschrieben, wie die Buddhisten es aus der Vipassana Meditation kennen. Angenommen man hat einen Wunsch: Was macht man im Vipassana Buddhismus? Man nimmt ihn zur Kenntnis, atmet ein und atmet aus, stellt fest, dass da ein Wunsch ist nach dem man nicht handeln muss. Dann kommt der zweite Wunsch. Man beobachtet ihn wieder, ohne ihn zu erfüllen und denkt nur: Der Wunsch erweitert mein geistiges Potential. Und so kommt ein Wunsch nach dem nächsten.
Ein ähnliches Beispiel ist: Alle Flüsse münden in den Ozean, deshalb bewegt er sich nicht unbedingt.
Auch die Wünsche gelangen in meinen Geist und zuerst gibt es ein paar Wellen und dann klärt sich mein Geist wieder. Ich brauche die Wellen nicht unbedingt zu verfolgen. Ich brauche kein schlechtes Gewissen zu haben. Ich muss dem Wunsch nicht nachgeben. Er vergeht mit der Zeit. Vielleicht kommt er noch einmal wieder und vergeht dann erneut. Wir brauchen deshalb nicht zu unruhig zu sein.

2. Kap. Vers 71:
„Der Mensch erlangt Frieden, der alle Wünsche aufgegeben hat und ohne Verlangen, ohne den Gedanken von "Meine" und ohne Ichbewusstsein lebt."

Dieser Vers beinhaltet einen wichtigen Gedanken. Wenn wir sagen, das ist „Mein", mein Yogacenter, meine Yogaschüler, mein Kooperationscenter und mein Gebiet, dann müssen wir in irgendeiner Weise damit umgehen lernen. Wir haben Verpflichtung für etwas. Ich z.B. bin der Leiter von Yoga Vidya, was bestimmte Verpflichtungen beinhaltet. Doch es ist nicht „mein" Yoga Vidya. Es kann sein, dass wir Pleite gehen. Es kann sein, dass eines Tages ein großartiger Meister kommt und er die

Leitung des Hauses übernimmt. Vieles ist möglich. Wir identifizieren uns mit etwas. Und diese Identifikation und das Sagen: „Das ist meins“ schafft uns Probleme. Verschiedenste Beispiele, die ich öfters gebrauche, verdeutlichen das. Nehmen wir einmal an, ich identifiziere mich besonders mit dieser Uhr, die ich am Handgelenk trage. Ich sage: „Das ist meine Uhr.“ Während der Meditation lege ich die Uhr ab und vergesse manchmal hinterher sie wieder an mich zu nehmen oder es tritt jemand auf sie. Angenommen ich sage: „Das ist meine Uhr“ und es tritt jemand auf sie, dann bin ich sehr ärgerlich. Wenn ich aber nicht denke, dass das meine Uhr ist, und jemand tritt auf sie, dann ist es zwar immer noch ein finanzieller Verlust und ich muss mir eine andere Uhr anschaffen, aber ich bin nicht so ärgerlich. Bei manchen ist es aber mehr als nur ein finanzieller Verlust. Sie sagen: „Das ist meine Uhr. So eine Uhr finde ich nie wieder. Sie ist ein Erbstück. Was wird der Schenker von mir denken.“
Swami Vishnu hat gerne Wortspiele gemacht. Er sagte z.B. einmal „Mine is a mine“, was man mit „Mein ist eine Miene“ übersetzen kann. Entschärfen können wir diese Miene indem wir sagen: „Nicht mein, sondern dein Wille geschehe. Oh Gott, du hast mich als deinen Verwalter eingesetzt und deshalb habe ich bestimmte Aufgaben dort.“

Es gibt auch noch eine interessante Geschichte aus der Ramayana. Janaka, der König von Videha, ist zu Ashtavacra in die Lehre gegangen, um die Weisheit des Selbst zu erfahren. In Indien ist es üblich, wenn man zu einem Lehrer geht, dass man ihm am Ende des Gesprächs oder der Unterweisung ein *Dakshina*, eine „Gabe“, gibt. Man bezahlt nicht im Voraus, sondern erst hinterher. Oft sind diese Gaben nennenswerte Summen, da man das Wertvollste bekommen hat. Janaka war König, er konnte also viel geben. Allerdings sah er, dass sein Meister viele reiche Schüler hatte, die ihm wertvolle Geschenke gaben. Er lebte in einer Hütte, hatte eine zweite, in der alle Geschenke untergebracht waren. Wenn ein Bedürftiger kam, dann schenkte der Meister diesem etwas von den Geschenken. Eigentlich brauchte der Meister nichts. Deshalb entschloss sich Janaka den Meister zu fragen, was er ihm geben könnte. Er sagte: „Meister, ich weiß nicht, was ich dir als Dakshina geben soll. Bitte wünsche dir etwas. Egal, was es sein wird, ich werde es dir geben, wenn ich es dir geben kann.“ Ashtavacra schaute Janaka verschmitzt an und fragte nach: „Egal was?“ „Das Wort eines Königs gilt.“
Darauf hin lächelte Ashtavacra Janaka an und sagte: „Okay, dann möchte ich dein Königreich haben.“ Ashtavacra beobachte Janakas Gesichtsausausdruck und Janaka antwortete nur: „Okay, mein Wort gilt. Du sollst mein Königreich haben.“ Ashtavacra reichte Janaka ein Blatt Papier und forderte ihn auf, seine Abtretungserklärung zu unterschreiben. Janaka unterschrieb und setzte das königliche Siegel auf den Briefbogen. Mehrere Menschen bezeugten dieses Treffen mit ihren Siegeln auf dem Papier. Am Ende teilte Ashtavacra Janaka mit, dass er jetzt gehen könnte. Janaka eilte davon und überlegte, was er denn jetzt machen sollte. Er hatte als Beruf nur König gelernt. In die Hauptstadt wollte er nicht gehen. Kurz bevor er ganz außer Sichtweite war hörte er Ashtavacra aus der Ferne rufen: „Janaka, komm noch mal zurück.“ Und weiter fragte er ihn: „Weißt du Janaka, was soll ich mit einem Königreich. Ich bin hier

in der Hütte viel zufriedener. Ich gebe dir eine neue Aufgabe. Du wirst der Verwalter meines Königreichs. Für mich regierst du dieses Königreich und zwar so, als ob du der König wärst. Du erzählst niemandem, dass das Königreich mir gehört, sondern du regierst es und tust so, als ob du der König wärst. Ich habe hier in meinen Händen die Abtretungserklärung und es kann jederzeit passieren, dass ich zu dir komme und mein Recht dort behaupte." Nach diesen Worten ging Janaka zurück ins Königreich und regierte es als Verwalter von Ashtavacra. Die Untertanen wussten es nicht. Nur Janaka und die eingeweihten Schüler wussten es. Janaka lebte, als würde ihm das Königreich gehören. Aber es machte einen Unterschied aus, da er es für seinen Guru verwaltet hat. Im Grunde genommen ist es auch so. Gibt es irgendetwas, was wirklich uns gehört? Jeden Moment kann Gott uns sagen, dass gehört nicht dir, sondern mir und mir gefällt es jetzt, dir das wegzunehmen. Wir besitzen nichts, mit dem uns das nicht passieren könnte. Alles, was wir haben, haben wir als Verwalter bekommen. Ob wir Vermögen vererbt bekommen haben, ob wir geistige Fähigkeiten besitzen, ob wir Menschen in unserer Nähe haben, die liebevoll und freundlich mit uns umgehen, all das gehört uns nicht. Wir sind nur Verwalter, mit anderen Menschen haben wir für einen beschränkten Zeitraum gemeinsames Karma, bestimmte Aufgaben und können uns gegenseitig unterstützen. Wir können uns gegenseitig helfen, gegenseitig Freude schenken. Die anderen Menschen gehören uns aber nicht. Yama, der Totengott, kann sie uns jederzeit wegnehmen.

Frei von Mein und auch ohne Ichbewusstsein bedeutet, dass wir nicht denken: „Ich bin dieses oder ich bin jenes." Wir sagen oft: „Ich bin der und der. Ich bin klug. Ich bin klein. Ich bin dünn. Ich bin ein Handwerker. Ich bin eine liebevolle Mutter. Ich bin ein Mensch, der immer wieder Abwechslung braucht. Ich bin jemand, der sehr beständig ist. Ich bin Wassermann, Aszendent Schütze. Ich bin 70% Vata, 20% Kapha und 10% Pita." Wir identifizieren uns auf vielfältigste Weisen. Dennoch sind wir weder dies noch das. Wir sind das unsterbliche Selbst. Alles, womit wir uns identifizieren, vergeht irgendwann. Identifikation ist immer ein Grund für Leiden. Angenommen, wir identifizieren uns damit, dass wir sehr musikalisch sind. Wir bekommen einen Hörsturz und was passiert dann?

Ich kannte mal einen Menschen, der ein sehr guter Hornspieler war. Er hatte alle Wettbewerbe, an denen er teilgenommen hat, gewonnen. Er selbst bezeichnete sich als den weltbesten Hornspieler. Außerdem hat er sich für eine Millionen Euro versichern lassen. Wenn ihm irgendetwas passieren würde und er nicht mehr Horn würde spielen können, dann würde er eine Million Euro bekommen. Er war auch ein Yogi. Er hat in einem Yogazentrum gewohnt. Dort hat er ein bisschen mitgeholfen. Er war auch ein sehr guter Yogalehrer. Eines Tages musste er zum Zahnarzt. Dort hat er eine Wurzelbehandlung bekommen und etwas ist schief gegangen. Er musste operiert werden und das Ergebnis war, dass die Hälfte des Gesichts gefühllos wurde. Er konnte keinen einzigen Ton mehr auf dem Horn hervorbringen. Er bekam also eine Million Euro und eigentlich könnte er als Yogi doch froh sein. Er bräuchte nichts mehr zu tun und könnte von den Zinsen leben. Er könnte sich ein gutes, bequemes Leben machen. Er selbst aber war am Boden zerstört, denn seine wichtigste Identifikation war Hornspieler. Er hat dann überlegt, ob er vielleicht singen könnte, da er ja eine fantastische Stimme hatte. Der Mensch hat auch sofort Gesangsunterricht genommen, um zu schauen, ob er eine Sängerkarriere starten könnte. Außerdem hat er Swami Vishnu gefragt, was er tun sollte. Swami Vishnu hat ihm geraten einfach weiter Horn zu spielen und Gerstensaft zu trinken. Der Mann ist Swami Vishnus Rat gefolgt und nach einem Monat kam das Gefühl in seine Lippen wieder zurück. Obwohl der Nerv zertrennt worden ist, hat er es geschafft, neue Verbindungen herzustellen und so konnte er bis heute Hornist bleiben. Diese Geschichte hatte ein Happy end. Sie zeigt uns aber auch, wie wir uns identifizieren und Dinge uns verloren gehen können. Wenn wir kein „Mein“ und kein Ich-Bewusstsein haben, dann erlangen wir Frieden. Dann können wir unsere Wünsche und unser Verlangen aufgeben.

2. Kap. Vers 72:
„Das ist der Sitz Brahmans (der ewige Zustand), Oh Sohn Prithas. Keiner, der diesen erreicht hat, unterliegt der Täuschung. Wer darin auch am Ende des Lebens fest verwurzelt ist, erreicht Einheit mit Brahman.“

Im Sanskrittext steht brahma-nirvanam. Man erreicht den Zustand von Nirvana, der Zustand der Einheit, der gleich Brahman ist.

2. Kap. Vers 73:
„So endet in den Upanishaden der glorreichen Bhagavad Gita, der Wissenschaft von Brahman, der Schrift über Yoga, des Dialoges zwischen Shri Krishna und Arjuna, das zweite Kapitel mit dem Namen: Sankhya Yoga.“

Yogasastre = der Schrift von Yoga.
Sri krsnarjunasamvade = der Dialog von Krishna und Arjuna
Sankhyayogo = der genannt wird: Sankhya Yoga.
Dvitiyo` dhyayah = 2. Kapitel.

Kapitel 3: Der Yoga des Handelns

3. Kap. Vers 1:
„Arjuna sprach: Wenn Du das Wissen der Handlung für überlegen erachtest, Oh Krishna, warum, Oh Keshava, verlangst Du dann von mir, dass ich mich an dieser furchtbaren Handlung beteilige."

Arjuna sagt, dass das Wissen und die Wunschlosigkeit das Wichtigste sind und er fragt Krishna, warum er sich an einer solchen Handlung beteiligen soll.
Erinnert euch an den vielschichtigen Zusammenhang von Karma. Wenn du Buddhi für wichtiger hältst als Karma (Karma als Handlung, als Ritual), wenn das Wichtigste ist wunschlos zu werden: Warum soll ich überhaupt handeln? Warum sollte ich das tun?

3. Kap. Vers 2:
„Mit diesen scheinbar widersprüchlichen Worten verwirrst Du gleichsam mein Verstehen; deshalb nenne mir nun klar den Weg, auf dem ich zur Seligkeit gelangen kann."
Arjuna verklausuliert seine Worte ein bisschen. Eigentlich will er Krishna sagen: „Du widersprichst dir. Du verwirrst mich. Jetzt sag doch mal klar, welches der Weg ist auf dem ich zur Seligkeit gelange."

3. Kap. Vers 3:
„Krishna sprach: In dieser Welt gibt es einen zweifachen Weg, wie Ich früher sagte, Oh Sündenloser; den Weg des Wissens der Sankhyas und den des Handelns der Yogis."

Die Sankhyas folgen dem Jnana Yoga Weg. Die Yogis folgen dem Karma Yoga Weg. Nicht immer ist die Sache philosophisch ausreichend logisch stringent. Man kann sagen, dass es zwei Wege gibt: zum einen den Weg der Entsagung, welchen die Sankhyas beschreiten, sich zurückziehen vom Leben, wenig involviert sein und zum zweiten den Weg des Karma Yogis, dem Weg des Involviert seins.

3. Kap. Vers 4:
„Weder durch das Nichtausführen von Handlungen erreicht der Mensch Handlungslosigkeit, noch gelangt er durch bloßes Entsagen zu Vollkommenheit."

Das Nichtausführen von Handlungen führt nicht zu Naiskarmya. In der deutschen Übersetzung dieses Verses wird das Wort Handlungslosigkeit gebraucht. Eine bessere Übersetzung wäre meines Erachtens „Freiheit von Karma". Wir erreichen also nicht dadurch Freiheit von Karma, indem wir nicht handeln. Einfach nur durch Entsagung kommen wir ebenfalls nicht zur Vollkommenheit. Nehmen wir mal ein Beispiel, wo das Nichtausführen von Handlungen zu Karma führt. Angenommen wir gehen die Straße

entlang und finden jemanden, der in seinem Blut liegt. Wenn wir einfach an ihm vorbeigehen und nichts tun, dann schaffen wir uns Karma.
Oder ein anderes Beispiel: Angenommen, wir haben eine bestimmte Aufgabe und erledigen diese nicht, obwohl wir sie erledigen könnten. Dann schaffen wir uns dadurch neues Karma. Es gibt ja auch Dinge, von denen es gut wäre, wenn wir sie machen würden, aber es gelingt uns einfach nicht.
Dass man nicht einfach durch Entsagung zur Vollkommenheit gelangt ist jedem klar. Angenommen, ihr würdet morgens aufwachen und sagen: „Ich hab es wirklich erkannt. Wünsche führen nicht zur Zufriedenheit. Besitz ebenfalls nicht. Ich überschreibe meinen ganzen Besitz Yoga Vidya oder einer anderen gemeinnützigen Organisation. Ich werde dann Bettler und lebe von den Bettelgaben, die Menschen mir auf der Straße geben und laufe nur noch in Lumpen durch die Gegend."
Frage: „Seid ihr dann vollkommen?" Nein, ihr habt nicht die Vollkommenheit erreicht. Manche, die mal versucht haben, eine Weile so zu leben, z.B. von Deutschland aus den Jakobsweg zu gehen und nur von dem zu leben, was die Menschen ihm geben, bezeichnen es als eine interessante Erfahrung.

Swami Vishnu hatte auch eine Zeitlang eine Wanderphase, in der er nur von Bettelgaben gelebt hat. Er selbst hatte kein Geld mitgenommen. Er hat uns Schülern einmal erzählt, dass ihm zwei Tage lang niemand etwas zu essen gegeben hat. Er hatte ziemlichen Hunger. Danach kam ein Mann und brachte ihm etwas Getreide, was sehr haltbar war. Es war wie eine Art Trockengrieß, der auch gut schmeckt, weil er gewürzt ist. Swami Vishnu freute sich über dieses Glück und beschloss vorher noch ein Bad zu nehmen und legte den Trockengrieß in seinen Dhoti. Nach dem Bad ergriff er seinen Dhoti, weil er sich anziehen wollte. Der Grieß fiel auf den Boden und war ungenießbar. Uns hat er dann gefragt, ob wir sein Leiden nachvollziehen könnten. Zwei Tage lang hat es gedauert, bis ihm jemand etwas geschenkt hatte, dann hatte er etwas bekommen, hatte sich darauf gefreut und zum Schluss war alles kaputt. Er meinte auch, ein Karma, dass ihm jemand etwas geben sollte, kam und darauf folgte ein anderes Karma, so dass er die Gabe wieder verloren hatte. Die Geschichte endete allerdings mit einem Happy End. Swami Vishnu ist ins nächste Dorf gegangen und bevor er irgendetwas sagen konnte, hatte der erstbeste Mann ihn auf der Straße zu sich nach Hause zum Essen eingeladen und ihn mit einem großartigen Mahl bewirtet. Das hat er auch als Beispiel verwendet dafür, dass sich verschiedene Karmas unmittelbar hintereinander abspielen können. Ihr kennt das auch aus anderen Kontexten. Ihr denkt, ihr habt etwas sicher und im nächsten Moment ist es verloren. Wenn wir dann trauern, um das, was wir verloren haben, dann kommt plötzlich etwas Neues.

3. Kap. Vers 5:
„Wahrlich, niemand kann auch nur für einen Augenblick untätig verweilen; denn in der Tat wird jeder Mensch durch die aus der Natur geborenen Eigenschaften hilflos zum Handeln getrieben."

Als Menschen handeln wir ununterbrochen. Zum einen müssen wir essen. Zum anderen müssen wir auf die Toilette. In unseren Breiten brauchen wir Kleidung. Wir können nicht nachts auf der Straße leben. Zumindest bräuchten wir dafür einen Pappkarton und eine Decke darunter und darüber. Dafür müssen wir etwas tun. Die Natur treibt uns dazu. Aber die Natur treibt uns noch zu mehr an. Das entstammt dann aus unserer Prakriti. Wir wollen irgendetwas tun.

Mitarbeiter des Hauses, die längere Zeit da sind, haben auch die Möglichkeit mal intensiveres Sadhana zu machen. Wenn Menschen das das erste Mal machen, dann rate ich ihnen, das auf einen Monat zu beschränken. Ich habe schon öfters erlebt, dass Menschen ab dem 2. Monat irgendetwas packt und sie nicht mehr wirklich tief in die Meditation gehen können. Es ist nicht bei allen Menschen so, aber ich habe es bei einigen so erlebt. Es kommt die innere Unruhe, man will etwas tun. Manchmal kommen die Menschen dann auch auf die Idee etwas ganz anderes tun zu wollen, wie z.B. den Ashram zu verlassen und etwas ganz anderes zu machen. Und dann kehren sie nach drei Monaten wieder zurück und behaupten, es wären nur Hirngespinste gewesen. Die monatelange Untätigkeit in tiefer Meditation habe dann neue Wünsche belebt und nachher hätten sie festgestellt, dass es nur Hirngespinste gewesen sind, und kehren in den Ashram zurück. Es liegt in unserer Prakriti, in unserer Swarupa, dass wir aktiv sein wollen. Wir haben bestimmte Fähigkeiten und Talente, die gelebt werden wollen. Wenn wir dann im Alter durch unsere Prakriti gezwungen sind, ruhiger zu werden, dann können wir unsere Zeit sinnvoll verbringen. Mantra-Singen, meditieren etc. und wir bedauern nichts, was wir im Leben verpasst haben.

3. Kap. Vers 6:
„Wer die Handlungsorgane beherrscht und im Geist an die Sinnesobjekte denkt, während er sitzt, und dessen Verstehen getrübt ist, wird ein Heuchler genannt."

Diese Worte dürfen wir nicht wörtlich nehmen. Sonst müssten wir sagen, dass jeder, der meditiert, ein Heuchler ist, weil er ab und zu mal an Sinnesobjekte denkt. Wenn wir aber sehr viel meditieren und eigentlich nicht wirklich meditieren, sondern an alles mögliche denken, dann ist es besser, die Zeit der Meditation zu verkürzen und mehr selbstlosen Dienst zu machen. Und selbst wenn wir merken, dass wir durchaus stundenlang meditieren könnten, kann es immer noch sein, dass es mein Karma ist, das hervortritt. Swami Vishnu war jemand, der gerne viele Stunden meditiert hatte und in seinen späteren Lebensjahren hat er sich auch immer für ein paar Wochen oder Monate zurückgezogen. Allerdings hat er immer gemerkt, dass er dort nicht bleiben kann, sondern dass er wieder sein Karma erfüllen muss. Er hat uns auch erzählt, dass er in seinem vorherigen Leben vor seinen Pflichten davongelaufen wäre. Deshalb muss er in diesem Leben wieder zurückkommen und muss umso mehr und intensiver arbeiten und uns alles, was er uns in einem früheren Leben vorenthalten hätte, in diesem Leben geben. Erst wenn das alles abgearbeitet wäre, dann könnte er sich ganz zurückziehen.

3. Kap. Vers 7:
„Wer aber die Sinne durch den Geist beherrscht, Oh Arjuna, und mit den Handlungsorganen, ohne Verhaftung, Karma Yoga übt, ist vortrefflich."

Es gibt einen Unterschied zwischen Karma und Karma Yoga. Karma sind Handlungen. Es ist auch das Gesetz von Ursache und Wirkung. Karma kann aber auch ein Ritual sein, das wir ausführen, um etwas Bestimmtes zu erreichen. Wir können aber auch Handlungen tun, um etwas Gutes zu bekommen. All das, ist verschieden vom Karma Yoga.

3. Kap. Vers 8:
„Tue (Deine) Pflicht und Schuldigkeit, denn Handeln ist Nichthandeln überlegen, und in Untätigkeit wäre es dir nicht einmal möglich, deinen Körper zu erhalten."

3. Kap. Vers 9:
„Die Welt wird gebunden durch Handlungen, die nicht als Opfer getan werden; daher handle Du, Oh Arjuna, einzig aus diesem Beweggrund (allein als Opfer), frei von Verhaftung."

Im Sanskritvers steht das Wort *Yajna*. Yajna bedeutet übersetzt „Feuerzeremonie". Es ist ein kleines Feuerritual. Ein Feuer, in das Opfergaben gegeben werden, wird entzündet. Meistens wird Ghee (geklärte Butter) hinein gegeben. Manchmal aber auch Reis oder Sesamkörner oder andere Dinge. Das Opfern steht symbolisch dafür, dass wir Gott etwas darbringen. Zur Zeit von Krishna und Arjuna waren diese Homas/Yajnas sehr weit verbreitetet. Arjuna selbst führte Homas und Pujas sehr enthusiastisch aus.
Darauf nimmt Krishna in diesem Vers Bezug. Wir sind gebunden, wenn wir handeln, ohne es als Opfer für andere, für Gott, oder zum Wohl der Welt zu tun. Das, was wir zu unserem eigenen Wohl tun, das bindet uns. Wenn wir sagen: „Ich will dies und ich will jenes". Wenn wir überlegen, was wir noch alles brauchen, dann bindet uns das. Wenn wir dagegen etwas für andere tun, dann ist das eine Opfergabe und diese bindet uns nicht. Natürlich, um anderen etwas Gutes zu tun, müssen wir uns auch um uns selbst kümmern. Angenommen, wir sind ausgelaugt und ausgebrannt und versuchen anderen noch etwas Gutes zu tun, dann wirkt das nicht so besonders. Manchmal kann es sein, dass wir als Opfergabe für andere mal einen freien Tag nehmen oder eine Stunde länger Asanas und Pranayama üben. Damit ist der Welt manchmal mehr gedient, als wenn wir diesen vorwurfsvoll durchdringen Blick haben, und denken „ich opfere mich auf und ihr könntet doch auch ein bisschen mehr machen." Leider wirkt das nicht. Wenn Menschen sich ausgebrannt fühlen und denken: „Das müsste doch jetzt jeder merken, dass ich Hilfe brauche", dann ist dem oft nicht so. Menschen sind oft egoistisch. Sowie jemand ausgebrannt ist, wird er gemieden von anderen und bekommt noch weniger Hilfe. Derjenige muss dann formell um Hilfe bitten, dann öffnen sich die Herzen von vielen Menschen wieder. Es gibt immer Menschen, die helfen. Man sollte nur nie erwarten, dass die eigenen Gedanken von anderen gelesen werden können. Oder wir

sagen: „Als Wohl für die Menschheit oder zumindest zum Wohl meines kleinen Mikrokosmos werde ich einen freien Tag nehmen oder zwei Stunden Pranayama machen oder ins Haus Yoga Vidya fahren, um dort ein Seminar zu machen, um mich wieder aufzuladen usw." Das kann auch etwas sein, was wir zum Wohl anderer tun. Es ist die Grundeinstellung, was auch immer ich tue, sei zum größtmöglichen Guten ausgerichtet und möge Gott und den Menschen in meiner Umgebung, in größerem oder kleinerem Maße dienen.

Zusätzlich sollten wir frei von Verhaftung handeln. Wir können zwar während einer Yajna einen Wunsch äußern, was klassischerweise in Indien ja auch gemacht wird, aber dann sollten wir loslassen. Wir geben ihn ins Feuer, bringen ihn Gott dar und können auch sagen: „Oh Gott, wenn es so sein soll, dann hilf mir bitte. Wenn es nicht so sein soll, dann verbrenne bitte den Wunsch in mir."

So können wir auch Dinge als Opfer tun und sagen: „Ich handele jetzt. Und das mache ich, damit die anderen sich nachher besser fühlen. Ich helfe den Menschen jetzt. Ich mache es so gut, wie ich kann. Aber ich bin nicht verhaftet an Erfolg und Misserfolg. Ich bin nicht verhaftet an die Früchte und wenn es dann so ist, dass jemand anderes die Handlung macht, dann lasse ich auch das zu."

3. Kap. Vers 10:
„Der Schöpfer, der zu Beginn (der Schöpfung) die Menschheit gemeinsam mit dem Opfer geschaffen hat, sagte: "Dadurch möget ihr euch fortpflanzen; lasst dies die Milchkuh eurer Wünsche sein (die Kuh, die alles schenkt, was ihr wünscht)."

In der Mythologie gibt es die so genannte *Kamadhenu*, die dem *Vashistha* gehörte. Sie war eine wunscherfüllende Kuh. *Kama* heißt „Wunsch" und *dhenu* heißt, „sie gibt". Wenn Vashistha irgendetwas brauchte, dann sagte er das seiner Kuh gesagt und sie hat es ihm gegeben. Eines Tages kam der König *Vishwamitra* mit einem riesigen Gefolge in die Einsiedelei des Vashistha. Vashistha lud ihn zu einer Mahlzeit ein. Vishwamitra antwortete ihm: „Ich habe ein paar hundert Menschen hier in meinem Gefolge. Wie willst du die alle verpflegen? Lass mich weiterziehen." Vashistha lehnte ab und meinte: „Nein, nein, ich bewirte euch gerne." Vashistha ging zu Kamadhenu, flüsterte ihr etwas ins Ohr und im nächsten Moment manifestierte sich das großartigste Mahl, was der König je gesehen und gegessen hatte. Der König und seine Gefolgsleute schlemmten. Nachdem sie satt waren, wurde der König allerdings sehr gierig. Er sagte zu Vashistha: „Du, Vashistha, du brauchst so eine Kuh doch überhaupt nicht. Ich gebe dir alles, was du brauchst. Gib mir diese Kuh, ich habe eine bessere Verwendung für sie." Vashistha lehnte ab und daraufhin nahm Vishmamitra die Kuh mit Gewalt. Mithilfe von Mantras holte Vashistha seine Kuh zurück. Diese Mantras waren stärker als alle Macht der Soldaten. Vishwamitra wurde ärgerlich und meinte: „Okay, wenn spirituelle Kräfte stärker als weltliche Kräfte sind, dann will ich auch spirituelle Kräfte bekommen." Daraufhin ruhte er nicht bis er alle seine Wünsche und alle seine Gedanken bezwungen und die Selbstverwirklichung erreicht hatte.

Diese Geschichte lässt sich vielfältig interpretieren. Wir selbst sind nicht so getrennt, wie wir uns das vielleicht vorstellen. Eigentlich sind wir wie Zellen in einem Körper. Wenn die Zelle das tut, was sie im Körper tun soll, dann bekommt sie auch die Nährstoffe, die sie braucht. Angenommen in unserem Zeigefinger gibt es eine Zelle. Was muss diese Zelle tun, damit sie ernährt wird? Eigentlich muss sie nur ihre Aufgabe erfüllen und dann die Nährstoffe annehmen, die der Körper ihr gibt. Angenommen diese eine Zelle würde jetzt sagen, dass sie mehr Nährstoffe haben möchte, da das, was sie bekommt, ihr nicht ausreicht. Außerdem macht sie weniger als ihre Nachbarzellen. Eine Weile lang macht sie nichts für den Körper, sondern wird einfach nur noch dickerr und faulenzt. Wie nennt sich so eine Zelle? Krebszelle. Eine Krebszelle tut nichts mehr für den Körper, sie absorbiert nur noch Nährstoffe. Und es heißt, dass solche Krebszellen ständig im Körper entstehen. Was macht der Körper, wenn er ein gutes Immunsystem hat? Er eliminiert sie. Das Problem ist dann nur, wenn diese Zelle zu viele andere Zellen ansteckt, und zu viele Zellen zu diesem Egoismus konvertieren, dann macht der Körper einen Wall um diese Zellen und das ganze wird zu einem Tumor, der getrennt ist vom restlichen Gewebe. Es ist der Körper, der versucht den Tumor einzuengen. Die Krebszellen werden versuchen, wenigstens ein paar Blutgefäße hineinzubekommen, so dass sie wenigstens ein paar Nährstoffe bekommen, um dadurch den Tumor von innen heraus zu vergrößern und Metastasen zu bilden. Der Körper bemüht sich weiterhin einzuengen. Angenommen, die Krebszellen sind erfolgreich darin, Metastasen zu bilden, dann verlässt irgendwann der Astralkörper den physischen Körper und die Krebszellen sterben alle ab. Die Krebsüberlebensstrategie ist nicht sehr hilfreich.

Im menschlichen Körper gibt es mehr Zellen, die nicht die menschliche DNA haben, als andere Zellen. Wir haben mehr Bakterien, Viren und Pilze in uns, als wir Körperzellen in uns haben. Das schöne ist, dass sich die Mehrheit der anderen Zellen wunderbar in den Körper eingliedern. Die Zellen, die wunderbar mit dem menschlichen Körper zusammenarbeiten, können sehr lange überleben. Manche bekommt man schon im Mutterleib mit, manche mit der Muttermilch oder mit anderem. Sie arrangieren sich mit dem menschlichen Körper. Wir könnten gar nicht richtig verdauen, wenn wir nicht diese Bakterien hätten. Auch in der Haut gibt es viele dieser Bakterien. Die Haut kann auch nur gesund sein, wenn diese Bakterien da sind. Wenn man zu aggressive Seifen nutzt werden nicht nur der Dreck und die Fettschutzschicht der Haut weggewaschen, sondern auch die Bakterien der Haut und dann geht die Haut kaputt.

Daneben gibt es Zellen, die sich nicht mit unserem Körper arrangieren. Sie tun nichts für uns. Infolgedessen werden die meisten von ihnen erst einmal eliminiert. Jeden Tag dringen etwa 50.000 neue Bakterien in den Körper ein und der Körper eliminiert sie normalerweise sehr zuverlässig. Wenn sie nicht früh genug umgebracht werden, weil wir es nicht sofort merken, dann wird es etwas komplizierter. Der Körper muss mehr tun. Im schlimmsten Fall wird man krank und der Körper stirbt. Mit dem Körper sterben dann auch alle Krankheitserreger. Es ist nie hilfreich seinen Wirt immer nur auszusaugen. Es ist nie hilfreich, immer nur egoistisch zu sein. Das gleiche gilt auch für

Menschen. Menschen sind im Grunde genommen nämlich nur Zellen. Wenn die Zelle will, dass es ihr gut geht, dass es ihr langfristig gut geht und ihren Nachfahren auch - sie teilt sich ja öfters auch mal - dann muss sie selbst etwas für den Körper tun und bereitwillig die Nährstoffe annehmen. Angenommen, die Zelle würde sich jetzt sagen: „Ich bin heroisch, aufopfernd. Ich werde keine Nährstoffe mehr annehmen. Ich werde nur noch geben." Was würde dann mit dieser Zelle passieren? Sie würde absterben. Das kommt übrigens auch öfters im Körper vor. Es gibt Zellen, die aus irgendwelchen Gründen plötzlich keine Nährstoffe mehr aufnehmen und dann ebenfalls absterben. Das ist dieses Opfer. Wir nehmen an, was wir bekommen und wir tun das, für die Gemeinschaft, für Gott, für die Erde, für die Menschen, die um uns herum sind. Woher weiß eine Zelle, was ihre Aufgabe ist?

Einmal weiß sie es durch ihren Standort. Dort wo sie ist, ergeben sich einzelne Aufgaben für sie. Zum zweiten weiß sie es durch ihre eigene Natur. Nehmen wir mal an, eine Schweißdrüse würde sich jetzt überlegen, dass Schweißabsonderung nicht so gut ist und stattdessen lieber Wärme und Kälte übertragen wollen. Da ist sie dann fehl am Platz. Es klappt nicht gut mit ihr. Allerdings gibt es auch Zellen, die Aufgaben von anderen Zellen übernehmen können. Zum einen gibt es die Stammzellen, die sich in jede beliebige Zelle weiterentwickeln können, was hoch faszinierend ist. Zum anderen gibt es andere Zellen. Nehmen wir mal an, das Kreuzband wäre gerissen, dann könnte der Chirurg ein Stückchen von der Quadrizepssehne herausschneiden und als künstliches Kreuzband in den Körper einsetzen. Diese Zellen werden dann die Funktionen des Kreuzbandes übernehmen. Das machen sie sehr gut. Unser Körper macht es öfters, dass eine Zelle in einen völlig anderen Teil des Körpers kommt und ihr Aufgabengebiet wechselt. Manche Zellen, wie z.B. die Stammzellen, haben eine größere Fähigkeit sich anzupassen als andere, die so spezialisiert sind, dass sie eine spezifische Aufgabe übernehmen können. Eine Nervenzelle kann z.B. nicht plötzlich zur Muskelzelle werden. Eine Muskelzelle jedoch kann die Aufgaben einer anderen Muskelzelle übernehmen. Und das ist das, woraus unser Dharma letztlich kommt. Unser Dharma kommt aus der Kombination von Swarupa und Swabhava. Swarupa + Karma = Swadharma. Swarupa, unsere Natur, so ähnlich schreibt auch Paulus in seinen Briefen: Menschen haben verschiedene Talente und es ist ihre Aufgabe, diese Talente zum Wohl der Gemeinde einzusetzen. Er sagt ferner, die Gemeindeleiter hätten die Aufgabe die Talente ihrer Gemeindemitglieder zu koordinieren und dem größtmöglichen Nutzen zuzuführen zum Wohl der Gemeinde.

So ähnlich ist es auch bei uns. Wir haben Talente, Fähigkeiten, Möglichkeiten und diese müssen wir einsetzen. Allerdings können wir sie nicht einfach so einsetzen. Angenommen, man wäre ein Künstler mit großen künstlerischen Fähigkeiten und könnte fantastisch malen. Jetzt gibt es gerade eine riesige Überschwemmung. Was ist jetzt die Aufgabe unseres Künstlers?

Seine Aufgabe ist es, jetzt Menschen zu retten. Auch wenn er vorher immer gedacht hat, er wäre körperlich schwach und unfähig Dinge zu tun, ist es jetzt seine Aufgabe zu helfen und körperlich aktiv zu sein. Swarupa ist die eine Sache, Karma ist die andere

Sache. Aus dem, was wir innerlich fühlen und den äußeren Umständen ergibt sich unser Swadharma. Aus unserer Swarupa ergibt sich auch, wie wir mit unseren karmischen Aufgaben umgehen.
Ich erzähle euch mal eine Sache aus meinem Leben. Es war eine Erkenntnis, die ich zu der Zeit gewonnen habe, als ich ein Pariser Yogazentrum leitete. Die Yogaräume waren im fünften Stock und es gab keinen Aufzug. Das Zentrum war sehr gut besucht. Wir hatten jeden Abend an die hundert Teilnehmer, für die wir auch immer gekocht haben. Zum Essen blieben zwar immer nur 30 oder 40 Menschen, aber für diese Menschen brauchten wir doch eine Menge an Obst und Gemüse, was immer die fünf Stockwerke hoch geschafft werden musste. Wie konnte man das jetzt am Geschicktesten machen? Verschiedene Menschen hatten die Küchenleitung und Aufgabe des Küchenleiters war es, dafür zu sorgen, dass das Gemüse da war. Der erste Küchenleiter war ein sehr kräftiger und gleichzeitig sehr schüchterner Mann, der selbst einkaufen ging und die gesamten Lebensmittel hochbrachte. Der zweite Küchenchef war ziemlich faul und gleichzeitig auch sehr geschickt. Er hat mit allen Gemüsehändlern gesprochen, bis er jemanden gefunden hat, der das Gemüse anlieferte. Heute ist es üblich, dass Dinge angeliefert werden. Vor 20 Jahren war das nicht besonders weit verbreitet. Der Mann konnte aber gut sprechen und hat immer mit den Lieferanten gesprochen. Irgendwann wurde er mal kritisiert, dass er zuviel Zeit mit denen verbrachte, noch dazu, wenn er über alles Mögliche mit ihnen sprach. Darauf antwortete er nur gelassen: „Wenn ich nicht mit ihnen reden würde, dann müsste ich es selbst transportieren. Da rede ich lieber.“
Er hat seine Swarupa zur Erfüllung seiner Aufgabe eingesetzt. Später hat er dann das Center gewechselt und prompt wurde nicht mehr geliefert und der neue Küchenchef musste es wieder hoch tragen. Er hatte aber wieder eine andere Technik entwickelt. Für ihn war es leicht mit Menschen in Kursen, die morgens kamen, zu sprechen. Mit denen hat er dann ausgemacht, dass sie nach dem Yogakurs mit runtergehen und ihm beim Hochtragen der Lebensmittel helfen.
Verschiedene Menschen nutzen verschiedene Talente. Einer kann Arabisch sprechen und unterhält sich mit den Lieferanten. Der nächste Mann nutzte seine körperliche Kraft und der letzte Küchenchef sein Talent, Schüler zum selbstlosen Dienen zu bringen.
Und so können wir öfters überlegen, dass wir diese und jene Aufgabe, dieses und jenes Karma haben und wie wir sie mit der eigenen persönlichen Swarupa, den eigenen persönlichen Talenten am besten lösen können. Wir sollten nicht überlegen, wie würde ich diese Aufgabe lösen, wenn ich jemand anderes wäre. Manchmal denken wir, das müssten wir eigentlich so und so machen. Das ist nicht die Aussage von Swarupa. Es gibt kein „eigentlich müssten wir es so und so machen.“ Wir müssen es so machen, wie wir persönlich es machen können. Und das ist oft eine hilfreiche Frage, die wir uns da stellen können. Normalerweise lehren wir, wenn man Hatha Yoga unterrichtet nicht die Asanas selbst mitzumachen. Wir sollen uns auf die Schüler und nicht auf uns selbst einstellen. Es gab irgendwann mal ein Intensivseminar, das von morgens um 6.00 Uhr bis abends um 22.00 Uhr ging und zwischendurch gab es noch viel zu tun und ich wusste, ich brauche zwischendurch meine Asanas. Dann habe ich überlegt, wie ich es machen

kann, dass ich jetzt zu meinen Asanas komme. Dann habe ich eine Ausnahme gemacht und bei einer der beiden Stunden einfach mitgemacht. Ich brauche meine Asanas, wenn ich sie nicht mache, dann ist es nicht gut. Ich hoffe, ich komme nie karmisch in die Situation, dass ich sie nicht machen kann. Mein Karma war jetzt, den Kurs zu unterrichten. Der andere, der den Kurs hätte geben können, war ausgefallen. Heute ist das Gott sei dank nicht mehr so. Wir haben genügend Yogalehrer, die all das unterrichten könnten, was ich unterrichte.
Ein weiteres Beispiel, was ich euch erzählen möchte, ist das Folgende: Eine Leiterin einer zweijährigen Yogalehrerausbildung hatte ein Problem. Ihre Mutter war krank geworden und musste gepflegt werden. Infolgedessen konnte sich die Leiterin nicht auf die Kurse vorbereiten. Wie löst man dieses Problem? Man kann versuchen, jemanden aus einem anderen Zentrum anzufordern oder jemanden zu finden, der die Pflege der Mutter übernimmt. Beides klappte nicht. Daraufhin verteilte sie Referate. Die Teilnehmer sollten selbst über die Themen referieren. Das trainiert bei den Teilnehmern die Fähigkeit Vorträge zu geben, was ja auch zu einer Yogalehrerausbildung dazugehört und es führt dazu, dass die Teilnehmer sich untereinander auch ein bisschen näher kommen. Aus der Not heraus hat sich eine Tugend entwickelt und weil es sehr gut geklappt hatte, wird es heute in den 2-jährigen Yogalehrerausbildungen öfters so gemacht. So können wir auch schauen, was ist unser Karma. Anatomie und Physiologie gehört dazu. In jedem Fall war die Swarupa: ich habe keine Zeit mich darauf vorzubereiten. Was ist die Lösung? Referate halten zu lassen. Das soll jetzt nicht heißen, dass wann immer Referate gegeben werden, Lehrer sich nicht vorbereitet haben. Manchmal sollen sich die Teilnehmer auch nur näher kennen lernen. So kann man damit umgehen.
Es ist sehr wichtig sich zu vergegenwärtigen, wann immer ihr in einer Situation seid könnt ihr schauen, was das für eine Situation ist, was eure Aufgabe ist und ihr könnt überlegen: wie kann ich meine spezifischen Fähigkeiten dafür einsetzen? Nicht überlegen, wie würde xy machen, sondern überlegen, wie kann ich meine spezifischen Fähigkeiten einbringen?
Ich habe viele Worte gebraucht, um den Vers des Opfers zu erklären. Wir sind nicht so vertraut mit Opferritualen, sondern eher mit Wissenschaft und Zellbiologie.

3. Kap. Verse 11-12:
„Damit speise du die Götter, und die Götter mögen dich speisen; indem ihr euch also so gegenseitig speist, wirst du das höchste Gut erlangen. Da du die Götter im Opfer gespeist hast, werden sie dir das Gewünschte geben. Wer also genießt, was die Götter ihm geben, ohne ihnen dafür (als Gegenleistung) zu opfern, ist in der Tat ein Dieb."

Dies ist eine ähnliche Analogie wie die, die ich mit dem Körper und der Zelle beschrieben habe. Arjuna hat folgendes Weltbild verinnerlicht: Es gibt *Ishwara*. Ishwara ist als Gott die Intelligenz des Universums. Es gibt *Devas*, die so genannten „Engelswesen", die das Universum im Dienst von Iswhara steuern. Die Menschen geben den Devas etwas und die Devas geben den Menschen etwas. Wir haben durchaus das Recht zu

genießen, was uns gegeben wird. Allerdings sollten wir auch etwas zurückgeben, so dass ein richtiger Kreislauf entsteht. Heutzutage würden wir das als ökologischen Kreislauf bezeichnen. Die Natur ist ein Ökosystem. Wir bekommen etwas von der Natur und geben ihr etwas zurück. Allerdings geben wir im Vergleich zu allem, was wir von der Natur bekommen ihr recht wenig zurück. Das schafft Probleme. Wenn wir Menschen da unser Verhalten nicht ändern, dann wird die Erde eines Tages versuchen uns loszuwerden. Der Mensch ist das einzige Wesen, welches Abfall in der Natur produziert. Ein Tier produziert als Abfallprodukte nur Urin und Kot. Vom Standpunkt der Pflanzen aus betrachtet sind diese Abfallprodukte Dünger.
Vom Standpunkt der Bakterien aus betrachtet handelt es sich um Nahrung, die sie zum Überleben brauchen. Wenn jemand stirbt, dann ist das wunderbare Nahrung für eine Menge an Maden und alles mögliche andere Getier. Die Maden fressen den Körper und helfen dabei, dass es auf den Friedhöfen gut weitergehen kann. Sie lehren uns auch, wie verhaftet wir doch noch an unsere Körper sind, wenn wir ihnen bei der Arbeit zusehen. Auf den Friedhöfen zerfällt der Körper viel schneller, als wenn er woanders verscharrt wird. Friedhöfe sind den Maden bekannter als andere Orte. Der Tod des einen, ist das Leben des anderen. Dem Menschen ist es gelungen, Dinge zu schaffen, die nicht sofort das Leben von anderen sind.

3. Kap. Vers 13:
„Die Rechtschaffenen, die die Reste der Opfergaben verzehren, werden von allen Sünden befreit; die Sündigen aber, die Speisen (nur) für sich selbst zubereiten, nehmen wahrlich Sünde zu sich."

Im engeren Sinne war es zu Krishnas Zeit tatsächlich üblich, dass man nie nur für sich selbst kochte. Man kochte für sich und andere gleichzeitig. Es galt als ein Grundsatz. Der Mensch ist ein geselliges Wesen. Gemeinsames Essen beugte auch vor, dass Menschen vereinsamen. Des Weiteren wurde sichergestellt, dass Menschen, die nicht für sich selbst sorgen können, eingeladen wurden. Es gehört einfach zur Kultur dazu. Wenn jemand allein gelebt hat dann musste er von Bettelgaben leben oder er musste Bettler zur Mahlzeit einladen. Das war damals sehr üblich. So eine Art Privatsphäre, wie wir sie in Deutschland haben, war relativ unüblich und ist es bis heute in Indien. Wer mal eine zeitlang durch Indien reist, der kann sich bald gar nicht mehr wehren vor Einladungen der Inder zu sich nach Hause. Wenn man Deutsche fragt, wie oft sie fremde Touristen zu sich nach Hause eingeladen haben, dann folgt oft ein betretenes Schweigen. Wenn man dagegen in einem indischen Bus fährt, erlebt man viele gastfreundliche Inder, die einen direkt ansprechen, und im nächsten Moment ist man schon eingeladen. Sie erwarten dann aber auch eine Gegeneinladung. Und die Gegeneinladung in den Westen ist etwas Attraktives. Für die Inder ist es ganz natürlich das, was sie haben, mit anderen zu teilen. Wenn man eine Familie hat, dann reicht es auch schon, wenn die Mutter für die Familienangehörigen kocht. Auch indische Männer kochen. Die meisten Inder, die in den Westen kommen, können kochen. Sie

führen zwar nicht den Haushalt, so emanzipiert sind sie noch nicht, aber das Kochen übernehmen sie doch hin und wieder. Das gleiche gilt für die deutschen Männer.
Zur indischen Kultur gehört ebenfalls dazu, dass, bevor man speist, man das Essen erst einmal Gott darbringt. So wie wir als Yogis das Brahmarpanam vor dem Essen singen. Es heißt übersetzt: „Brahman ist die Opfergabe. Brahman ist der Opferstock. Brahman ist das Opferfeuer. Brahman ist der Priester, der das Opfer hinein gibt. Und durch Brahman wird Brahman zu Brahman. In allem wird das Wirken durch Brahman erreicht. Wer in allen Handlungen Brahman sieht erreicht Samadhi."
Wenn wir Dinge nur für uns selbst tun, dann ist es Papa. Wenn wir Dinge tun, um unsere Aufgabe zu erfüllen, für andere da zu sein, dann nehmen wir das, was wir bekommen und haben keine Papas. Wir werden von allen Papas befreit.

3. Kap. Vers 14:
„Aus Nahrung entstehen die Wesen; aus Regen entsteht Nahrung; aus dem Opfer entsteht Regen, und das Opfer kommt aus Handlung."

In diesem Vers wird auf Mythen Bezug genommen. In Indien ist der Regen sehr wichtig. Bei uns ist der Regen nicht ganz so wichtig, weil wir meistens sehr viel davon haben. Im Jahr 2003 regnete es weniger, was aber nicht zur Folge hatte, dass wir verhungert sind. In Indien dagegen, wenn der Monsun ausbleibt, verhungert regelmäßig ein Drittel der Bevölkerung.
Auch im alten Germanien war es so, dass ein Durchschnittswinter ein Zehntel der Bevölkerung am Hungertod hat sterben lassen. Selbst bei normaler Ernte konnten nicht alle Menschen ernährt werden. Wenn gute Ernte erzielt werden konnte, dann wurden sie ausnahmsweise Mal alle ernährt. Bei schlechter Ernte sind viele Menschen im Winter gestorben. Wir können uns heutzutage gar nicht mehr wirklich vorstellen, was die so genannte „natürliche Lebensweise" alles beinhaltet.

Gerade in Indien war es also sehr notwendig, dass der Monsun kommt. Es wurden immer große Yajnas für ihn ausgeführt und daraus entstand der Glauben, der Monsun komme nur deshalb, weil man Yajnas mache. So heißt es: „Durch die Opfer kommt der Regen. Der Regen gibt die Nahrung und aus der Nahrung entstehen die Wesen." Und um Opfer ausführen zu können, müssen wir natürlich auch handeln usw. Wir mögen jetzt über diesen Aberglauben lächeln. Aber es war die damalige Weltanschauung. Krishna verwendet diese Vorstellung als Analogie. So ähnlich werden auch Wissenschaftler in 200 Jahren über das lachen, was wir heute so gedacht haben, wie die Welt ist, und was Zelle und Leben sind. Vielleicht werden sie irgendwann auch mein Buch lesen und denken: „Was ist das doch alles für ein komischer Aberglauben gewesen."

3. Kap. Vers 15:
„Wisse, dass Handlung von Brahma kommt, und Brahma kommt vom Unvergänglichen. Daher ist das Alldurchdringende (Brahma) immer im Opfer zugegen."

Krishna lehrt hier den Weg zum Ziel. Alle Handlungen, die wir tun, kommen irgendwie von Brahma. Brahma ist der Schöpfer. Dieser Schöpfer, diese Schöpfungsenergie, stammt letztlich von etwas Unvergänglichem. Und so ist alles, was wir tun, letztlich in Brahma aufgehoben. Und dessen sollten wir uns auch immer wieder bewusst sein.

3. Kap. Verse 16-17:
„Wer hier nicht dem Rad folgt, das so in Bewegung gesetzt wurde, wer in Sünde lebt und in Sinnesgenüssen schwelgt, der lebt umsonst, Oh Arjuna. Aber für den Menschen, der sich nur im Selbst erfreut, der Zufriedenheit im Selbst findet und im Selbst Genüge hat, für den gibt es nichts zu tun."

Wenn wir im Atman, im Selbst sind, dann handeln wir nicht, selbst wenn wir handeln. Der Körper macht, was er machen soll. Das Selbst macht nichts. Außerdem ist das Gesetzt des Karmas dann nicht mehr vorhanden. Wir erschaffen kein neues Karma. Man könnte den Vers auch anders übersetzen:
„Für denjenigen, der sich im Selbst erfreut, der Zufriedenheit im Selbst findet und im Selbst Genüge hat, für den gibt es kein neues Karma mehr." Der braucht auch gar nichts mehr zu tun, um die Vollkommenheit zu erreichen, denn er hat sie schon erreicht.

3. Kap. Vers 18:
„Für ihn ist es ohne Bedeutung, was getan und was unterlassen wird; er ist auch von niemandem in keiner Weise abhängig."

Der Weise, der sich im Selbst erfreut, gewinnt nichts durch das Ausführen irgendwelcher Handlungen. Trotzdem handelt er, warum? Letztlich muss er ein- und ausatmen. Das geschieht von selbst. Er muss verdauen, auch das geschieht von selbst. Sein Parabdha Karma wird ausgearbeitet. Aber er muss nichts machen, um irgendwelche Wünsche zu befriedigen. Er braucht sich auch nicht mehr weiterzuentwickeln. Er handelt nicht, um sich spirituell weiterzuentwickeln. Er hat das Ziel erreicht.

3. Kap. Vers 19:
„Daher tue ohne Verhaftung stets das, was getan werden muss; denn durch verhaftungsloses Handeln erreicht der Mensch das Höchste."
Wenn wir die Ratschläge befolgen, die Krishna uns gibt, dann erreichen wir das Höchste.

3. Kap. Vers 20:
„Janaka und andere erreichten Vollkommenheit wahrlich alleine durch Handeln; auch zum Schutze der Menschen musst du handeln."

Ich hatte euch die Geschichte von Janaka von Videha erzählt, dem König, der dem Ashtavacra sein Königreich überschrieben, und dann als dessen Verwalter die Selbstverwirklichung erreicht hatte. Dadurch, dass er es verwaltet hat im Dienste an seinem Guru und verhaftungslos war, hat er die Vollkommenheit erreicht. „Auch zum Schutz der Menschen musst du handeln.“ Wir leben nicht auf einer Insel, sondern andere sind auch abhängig davon, dass wir handeln.

3. Kap. Vers 21:
„Was ein großer Mensch tut, das tun auch die anderen; was er zur Regel erhebt, dem folgt die Welt (Menschheit).“

Wenn man einen großen Bekanntheitsgrad hat, entstehen dadurch auch bestimmte Verpflichtungen. Man kann nicht einfach irgendetwas machen, sondern man muss wissen, dass man eine gewisse Vorbildfunktion hat. Arjuna ist ein Prinz und er ist sehr bekannt, gilt als großartiger Mensch und muss infolgedessen auch richtig handeln.

3. Kap. Vers 22:
„Es gibt nichts in den drei Welten, Oh Arjuna, das Ich tun müsste, und es gibt auch nichts Unerreichtes zu erreichen; und doch handle Ich weiter.“

Krishna hat vorher gesagt, der Vollkommene brauche nicht mehr zu handeln, um irgendetwas zu erreichen. Jetzt knüpft Krishna an seine vorherige Aussage an und sagt: „Ich brauche nichts zu erreichen.“ Was sollte Gott erreichen wollen?

3. Kap. Vers 23:
„Denn wenn ich nicht stets unermüdlich handelte, Oh Arjuna, würden die Menschen Mir in jeder Weise nachfolgen.“

Angenommen, Krishna würde sich in den Wald zurückziehen, dann würden sich alle anderen auch in den Wald zurückziehen. Was würde dann passieren? Es würde ein Chaos entstehen und es wäre auch nicht gut.
Es gibt einen Schöpfungsmythos, der besagt, dass Brahma die Welt geschaffen hat. Während er die Welt schuf, dachte er daran, dass das Schaffen der Welt doch eine anstrengende Geschichte sei und er Unterstützung brauche. Daraufhin schuf er die vier *Kumaras*, als die vier „ersten Menschen“. Als die vier Kumaras geboren waren überlegten sie sofort: „Warum sollen wir eigentlich die Welt weiter schaffen. Was ist überhaupt die Welt? Was ist hinter der Welt? Wer bin ich?“ Sie überlegten einige Zeit und es gibt ein Gesetz, welches besagt: „Ist der Schüler bereit, ist der Lehrer nicht weit.“ Jetzt waren das die vier einzigen Menschen auf der Welt. Trotzdem musste das Gesetz irgendwie erfüllt werden.
Sie hatten diese intensiven Fragen und deshalb inkarnierte sich *Shiva* in seiner Gestalt als *Dakshinamurti*. Sie verneigten sich vor Shiva, um zu erfahren, was das Selbst ist. Shiva hob seine Hand, machte das *Jinmudra* (Fingergeste), schloss seine Augen wieder und meditierte weiter. Die vier Kumaras sahen diese Geste, sie meditierten darüber, erkannten die Bedeutung, verwirklichten die Bedeutung und erreichten die Selbstver-

wirklichung. (Der Daumen ist Brahman, der Zeigefinger das Ego. Die anderen drei Finger stehen für die drei Gunas. Der kleine Finger ist der Rajas Finger, der Mittelfinger ist der Tamas Finger und der Ringfinger ist der Sattwa Finger. Normalerweise ist das Ego zusammen mit den drei Gunas. Dadurch sind wir gebunden. Wenn das Ego sich verneigt und sich mit Brahman verbindet, dann ist die Einheit erreicht. Symbolisiert durch den Kreis, der bei Jinmudra entsteht.) Genau das taten die Kumaras dann. Sie brachten ihren Geist von Gunas weg. Sie erreichten die Selbstverwirklichung, doch Brahma war unzufrieden. Infolgedessen schuf er den Menschen als Mann und Frau. Er schuf eine starke Anziehungskraft zwischen beiden, wohl wissend, dass das die Menschen beschäftigen würde. Sie würden nicht so schnell die Selbstverwirklichung erreichen und so konnte die Schöpfung weitergehen.
Wenn Krishna jetzt nicht gehandelt hätte, dann hätte die Gefahr bestanden, dass alles Leben ausstirbt. Oder Menschen würden faul werden, anstatt zu meditieren. Tamas und Sattva können sich gleichen. Ein Mensch meditiert, der andere hängt rum und träumt. Der eine ist zufrieden mit wenig, der andere ist zu faul, um irgendetwas in Bewegung zu setzen. Aber große Menschen sollten auch etwas tun.

3. Kap. Vers 24:
„Diese Welten würden vergehen, wenn Ich nicht handelte; Ich wäre der Urheber von Verwirrung und Untergang der Wesen."

Krishna spricht also davon, dass die Weisen ein Beispiel geben müssen mit ihrem Leben. Sie erfüllen die Pflichten, wie es ihren Lebensumständen entspricht, auch ohne dass sie selbst irgendetwas sich davon erwarten. Ein „Noch-nicht-Selbstverwirklichter" handelt, um etwas zu erreichen, um sich fortzuentwickeln, zu reinigen etc. Ein Weiser findet in sich Glück und Zufriedenheit. Da er das Höchste erreichte hat, kann er selbst ja nichts Höheres mehr erreichen. Sein Handeln ist also nicht davon geprägt, dass er Wünsche erfüllen will, Lernaufgaben absolvieren will, sich spirituell fortentwickeln will. Ein Weiser könnte also im Grunde tun, was er will oder auch nichts tun. Aber auch wenn Selbstverwirklichte nichts mehr für sich erreichen wollen durch ihr Tun, haben sie dennoch eine Aufgabe: Ein Beispiel zu sein für andere. Da andere die großen Meister als Richtschnur für ihr Handeln nehmen, muss die Handlungsweise eines Meisters richtungweisend für andere sein. Immanuel Kant hat als kategorischen Imperativ postuliert: „Handle stets so, dass die Maxime deines Handelns als Grundlage einer allgemeinen Gesetzgebung dienen könnte."
Die Maxime für einen Selbstverwirklichten und eine Gottinkarnation könnte man analog formulieren: „Handle stets so, dass, wenn andere so handeln wie du, das gut für die gesamte Gesellschaft ist". Natürlich gibt es auch Selbstverwirklichte, die in der Einsamkeit leben. Es muss aber auch solche geben, die in normalem Beruf und Familie leben, um so ein Beispiel für andere zu sein.
Swami Sivananda übersetzt den zweiten Halbvers mit „Ich wäre der Urheber der Vermischung von Kasten…" Im Sanskrit steht hier: „Sankara". Sankara heißt

„Verwirrung“, „Vermischung“ (nicht zu verwechseln mit „Shankara“, einem Beiname von Shiva, wörtlich übersetzt „der Liebe und Wohlwollen bringt“). Wenn Swami Sivananda von „Vermischung von Kasten“ spricht, meint er das nicht als „Kaste“ im modernen Sinn. Die modernen Yogameister wie Swami Sivananda, Vivekananda und Gandhi hielten das indische Kastenwesen der Neuzeit ja für eine der großen, zu überwindenden Ungerechtigkeiten und haben sich sehr stark für seine Abschaffung eingesetzt. Durchaus mit beachtlichem Erfolg.

Swami Sivananda spricht in seinem Kommentar zu diesem Vers von Vernachlässigung der Pflichten des „Varnashrama Dharma“, also den Normen, welche den Lebensstand und das Lebensalter regeln. Weise werden in verschiedene Lebensumstände geboren und erfüllen dann die ethischen Pflichten, die ihren Lebensumständen entsprechen. So hatte es auch Krishna getan: Als er in der Kindheit in einem Hirtenstamm aufwuchs, hat er sich verhalten wie ein Kind. Als Schüler bei einem Lehrer hat er bescheiden gelebt. Als er König wurde, hat er prachtvoll wie ein König gelebt und gerecht regiert. Zwischendurch ist er immer wieder auf Pilgerreise gegangen und hat dort das Ideal eines einfachen Pilgers vorgelebt. So hat Krishna in seinem Leben gezeigt, dass ein spiritueller Mensch in allen Umständen ein spirituelles Leben führen kann, und dass die ethischen Grundsätze im Yoga verschieden gelebt werden müssen.

Ebenso könnte man „Sankara“ auch als Vermischung/Verwirrung verschiedener spiritueller Traditionen verstehen. Dem indischen Denksystem ist eine „Einheitsreligion“, „Universalreligion“ fremd. „Einheit in Verschiedenheit“ ist ein wichtiges Prinzip. So haben verschiedene Menschen verschiedene Pflichten. Jeder hat seinen eigenen spirituellen Weg. Eine Aufgabe einer Gottinkarnation ist, zu zeigen, dass jeder seinen eigenen Weg gehen muss, und nicht den von jemand anderem imitieren kann.

3. Kap. Vers 25:
„Die Unwissenden handeln aus Verhaftung an die Handlung, Oh Arjuna, der Weise muss ohne Verhaftung handeln und das Wohlergehen der Welt wünschen.“

In diesen Versen drückt Krishna noch mal seine Liebe und Besorgnis um das Wohlergehen zu anderen aus.

3. Kap. Vers 26:
„Der Weise verwirre nicht den Geist unwissender Menschen, die an ihrem Handeln hängen; er ermutige sie zu allen Handlungen und führe sie selbst mit Hingabe aus.“

Es gibt eine Art Leiter der Entwicklung. Es gibt tamassige Menschen, rajassige und sattvige Menschen. Ein tamassiger Mensch braucht Rajas. Da ist es gut, wenn diese Menschen erst einmal zielorientiert lernen, etwas ordentlich auszuführen.

Swami Vishnu hatte früher ab und zu damit zu kämpfen, dass Menschen mit der Vorstellung in den Ashram kamen: „Ich handele gleichmütig in Erfolg und Misserfolg. Ich gehe es mal ein bisschen sanft an. Was nachher dabei herauskommt, ist ziemlich

egal. Swami Vishnu hängt auch an nichts.“ Das klingt für uns ganz gut. Aber die Folge davon war, dass sie ziemlich nachlässig waren. So kann man keine internationale Organisation leiten. Swami Vishnu hat öfters gesagt: „Nimm nicht die Bhagavad Gita zur Rechtfertigung deiner Faulheit.“
Wir müssen da sehr aufpassen, um verhaftungslos zu handeln, gleichmütig in Erfolg und Misserfolg und gleichzeitig nicht träge dabei zu sein. Sicher ist es dann besser, zielorientiert zu handeln. Und so kann man auch nicht allen Menschen die Weisheit der Bhagavad Gita in allen Momenten sagen, und wir können sie auch nicht in jedem Moment für uns selbst sagen. Manchmal kann es hilfreich sein, sich ein kleines oder auch ein großes Ziel zu setzen, auf welches wir hinarbeiten. Alle unsere Anstrengungen darauf ausrichten, aber nicht verhaftet sein, wenn das Ziel nicht erreicht wird. Trotzdem können wir mit Enthusiasmus zu dem Ziel hin streben. Wenn es uns gelingt Handlungen gut zu machen, wenn es uns gelingt uns wirklich einzusetzen, dann müssen wir darauf achten, dass wir besonders die Verhaftung beseitigen.

3. Kap. Vers 27:
„Alle Handlungen sind in allen Fällen nur aus den Eigenschaften der Natur geschmiedet. Der Mensch, dessen Geist von Ichbewusstsein getrübt ist, denkt: „Ich bin der Handelnde.““

In allen Fällen werden die Handlungen nur aus den Eigenschaften der Natur gemacht. Die Jnana Yoga Einstellung ist: Die drei Gunas handeln, der Körper handelt, die Emotionen handeln, das Denken handelt, aber das Selbst handelt nicht.

3. Kap. Vers 28:
„Wer jedoch die Wahrheit über die Bereiche der Eigenschaften und (ihre) Funktionen kennt, Oh mächtig Bewaffneter (Arjuna), und weiß, dass sich die Gunas als Sinne zwischen den Gunas als Sinnesobjekten bewegen, ist nicht verhaftet.“

Wir sollten nicht denken, dass wir der Handelnde sind. In vorherigen Versen hatte ich ja schon mal beschrieben, welche Kriterien Krishna als Kriterien für eine gute Handlung aufstellt. Er hat diesen Vers jetzt noch als ein weiteres Kriterium „für das Wohlergehen anderer“ hinzugefügt. Wir handeln als Opfer für die Devas, als Opfer für Gott und ohne Identifikation, d.h. die Gunas handeln. Und so ist das Paradox, dass wir zum einen unseren Körper einsetzen, um zu handeln, aber dann wissen, dass wir das nicht wirklich sind. Wir sollen uns davon lösen.

3. Kap. Vers 29:
„Wer durch die Eigenschaften der Natur getäuscht ist, hängt an den Funktionen der Eigenschaften. Der Mensch, der vollkommenes Wissen besitzt, verwirre nicht den Törichten, dessen Wissen unvollkommen ist.“

Wir identifizieren uns mit unserem Körper. Wir überlegen, ist er schön oder nicht schön? Ist er von guter oder eher von schlechter Gesundheit? Ist unser Denken klar oder nicht klar? Ist unser Prana hoch oder nicht hoch?
Alles in uns ist sattwig, rajassig oder tamassig. Trotzdem sollten wir nicht denken, dass die Welt sowieso unwirklich ist und ich deswegen machen kann, was ich will. Das ist nicht das Richtige.
Es gab einmal einen Schüler, der zu einem Lehrer ging. Der Lehrer sagte zu ihm: „Die ganze Welt ist unwirklich. Brahman allein ist wirklich. Brahman ist das Selbst hinter allen Wesen. Es gibt nur ein einziges unendliches Selbst." Daraufhin antwortete der Schüler: „Das klingt gut." Und er ging in eine Gaststätte und bestellte sich ein großes Essen. Als es dann ans Bezahlen ging sagte er: „Ich bin nicht der Körper, du bist nicht dieser Körper. Ich bin Atman. Du bist Atman. Wir sind alle eins. Warum sollte das universelle Selbst sich selbst etwas bezahlen?"
Nachdem der Kellner kein Geld von dem Schüler einnehmen konnte, kam der Wirt zu dem Aspiranten und er bekam die gleiche Geschichte zu hören. Daraufhin nahm der Wirt einen Stock und verprügelte unseren Aspiranten. Der Aspirant wanderte dann mit vielen blauen Flecken zu seinem Guru und sprach: „Du, Guru, deine Philosophie funktioniert nicht." „Wieso funktioniert die nicht?" fragte der Guru. „Na ja, ich habe das ausprobiert und der Wirt hat mich daraufhin geschlagen." Der Guru antwortete: „Wenn du sagst, ich bin das Selbst hinter allem, dann bist du nicht nur das Selbst hinter dem Wirt, der dir etwas zu Essen gibt, sondern dann bist du auch das Selbst hinter dem Wirt, der dich verprügelt hat. Also, worüber beschwerst du dich?"
Wenn wir so weit entwickelt sind, hinter allem Gott zu sehen, dann ist das eine Sache. Solange wir das nicht sehen können, sollten wir den Regeln des Lebens folgen.
Eine zweite Geschichte, die diese Lehre verdeutlicht, ist eine Geschichte von Shankara. Shankara war ein großer Jnana Yoga Meister, der einen König als Schüler hatte. Mit dem König diskutierte er oft und viel. Er forderte ihn oft auf, nicht so verhaftet an sein Königreich zu sein. Die Welt sei unwirklich und Brahman allein sei wirklich. Und das Selbst sei nichts als Brahman. Es sei zwar gut, dass er sich um das Königreich kümmere, aber er sollte das nicht überbewerten. Letztlich sei alles Maya, alles Illusion. Shankara riet dem König, zu meditieren und für sein Selbst zu sorgen. Der bekam das so oft von Shankara zu hören, dass es ihn schon völlig nervte. Eines Tages dachte er bei sich: „Dem Shankara werde ich eine Lektion erteilen." Shankara ging am nächsten Tag die Straße entlang zum Palast und der König hatte befohlen, dass niemand auf der Straße sein sollte. Dann ließ er einen wild gemachten Elefanten durch die Straßen rennen um Shankara zu erschrecken.
Als Shankara den Elefanten sah, kletterte er schnell auf einen Baum hoch. Er war in guter körperlicher Verfassung. Der Baum grenzte an ein Haus und Shankara schaffte es auf den Balkon zu kommen. Hinter dem Balkonfenster war der König, lachte und sagte: „Oh Shankara, du hast gesagt, das Selbst ist hinter allen Wesen und alles Weltliche ist Maya. Wieso bist du jetzt vor dem Elefanten weggelaufen?" Shankara antwortete verschmitzt dem König: „Was erzählst du da? Wo ist ein Elefant? Wo ist jemand den Baum

hochgeklettert? Wo ist überhaupt etwas passiert?"
Wenn wir von der höchsten Ebene aus argumentieren, und das sollten wir ruhig öfters tun, im Bewusstsein, dass wir den ganzen Tag nichts gemacht haben, dann ist das eine Ebene der Wirklichkeit. Aber es gibt noch eine andere Ebene der Wirklichkeit und auf dieser Ebene müssen wir handeln. Auf dieser Ebene sollen wir auch keinen Unsinn treiben. Es gilt: Wir handeln für das Wohlergehen aller. Wir sind uns bewusst, dass das, was wir tun, auch ein Beispiel für andere ist. Krishna argumentiert hier ähnlich wie Kant in seinem „Kategorischen Imperativ". Handle stets so, dass die Maxime des Handelns als Grundprinzip einer allgemeinen Gesetzgebung dienen könnte.
Heutzutage haben wir nicht mehr das positive Verständnis von Gesetzen. Zurzeit von Kant waren Gesetze eine große Errungenschaft. Adel, Könige und Geistlichkeiten haben sich um keine Gesetze geschert. Dass man dann Gesetze hat, die das Zusammenleben und Wohl von Menschen regeln, das war was Gutes. Die Gesetze mussten auch bestimmte Grundlagen, Maximen haben. Im Rechtsstaat bauen sie erst einmal auf den Menschenrechten auf.
Wenn alle Menschen aus einer ähnlichen Motivation heraus handeln wie wir, würde das das menschliche Zusammenleben fördern? So ähnlich sagt es Krishna hier. Manchmal kann man sich fragen: „Handele ich wirklich so, dass die Grundprinzipien meines Handelns auch von anderen übernommen werden können und, dass das menschliche Zusammenleben dadurch gut gestaltet wird? Oder hoffe ich, dass sich nur die anderen an Regeln halten, und ich tun und lassen kann, was ich will, in der Hoffnung, dass keiner es merkt?"

3. Kap. 30. Vers:
„Entsage allen Handlungen (allem Karma) in Mir, konzentriere den Geist auf das Selbst, sei frei von Wünschen, Ichgedanken und (geistigem) Fieber und kämpfe."

Krishna sagt: Entsage allem Karma in Mir. Er rät uns zu handeln, aber alle Handlungen sollen wir Gott darbringen. Krishna wiederholt diese Aufforderung immer wieder mit anderen Worten, damit wir es wirklich verstehen können. Indem wir die Handlung Gott darbringen, schaffen wir kein neues Karma.
Mit den Worten „konzentriere den Geist auf das Selbst", rät er uns, uns bewusst zu sein, dass wir das Selbst sind. Und wenn wir handeln, wollen wir Wünsche loslassen, uns nicht identifizieren und besonnen sein. Er rät uns zu kämpfen, also uns zu bemühen.

3. Kap. Vers 31:
„Die Menschen, die beständig, voll Glauben und ohne Anstoß zu nehmen diese Meine Lehre praktizieren werden ebenfalls von Karma befreit."

Krishna lehrt Arjuna zuerst immer sehr hohe Ideale und beobachtet dann in dessen Augen die Botschaft: „Das schaffe ich nie." Dann bemüht er sich, ihm Möglichkeiten aufzuzeigen, die leichter für Arjuna zu erreichen sind. Meistens wechselt er dafür ins

Bhakti Yoga über. Wenn wir die höchsten Ideale (allen Handlungen zu entsagen, immer bewusstes Selbst zu sein, keine Wunschgedanken zu haben und keine Ichidentifikation, kein geistiges Fieber) beachten, dann können wir die Lehren praktizieren. Praktizieren bedeutet in diesem Zusammenhang, dass wir die Lehren üben. Üben bedeutet wiederum, dass wir Fehler machen. Wenn wir es schon könnten, dann bräuchten wir es nicht mehr zu üben. Dann würden wir es einfach machen. Wir sollten üben und beständig in unserem Üben sein, also nicht nur einen Tag die Woche üben und die anderen sechs Tage über Leichen gehen. Beständigkeit ist wichtig. Und dabei brauchen wir auch Glauben und Vertrauen. Vertrauen wächst wenn wir es eine Weile praktizieren.

3. Kap. Vers 32:
„Die Menschen aber, die an Meiner Lehre Anstoß nehmen und sie nicht praktizieren, deren Wissen vollkommen getäuscht ist, und die keine Unterscheidungsfähigkeit besitzen, wisse, sie sind unvermeidlich der Zerstörung preisgegeben."

Wir dürfen uns jetzt nicht vorstellen, dass Krishna plötzlich einen Blitz aus dem Himmel herunterwirft, um damit die Menschen zu töten. Jeder Mensch stirbt irgendwann. Wenn wir uns mit dem Körper identifizieren, dann haben wir das Gefühl, dass wir sterben. Und wenn wir uns mit unseren Werken identifizieren, dann stellen wir fest: „Meine Werte werden zerstört." Egal, was jemand aufbaut, es wird irgendwann zerstört. Das ist kein Geheimnis. Vielleicht noch nicht zu Lebzeiten. Manches überlebt den physischen Tod. Menschen bemühen sich ja Dinge zu schaffen, die den physischen Tod überleben. Wenn wir uns nicht identifizieren, dann werden wir nicht zerstört, wenn Dinge zerstört werden. Gott macht alles, wir sind nur die Instrumente und tun, was wir können, zum Wohlergehen aller. Wir tun alles auf die bestmögliche Weise, die unserer Swabhava und Prakriti entspricht.
Wenn wir es mit dieser Einstellung tun, dann sind wir nicht der Zerstörung preisgegeben.

3. Kap. Vers 33:
„Auch der Weise handelt gemäß seiner Natur; die Wesen folgen der Natur; was kann Einschränkung bewirken?"

Diese Worte Krishnas kommen für den Leser relativ unvermittelt. Vorher erzählt Krishna uns die ganze Zeit, dass wir unsere Sinne beherrschen sollen, nicht aus geistigem Fieber heraus handeln sollen, und jetzt sagt er: „Auch der Weise handelt gemäß seiner Natur; die Wesen folgen der Natur; wozu überhaupt Selbstbeherrschung?"
Wir können diesen Gegensatz nicht vollständig auflösen. Es gibt mehrere Gegensatzpaare, die in der Bhagavad Gita beschrieben werden. Das eine Gegensatzpaar ist Entsagung versus Handlung. Das zweite ist Selbstbeherrschung versus seine Natur leben.
Man kann auf mehrere Weisen versuchen diesen Widerspruch aufzulösen. Man kann sagen, dass es eine tiefere Natur und oberflächliche Wünsche und Vorstellungen gibt. Der tieferen Natur sollte man folgen. Die oberflächlichen Wünsche und Vorstellungen,

die so aufgesetzt sind, die sollte man ablegen. Der Unterschied ist allerdings nicht immer klar zu erkennen. Ayurveda z.B. sagt, dass ein gewisses Temperament mit der Geburt schon festgesetzt ist. Bei der Geburt weiß man schon, ob jemand hauptsächlich Vata, Pita oder Kapha ist. Damit sind wir schon auf die Welt gekommen und können wenig daran ändern. Es ist unsere tiefere Natur und es rentiert sich auch nicht, jetzt zu versuchen, anders zu sein, als es ihr entspricht. Das können wir auch daran erkennen, dass es ganz viele Weise gibt, die ganz unterschiedlich sind. Swami Vishnu z.B. ist ein eher emotionaler Typ. Swami Chidananda ist immer ein sehr ruhiger Meister, den nichts aus der Ruhe bringen kann. Ein Meister ist nicht spiritueller als ein anderer Meister. Sie haben ihre Natur und diese Natur wird in den Dienst anderer gestellt. Und so ähnlich ist es mit uns. Wir haben unsere eigene Natur und unsere eigene Natur sollen wir nicht beschränken, sondern sie leben. Aber individuelle Wünsche und Zu- und Abneigungen sollen wir beherrschen lernen. Nicht immer ist der Unterschied klar. Aber wir können es machen, so gut wir es können.

Es gibt eine Nasrudin Geschichte: Eines Tages flog ein Falke zu Nasrudin. Falken haben einen langen Schnabel und einen langen Schwanz und sind ganz besondere Tiere. Nasrudin hatte so einen Vogel noch nie gesehen. Er schnitt ihm den Schnabel klein, schnitt den Schwanz klein, färbte die Federn noch ein bisschen und die Krallen ein bisschen und sagte dann: „Jetzt siehst du aus, wie ein Vogel auszusehen hat.“

Es gibt auch die „Geschichte vom hässlichen Entlein.“ Es war einmal ein Schwan, der viele Eier legte. Eins dieser Eier gelangt in das Nest einer Entenfamilie. Alle anderen Schwaneneier wurden getötet oder weggenommen. Der Schwan wuchs dann in dem Glauben auf, er sei eine Ente. Aber er sah ganz anders aus, als die Enten. In seiner Jugend war er besonders hässlich, viel hässlicher als alle die kleinen Enten und er war traurig darüber. Aber er wuchs zu einem wunderschönen Schwan heran und galt als der hübscheste Vogel vom ganzen See.

Bei uns Menschen kann es sich ähnlich verhalten. Wenn wir das, was in unserer Natur angelegt ist, und von dem wir denken, es stört uns, mal näher betrachten, kann es in Wahrheit besonders schön sein. Auf diese Weise kann man mit sich selbst umgehen. Wenn wir glauben, wir hätten diese oder jene negative Eigenschaft und wären in dieser oder jener Hinsicht schlecht, dann könnten wir auch überlegen, ob hinter dieser Eigenschaft nicht vielleicht ein besonderes Talent von uns verborgen ist. Wir haben oft schon lange versucht, es zu beherrschen, und es gelingt uns trotzdem nicht. Vielleicht ist es ja gar keine oberflächliche Eigenschaft, die es zu ändern gilt, sondern ein Teil meiner Prakriti, meiner Svabhava, die ich nur in die richtige Richtung lenken muss, dass es meiner Situation angemessen ist, die ich dann Gott darbringe. Ich mich nicht damit identifiziere sondern sage: „Das ist die Prakriti von mir und diese Prakriti will ich in den Dienst Gottes und der Menschheit stellen.“

Wenn wir z.B. eine Eigenschaft wie Ungeduld haben, können wir überlegen, welche positiven Aspekte in ihr stecken. Wo wir die Ungeduld zum Wohl anderer einsetzen können, und es in der karmischen Situation angebracht ist. Krishna weist an vielen Stellen in der Bhagavad Gita immer wieder daraufhin, dass wir unsere Prakriti, unsere

Swabhava genauso anerkennen sollen, wie die Tatsache, dass verschiedene Menschen verschiedene Pflichten und Aufgaben haben. Meistens rät er das, wenn er vorher auf Selbstbeherrschung aufmerksam gemacht hat.

Wir können uns also immer wieder um Beherrschung bemühen und in Situationen, wo es nicht möglich ist oder wir es nicht schaffen, können wir lernen uns nicht damit zu identifizieren, sondern schauen, wie wir es leben, dass es zum Wohle anderer ist. Wir könnten theoretisch unser ganzes Leben damit verbringen, unsere Schwächen zu beseitigen und ich behaupte, der Mehrheit der Menschen würde es nicht gelingen, alle Schwächen zu beseitigen. Wir können aber lernen, die am stärksten störenden Schwächen zu bearbeiten. Wir können schauen, was in unserer Prakriti eigentlich verkannte Stärken sind. Und dann können wir lernen, wie wir diese Stärken positiv einsetzen. Da stoßen wir oft an Grenzfragen, die wir nicht leicht beantworten können. Wo sollen wir kämpfen und wo sollen wir unsere Stärken nutzen?

Krishna geht von beidem aus. Es gibt einen Raum für Selbstbeherrschung, Selbstkontrolle. Es geht auch darum, positive Eigenschaften zu entwickeln, negative Eigenschaften und Gewohnheiten zu überwinden. Nicht umsonst erzählt er ja auch von den großen Heiligen und den Eigenschaften der Heiligen. Krishna räte Arjuna, positive Eigenschaften zu entwickeln. Aber auch die Heiligen haben ihre Prakriti (ihre Wesensnatur), die sie leben. Manche Heilige sind sogar nach den Standards der westlichen Psychologie vor ihrer Verwirklichung verrückt, psychotisch gewesen. Ramakrishna z.B. war in der Jugend niemand, der besonders ausgeglichen war, sondern im Gegenteil, er wurde von seinen Eltern und der Gesellschaft als jemand mit starken geistigen Störungen klassifiziert. Er war nicht in der Lage, längere Zeit in der Schule zu bleiben. Die Lehrer dachten, er träume nur. Er konnte sich nicht konzentrieren. Wenn er irgendwo in den Himmel geschaut hat, dann ist er in Ohnmacht gefallen. Als Jugendlicher wusste er nicht, was das war. Aber er hatte von Natur aus die Neigung zu Mystik und zu spirituellen Erfahrungen. Und irgendwann hatte er die Erfahrungen als außerordentliche Gotteserfahrungen erkennen können und weiterentwickelt bis zur Erfahrung der vollständigen Einheit. Man muss also nicht psychisch gesund sein um die Selbstverwirklichung zu erreichen. Und auch nach der Selbstverwirklichung haben viele Heiligen sich außergewöhnlich verhalten.

Wir stehen hier bei Yoga Vidya natürlich in der Tradition des ganzheitlichen Yoga von Swami Sivananda. Da gilt es, sich auch um körperliche Gesundheit und psychisches Gleichgewicht zu bemühen und parallel sich spirituell zu entwickeln. Swami Sivananda hatte, so wie er in den Biographien beschrieben wird, sicherlich eine hohe psychische Gesundheit. Er ist wahrscheinlich einer der psychisch gesündesten Menschen gewesen, anders als z.B. Ramakrishna vor seiner Verwirklichung. Bei Yoga Vidya arbeiten wir also an der ganzheitlichen Entwicklung. Wir arbeiten an der Gesundheit des Körpers, der Gesundheit der Psyche, der Gesundheit des Pranas, der Gesundheit des Intellekts und des Unterscheidungsvermögen und dann wollen wir all das transzendieren, um die Selbstverwirklichung zu erreichen. Aber wir müssen nicht 100% gesund sein, um die Verwirklichung zu erreichen. Wir müssen nicht die Kundalini vollständig erweckt

haben, wenn wir die Verwirklichung erreichen. Durch die Verwirklichung wird die Kundalini sowieso mit erweckt. Wir müssen auch nicht vollkommen psychisch gesund sein, um die Verwirklichung zu erreichen. Es hilft aber, wenn wir an allen Dingen parallel arbeiten, an denen wir arbeiten können. Und das, was wir nicht ändern können, können wir in den Dienst Gottes stellen. Wir können also entspannt und ohne Leistungszwang den spirituellen Weg gehen. Auf gewisse Weise können wir dann die Selbstverwirklichung als Gnade empfangen.
Nachdem Krishna uns nun gelehrt hat, was so eine Einstellung bewirken kann, sagt er:

3. Kap. 34. Vers:
„Verhaftung und Abneigung gegenüber den Sinnesobjekten liegen in den Sinnen; möge niemand unter ihren Einfluss gelangen; denn sie sind seine Feinde."

Also, wenn wir der tiefen Prakriti folgen, ist das eine Sache. Wenn wir aber jedem Wunsch folgen ist das eine andere Sache. Unsere Sinne sollten wir schon beherrschen und nicht jedem Impuls nachgehen. Schon Augustinus (Kirchenlehrer 354-430 n.Chr.) sagte: „Liebe und tue dann, was du willst." Patanjali sagt im Yoga Sutra: „Wer in der Nichtgier (Aparigraha) fest begründet ist, erkennt den Sinn, Zweck und die Aufgaben in seinem Leben" (II.39). Wenn wir also Verhaftungen überwinden, kommt von innen heraus der Impuls, das Richtige zu tun.

3. Kap. 35. Vers:
„Besser ist die eigene Pflicht (Dharma), auch wenn sie nicht verdienstvoll ist, als eine noch so gut erfüllte fremde Pflicht. Besser ist der Tod in der eigenen Pflicht; die fremde Pflicht ist furchtbeladen (schafft Gefahr)."

Vorher hatte ich etwas über Swadharma geschrieben. Swadharma ergibt sich aus Swarupa, Swabhava, Prakriti und Karma, also unserer inneren Natur und äußeren Einflüssen. Beides müssen wir natürlich noch filtern und in Sattwa und in Daiva umwandeln. Auch scheinbar negative asurische Eigenschaften können wir in Daivas, göttliche Eigenschaften, umwandeln. Ungeduld, z.B. gilt als eine rajassige Eigenschaft. Wenn wir sie sattvig leben, steht sie für Einsatz, Enthusiasmus und Schnelligkeit. Oder Trägheit als tamassige Eigenschaft kann sich auch als Ruhe, Beständigkeit und Gleichmut ausdrücken. Vielleicht ist man gar nicht so träge, man springt nur nicht einfach jedes Mal hin und her. Wir sollten uns immer bemühen, unsere Swarupa sattwig zu leben. Vata, Pita und Kapha können jeweils sattvig, rajassig oder tamassig ausdrücken.

Vata in Tamasform wäre z.B. Angst. Wenn wir so ängstlich sind, dass wir völlig unbeweglich sind, dann ist es Vata in Tamasform. Vata in Rajasform äußert sich in Sprunghaftigkeit und nie etwas zu Ende führen. Vata in Sattvaform drückt sich in Anpassungsvermögen und der Fähigkeit aus, verschiedene Standpunkte zu sehen, oder auch in Toleranz und der Fähigkeit ein durchaus abwechslungsreiches Leben zu führen.

Pita kann ebenfalls sattvig, rajassig und tamassig sein. Tamassiges Pita ist, andere zerstören zu wollen. Pitamenschen sind die, die für die größten Verbrechen in dieser Welt zuständig waren. Notfalls, um ihren Willen durchzusetzen, können sie auch über Leichen gehen. Pitamenschen im rajassigen Zustand identifizieren sich und denken: „Ich bin der Größte." Wenn sie ihr Pita sattvig leben, werden sie tätig im Dienst an anderen.

Tamassiges Kapha äußert sich in Trägheit, Faulheit, rajassiges Kapha in Egoismus. Menschen, die ihr Kapha rajassig leben, bunkern sehr gerne, sie sammeln alles an. Wenn man Kapha im sattvigen Zustand lebt, dann geht man geschickt mit der Welt um. Kapha äußert sich darüber hinaus aber auch in Beständigkeit, Treue und Liebe. Wenn es keine Kapha Menschen geben würde, dann würde das Menschliche und Zwischenmenschliche nicht klappen. Vatamenschen würden einfach nur wegschweben. Die Pitamenschen würden sich nur streiten. Kapha Menschen sind wie der zwischenmenschliche Kitt, den es dort braucht.

Wir alle haben unsere verschiedenen Pflichten. Sie entstehen aus Karma und Swarupa. Stellt euch vor, ihr wärt in eurer Firma und jetzt gibt es niemanden, der Telefondienst machen möchte. Ihr wolltet keinen Telefondienst machen, sondern lieber ein kreatives Projekt. Ihr wollt nicht am Telefon sein und freundlichen Kundendienst machen gegenüber Leuten, die sich beschweren. Stellt euch jetzt vor, wie sich Leute fühlen, die acht Stunden täglich Beschwerden entgegennehmen.
In dem Moment bringt es nichts, wenn man den Telefondienst nicht macht, denn sonst geht alles ins Leere. Wir müssen die Aufgabe erledigen, die jetzt gerade erledigt werden muss. Oder angenommen, eine Mutter hat gerade ein Kind geboren. Was ist ihr Swadharma? Sie muss sich um das Kind kümmern. Es mag auch da Ausnahmen geben. Wenn jemand z.B. irgendwann das Kind zur Adoption freigegeben hat, ist das nicht notwendigerweise falsch. Es mag menschliche und zwischenmenschliche Situationen geben, wo dieses Karma, die momentane Swarupa zum Besten des Kindes ist. Wenn das Kind frühzeitig zur Adoption freigegeben wird. Aber im Normalfall muss sich die Mutter um das Kind kümmern, da nutzt es nichts, wenn sie sagt: „Ich würde aber lieber mein Englischstudium fortsetzen und lasse das Kind verhungern." Unsere Swadharma gilt es zu erfüllen und diese Swadharma ergibt sich eben aus Karma und Swarupa. Manchmal erscheint es so, als ob Karma und Swarupa entgegengesetzt sind. Das gibt es auch. Eigentlich hat man die eine Neigung, aber die Situation in der man sich momentan befindet, ist dieser Neigung entgegengesetzt. Was macht man dann? Man lernt. Nicht immer ist es einfach. Manchmal muss man die Situation ändern. Manchmal kann man schauen, wie kann ich meine Swarupa so einsetzen, dass ich bei meinem Karma mir gemäß auch noch leben kann. Und manchmal weiß man, das ist eben ein Karma, welches jetzt abzuarbeiten ist. Ob es mir liegt oder nicht, ich mache es lieber jetzt, sonst passiert es mir nächstes Jahr wieder und ich muss es dann abarbeiten.

Jetzt, nachdem Krishna diese hohen Ideale gezeigt hat, hat Arjuna eine Frage.

3. Kap. 36. Vers:
„Arjuna sprach: Aber wodurch getrieben sündigt der Mensch, selbst gegen seinen Willen, Oh Krishna, gleichsam wie durch Gewalt gezwungen."

Wir machen Fehler. Wir können uns wieder und wieder etwas vornehmen und machen dann doch immer wieder etwas Falsches. Wir müssen uns vergegenwärtigen, dass Arjuna das nicht als junger Aspirant sagt, sondern als jemand, der viele Jahre Erfahrung hat. Er hat hohe ethische Ideale und merkt, er schafft es nicht, sie einzuhalten.

3. Kap. 37. Vers:
„Krishna sprach: Es ist der Wunsch, es ist der Zorn, entstanden aus der Eigenschaft Rajas, allesverzehrend und maha-papma sündenvoll; erkenne dies als den Feind hier (in dieser Welt)."

Er sagt hier etwas Ähnliches, wie er schon mal im zweiten Kapitel gesagt hat. Aus Wunsch und Ärger, welche rajassig und alles verzehrend sind, entstehen Sünden. Wir kommen in Probleme. Vorher hat Krishna uns noch gelehrt, wie überhaupt Zorn entsteht. Erst kommt ein Gedanke, dann eine Verhaftung, dann kommt ein Wunsch und aus dem Wunsch folgt Ärger, wenn der Wunsch nicht erfüllt wird. Wunsch und Zorn hängen zusammen.

3. Kap. Vers 38:
„So wie Feuer von Rauch verhüllt ist, ein Spiegel von Staub und die Leibesfrucht vom Mutterschoß, so ist Dies verhüllt von jenem."
„Jenes" sind „Wunsch und Ärger" und „Dieses" ist „Brahman". Solange wir Wünsche und Ärger haben, so lange sehen wir kein Brahman.

3. Kap. Vers 39:
„Oh Arjuna, die Weisheit ist verhüllt von diesem ständigen Feind des Weisen in Gestalt des Wunsches, der so unersättlich ist wie das Feuer."

Weisheit ist verhüllt durch Wünsche und die Wünsche können wir nie ganz befriedigen. Wenn wir ein Feuer haben und Ghee hineinwerfen oder Holz, dann brennt es lichterloh. Man gießt immer mehr Öl ins Feuer. Oft ist es so, wenn man Wünsche hat und diese befriedigt, als ob man Öl ins Feuer gießt. Unsere Prakriti Swabhava können wir nicht beherrschen. Wir können nur versuchen sie zu leben. Es gibt andere kleine Wünsche bei denen es gut ist, mal nachzugeben. Dann hat man ein bisschen Ruhe davon. Aber es gibt auch die rajassigen Wünsche, über die Krishna spricht, von denen wir nicht denken sollen, wenn wir sie erfüllen, sind wir glücklich.

3. Kap. Vers 40:
„Es heißt, Sinne, Geist und Verstand wären sein Sitz; durch sie wird der Verkörperte getäuscht, da sie seine Weisheit verschleiern."

Wir alle sind weise, doch das vergessen wir öfters, da auch die Sinne auf Manas und Buddhi wirken.

Wenn Krishna von Sinnen spricht, meint er sowohl die Jnana Indriyas (die Sinnesorgane im Sinne von Wahrnehmungsorganen) als auch die Karma Indriyas (Handlungsorgane, wie z.B. Füße und Hände). Diese sind immer verknüpft mit den Wünschen. Manas natürlich auch. Wir haben den Gedanken. Zu Manas gehören auch die Emotion und Buddhi. Anschließend überlegen wir, wie kann ich zufrieden sein. Wenn wir einen Wunsch haben, dann überlegen wir sofort, wie wir uns diesen erfüllen können.

3. Kap. Vers 41:
„Deshalb beherrsche erst die Sinne, Oh Bester der Bharatas (Arjuna), und töte so dies Sündhafte, das Erkenntnis und Verwirklichung zerstört."

Für uns klingt das wie eine etwas brutale Ausdrucksweise. Wir müssen uns aber daran erinnern, was Arjuna vom Beruf her ist, nämlich Krieger. Deshalb versteht er die Ausdrucksweise des Tötens. Wir leben heute mehr in der Terminologie der westlichen Psychologie, die nicht vom Töten sprechen würde, sondern eher von Beherrschen, Transformieren oder Sublimieren. Man könnte also heute eher übersetzen: „Und überwinde so das Negative, das Erkenntnis und Verwirklichung verdeckt".

Ich werde oft gefragt, ob da nicht die Gefahr der Selbstverleugnung besteht, wenn man hohe Ideale hat und infolgedessen sagt: „Ich brauche das doch alles nicht." Und sich gleichzeitig ganz tief in sich selbst das trotzdem wünscht. Hier ist es wichtig zu unterscheiden zwischen Prakriti bzw. Svabhava und Raga/Dvesha. „Raga", „Dvesha" bedeuten „Mögen" und „Nichtmögen". Wünsche kann man beherrschen. Aber was tiefer in einem angelegt ist, das sollte man leben. Das kann man nicht beherrschen. „Was würde da Unterdrückung nützen?" fragt Krishna einige Verse zuvor. Letztlich bleibt immer die Frage übrig: „Wie unterscheide ich das eine vom anderen? " Wir können es nur über Versuch und Irrtum lernen. Krishna sagt gegen Ende der Bhagavad Gita (XVIII): „Sarva-dharman Parityajya mam ekam saranam vraja aham tva sarva-papebhyo moksayisyami ma sucah".„(Nachdem du alles abgewogen hast und zu einer Entscheidung gekommen bist), gib alle Vorstellungen von Richtig und Falsch auf und gib dich ganz Gott hin. Er wird dich von allen Sünden befreien". Wir wissen es oft nicht ganz sicher, was unsere Aufgabe ist. Wir müssen alles abwägen anhand verschiedener Kriterien und dann eine Entscheidung treffen. Wenn wir feststellen, dass es uns nicht gelingt, einen Wunsch zu transformieren, dann können wir überlegen, wie wir genau diesen Wunsch auf sattwige (reine) Weise erfüllen können. Wenn wir uns nicht ganz sicher sind, dann müssen wir uns irgendwie entscheiden und es dann Gott widmen. Krishna sagt, wenn wir es Gott widmen, dann machen wir nichts Falsches. Und selbst wenn es sich nachher als falsche Entscheidung zeigen sollte, war es dadurch, dass wir es Gott dargebracht haben, doch nicht falsch.

3. Kap. Vers 42:
„Es heißt, die Sinne sind dem Körper überlegen; Manas (das Denkprinzip) ist den Sinnen überlegen; Buddhi (die Unterscheidungskraft) ist dem Manas überlegen; Es (das Selbst) ist sogar der Buddhi überlegen."

Wie können wir jetzt überhaupt irgendetwas beherrschen? Zuerst müssen wir tief von innen heraus, von einer tiefen Intuition, spüren, dass es um etwas Höheres geht. Von da aus können wir dann unsere Buddhi steuern und fragen: „Wer bin ich und was ist das Richtige?"
Über Buddhi können wir dann Manas, das, was wir sonst denken und fühlen, beherrschen. Mit Manas können wir dann unsere Sinnesorgane steuern und mit den Sinnesorganen und den Handlungsorganen steuern wir dann den Körper.

3. Kap. Vers 43:
„Erkenne also Das, was dem Verstand überlegen ist, sei durch das Selbst beherrscht, und dann töte, Oh mächtig bewaffneter Arjuna, den schwer zu schlagenden Feind in Gestalt des Wunsches."

Mit diesen Worten gibt uns Krishna erneut Richtlinien an die Hand. Um überhaupt die Sinne und die Wünsche beherrschen zu können, ist es zunächst einmal wichtig, Zugang zum Selbst zu finden. Wenn wir uns mit dem Körper und mit unseren Emotionen identifizieren, dann ist es schwierig die Sinne zu beherrschen. Dann stellen wir fest, dass wir doch irgendwie unsere Wünsche sind. Sie sind unsere Verwandten. Wie können wir sie da bloß überwinden? Das ist dann sehr schwierig. Wenn wir uns aber mit unserem Selbst identifizieren und erkennen: „Ich bin SAT-CHID-ANANADA und die Wünsche die da sind, das bin nicht wirklich ich. Sie sind nur auf mich aufgesetzt. Irgendwie habe ich sie von meinen Eltern, von der Gesellschaft." Dann haben wir die Grundlage zur Beherrschung aus dem Selbst heraus gelegt und das führt dann auch nicht zu Frustrationen, da es etwas Äußeres ist, was ich nicht bin. Und dann können wir die feindlichen Wünsche beherrschen. Wir sollten aber nicht vergessen, dass Krishna von rajassigen Wünschen gesprochen hat. Er sagte es wären die Wünsche und der Zorn, die aus Rajas geboren wären.
Es gibt auch sattwige Wünsche, die wir nicht sofort versuchen müssen zu überwinden. Die sattwigen Wünsche können wir leben ohne an ihnen zu haften oder uns mit ihnen zu identifiziere. Manchmal können wir auch versuchen, das, was rajassig ist, auf sattwige Weise zu leben.

So endet in den Upanishaden der glorreichen Bhagavad Gita, der Wissenschaft vom Ewigen, der Schrift über Yoga, des Dialoges zwischen Shri Krishna und Arjuna das dritte Kapitel mit dem Namen: Karma Yoga.

Kapitel 4: Der Yoga der Weisheit

4. Kap. Verse 1-3:
„Krishna sprach: Diesen unvergänglichen Yoga lehrte ich Vivasvan; er gab ihn an Manu weiter. Manu berichte Ikshvaku davon. Die königlichen Weisen kannten diesen Yoga, der in direkter Folge weitergegeben worden war. Durch eine lange Unterbrechung war dieser Yoga hier verloren gegangen, Oh Parantapa. So habe Ich dir heute diesen uralten Yoga gelehrt, denn du verehrst Mich und bist Mein Freund; er ist das höchste Geheimnis."

Krishna sagt Arjuna, dass das, was er ihn eben gelehrt hat, nichts Neues ist. Er hat es schon andere gelehrt. Diese Aussage machen die meisten Weisen. Ein wirklicher selbstverwirklichter Mensch wird selten sagen, dass er etwas grundlegend Neues bringt. Die ältesten Schriften sind die Veden. Die Upanishaden, als Teile der Veden, enthalten eigentlich schon alles Wissen. Das widerspricht natürlich etwas dem westlichen Fortschrittsglauben. Wir nehmen an, wir sind klüger als unsere Eltern. Unsere Eltern haben angenommen, sie wüssten mehr als unsere Großeltern. Und diese waren ganz davon überzeugt, dass sie mehr wussten als die Urgroßeltern usw. D.h. wir sind um vielfaches klüger als die Menschen vor 1000 Jahren. Aber wenn wir die uralten Upanishaden lesen stellen wir fest, dass da das höchste Wissen schon enthalten ist. Auch Jesus selbst hat gesagt:
„Ihr sollt nicht meinen, dass ich gekommen bin das Gesetz oder die Propheten aufzulösen; ich bin nicht gekommen, um aufzulösen, sondern zu erfüllen", Matthäus (5, 21-26).
An manchen Stellen in der Bibel gebraucht er zwar Formulierungen wie:
„Ihr habt gehört, dass gesagt worden ist 'Auge für Auge, Zahn für Zahn'. Ich aber sage euch: Leistet dem, der euch etwas Böses antut, keinen Widerstand, sondern wenn dich einer auf die rechte Wange schlägt, dann halt ihm auch die andere hin". Matthäus (5, 21-26)
So scheint er etwas Neues zu sagen. Aber tatsächlich ist selbst das ist nichts Neues. In den Qumram Schriftrollen hat man Beweise gefunden, dass Jesus diese Dinge auch nicht als erster gesagt hat, sondern alte Weisheitsworte gelehrt hat. Krishna sagt die Lehren der Bhagavad Gita auch nicht als Erster. Hier erkennen wir einen Unterschied zwischen dem westlichen und dem östlichen Denken. Im westlichen Denken spricht man oft von „Religionsgründern", die ganz allein die Grundlagen einer Religion gelegt haben. In der Realität gibt es eigentlich keine Religion, die wirklich von einem Gründer/Stifter gegründet worden ist. Viele sagen, Jesus hätte das Christentum begründet. So ganz stimmt das aber nicht. Die meisten Jesusworte gab es schon vorher. Jesus war auch nicht dafür verantwortlich, wie das Christentum heute ist. Paulus ist, mindestens nach Meinung vieler Theologen, erheblich einflussreicher gewesen für die christlichen Lehren als Jesus selbst. Die Paulusbriefe sind für die heutige Interpretation des Christentums oft wichtiger als die Aussage der Evangelien selbst.

Ich möchte hier christliche Leser um Verzeihung bitten. Ich meine, wie viele Pfarrer auch: Es ist gut, sich der historischen Tatsachen bewusst zu sein. Man kann ja auch die historischen Entwicklungen als inspiriert durch den Heiligen Geist sehen, und so die Bibel auch trotz Kenntnis der historischen Entwicklungen als Heilige Schrift ansehen (wie ich es tue). So steckt in jeder spirituellen Tradition immer eine Abfolge von verschiedenen Meistern. Und es heißt, es gibt auch eine Abfolge von Gottinkarnationen wie Jesus und Krishna. Diese sind nochmals etwas anderes als Meister und Heilige wie Paulus, Vivekananda oder Laotse. Letztlich ist die Wahrheit in allen spirituellen Traditionen überall ähnlich und im Tiefsten Inneren auch gleich. Wir sollten uns aber immer bewusst sein, dass der Denkansatz der Einheit aller Religionen ein yogischer Denkansatz ist. Wenn ihr mal in den Dialog mit manchen Christen tretet, solltet ihr Euch dessen bewusst sein. Viele Christen gehen davon aus, dass die Weltreligionen nicht im Wesentlichen gleich sind. Manche Christen werfen den fernöstlichen Religionen vor, dass sie die Aussprüche von Jesus vereinnahmen würden. Sie werfen den fernöstlichen Religionen Buddhismus und Hinduismus vor, einen unzulässigen Einheitsbrei schaffen zu wollen. Auch diesen Glauben muss man anerkennen und dessen muss man sich bewusst sein. Aber wenn man als Yogi die Bibel liest, wird man ständig an die Aussagen der Yogaschriften erinnert. Ich muss zugeben, ich finde eigentlich kaum Unterschiede. Letztlich sind die Unterschiede in den Interpretationen innerhalb einer Religion erheblich größer als die Unterschiede zwischen den Religionen, meine ich. Mir geht es sogar im Gespräch mit christlichen Gesprächspartnern so, dass ich viele Bibelaussagen sehr viel leichter verstehen und annehmen kann als der betreffende Gesprächspartner. Manchmal, wenn ich in Gottesdienste gehe und der Pfarrer dann predigt, dann windet er sich manchmal so unter dem, was er vorlesen muss. Als Yogi denkt man: „Es gibt da doch eigentlich keine Schwierigkeit. Wenn man ein bisschen was vom Feinstofflichkeit und Karma und Einheit von allem versteht, ist es doch ganz offensichtlich. Warum hat er so große Schwierigkeiten damit? Warum windet er sich so?"

Aber ihr müsst euch bewusst sein, dass die Vorstellung der Einheit aller Weltreligionen letztlich eine östliche Vorstellung ist, die es im Osten schon immer gab und die man schon in den Upanishaden findet: Es gibt eine Wahrheit, aber viele Weisen sie zu sehen und viele Wege, sie zu erreichen. In den Worten eines von Swami Vishnu-devananda geschriebenen Liedes: „Der Namen sind viele, aber Gott ist eins. Liebe deinen Nächsten wie dich selbst. Der Wege sind viele, aber Wahrheit ist eins. Liebe deinen Nächsten wie dich selbst."

Krishna erklärt uns, dass er nichts Neues erzählt, und dass er sich immer wieder inkarnieren wird. Arjuna versteht das zunächst einmal nicht, bzw. er nimmt es wörtlich:

4. Kap. Vers 4:
„Arjuna sprach: Du wurdest später geboren und die Sonne ist vor Dir entstanden; wie soll ich verstehen, dass Du am Anfang diesen Yoga gelehrt hast?"
Arjuna versteht Krishna nicht. Er denkt, Krishna wäre erst 60 Jahre alt.

4. Kap. Verse 5-6:
„Krishna sprach: Viele Geburten liegen hinter Mir; genauso wie es bei dir der Fall ist, Oh Arjuna; Ich kenne sie alle, aber du kennst sie nicht, Oh Parantapa (der die Feinde verbrennt). Obwohl Ich ungeboren bin, unvergänglich und der Herr aller Wesen, werde Ich doch durch meine Maya geboren, da Ich Meine Natur beherrsche."

Krishna versucht Arjuna das Geheimnis eines Avatars zu erklären. Er verdeutlicht Arjuna, dass es einen Unterschied zwischen einer Inkarnation und einer Reinkarnation gibt. Wir Menschen reinkarnieren uns. Warum inkarnieren wir uns? Weil wir noch Karma haben, das wir abarbeiten müssen. Außerdem haben wir Vasanas, Wünsche. Wir müssen noch viel lernen um zur Selbstverwirklichung, zum wahren Wissen, zu Jnana zu kommen. Im weiter gefassten Karmabegriff sind Vasanas und Unwissenheit enthalten. Aber es gibt trotzdem noch einen Unterschied zwischen Karma und Vasanas. Beim weiter gefassten Karmabegriff heißt es, wenn wir irgendetwas stark wünschen, dann muss es sich irgendwann einmal manifestieren und dann ist es in unserem Karma, in unserem Sanchita Karma, drinnen. Aber selbst wenn der Wunsch zunächst noch nicht so stark ist, wenn er schon Früchte getragen hat, haben wir Wünsche, die uns von der Verwirklichung abhalten und um sie befriedigen zu können, brauchen wir erneut einen Körper. Manchmal fragen mich Teilnehmer, wo denn die Wünsche herkämen. Sie müssten doch eigentlich im Karma schon manifest sein. Ich antworte dann immer: „Ja, das stimmt schon. Aber Karma ist das, was wir in dem Moment, wo wir auf die Welt kommen, haben. Dort tragen wir schon eine Menge von Aufgaben mit uns, die wir alle in dieser Welt erleben müssen. Aber nicht alles ist schon so konkret ausformuliert. Manches ist einfach als Bijas, als Samen der Wünsche in uns angelegt. Natürlich kommen wir mit unserem Astralkörper zu den Samen unserer Wünsche hin und diese Wünsche wollen sich dann manifestieren und schaffen sich ihr Karma, um sich erfüllen zu können. Deshalb leben wir."

Und warum kommt nun Gott auf diese Welt? Zunächst einmal ist er ungeboren. Er ist unvergänglich und er ist der Herr aller Wesen. Er steuert das ganze Universum. Und er beherrscht die ganze Natur. Die ganze Welt ist seine Natur. Warum sollte er sich dann überhaupt noch konkret manifestieren? Wenn er sowieso alles ist, der Herr aller Wesen und der Beherrscher der Natur. Er bleibt immer ungeboren. Letztlich bleibt es ein Mysterium. Wir wissen nie genau warum er sich immer wieder manifestiert und auch Krishna erklärt es uns nicht ganz hundertprozentig. Er sagt folgendes im nächsten Vers:

4. Kap. Verse 7-8:
„Immer dann, wenn Dharma (Rechtschaffenheit) verfällt, Oh Arjuna und Adharma wächst, manifestiere Ich Mich. Um die Guten zu schützen, die Bösen zu vernichten und Rechtschaffenheit zu errichten, werde Ich in jedem Zeitalter geboren."

Ein Avatar inkarniert sich in jedem Zeitalter, um Dharma zu erhöhen und Adharma zu reduzieren, Gute zu schützen und Böse zu vernichten.
Im 10. Vers des 3. Kapitels hatte ich als ein biologisches Beispiel den Körper und seine Zellen gebraucht. Das kann man auch auf den Avatar übertragen. Normalerweise bekämpft unser Körper ständig irgendwelche Krankheitskeime. Im Winter gibt es immer wieder Erkältungswellen und in der Luft, in der Atmosphäre und an den Türklinken sind alle möglichen Bakterien. Zu der Zeit ist das Immunsystem von jedem Einzelnen aktiv. Bei den meisten Menschen ohne, dass sie es merken. Wenn wir in der Nähe von irgendjemandem sind, der eine Erkältung hat, dann werden wir automatisch mit diesen Viren konfrontiert. Noch dazu, wenn wir auf eine Türklinke drücken und uns danach die Augen wischen oder Brot essen usw. Im Normalfall überwältigt der Körper diese Viren ohne, dass wir irgendetwas davon mitbekommen. Die Zellen erfüllen ihre Aufgaben. Die Intelligenz des Körpers überlässt es dem Körper ganz bewusst, sich zu heilen. Dagegen, wenn die Erkältung jetzt weiter fortgeschritten ist, man hustet, heiser oder müde ist, die Nase verstopft hat oder Fieber bekommt, dann wird man aktiv diese Erkältungssymptome bekämpfen. Man kann homöopathische Mittel einnehmen, Dampfbäder machen oder inhalieren. Wir greifen bewusst in die Heilung unseres Körpers ein und sind somit wie ein Avatar für unseren Körper. Wir manifestieren uns als Avatar, um die guten Kräfte in uns zu stärken und die bösen Kräfte zu vernichten. Wenn es eine bakterielle Lungenentzündung ist, ist es wahrscheinlich angebracht Antibiotika zu nehmen. Das ist dann vom Standpunkt des Körpers aus betrachtet für ihn wie ein Wunder, wenn die Abwehrzellen mitbekommen, wie die Antibiotika die bösen Zellen vernichten. Plötzlich kommt, ohne dass man es versteht, göttliche Hilfe und die bösen Stoffe werden, zumindest zu einem Teil, umgebracht, so dass die Abwehrzellen danach leichtes Spiel haben mit den übrig gebliebenen bösen Zellen.
Genauso ist es, wenn die Abwehrzellen gerade dabei sind, einen gemütlichen Kampf zu machen und der Mensch plötzlich ein heißes Bad nimmt. Die Körpertemperatur steigt obwohl der Körper gar nichts dafür getan hat, dass die Körpertemperatur steigt und nun denken die Abwehrkräfte: „Okay. Toll, wir versuchen uns ein bisschen zu vermehren und anscheinend bekommen wir Unterstützung. Irgendjemand meint es gut mit uns. Ein göttlicher Avatar ist gekommen und der hilft uns jetzt die anderen zu vernichten.“

Ich hatte ja mal das Beispiel des Krebses gebraucht, bei dem die Abwehrzellen versuchen die Krebszellen zu vernichten. Die Krebszellen wehren sich aber erfolgreich dagegen und werden deshalb eingekapselt. Sie breiten sich aber trotzdem weiter aus. Die anderen Zellen wissen nicht, was passiert. Plötzlich wird der Körper aufgeschnitten, der Tumor herausoperiert. Die Abwehrzellen verstehen die Welt nicht mehr. Sie haben jahrelang versucht, dieses Krebsgeschwür loszuwerden und plötzlich ist es weg. Sie erleben das wie ein Wunder, wie ein Avatar.

Manchmal kann sich der Avatar so manifestieren, dass er die Abwehrkräfte des Körpers selbst stärkt. Manchmal kann es sein, dass er sich wie zusätzliche Zellen manifestiert.

Antibiotika sind Lebewesen, sind zusätzliche Zellen. Und solche Wunder geschehen tatsächlich immer wieder. Immer dann, wenn es erscheint, als ob alles irgendwie kaputt geht, erscheint Gott wieder als Avatar. Nur wann genau der Zeitpunkt ist, dass wissen wir nicht.
Aber Krishna sagt: „Immer wenn Dharma verfällt und Adharma stark wird, dann manifestiere ich mich.“ Wir können auch davon ausgehen, dass Gott einen gewissen Gang des Universums vorgesehen hat. Gleichzeitig hat er aber auch Lebewesen geschaffen, die eine gewisse Willensfreiheit haben und ihren Willen zum Guten oder zum Schlechten einsetzen und damit den Gang des Universums verändern können. Diese Lebewesen können sich auch an die Naturgesetze anpassen oder nicht anpassen. Wenn sie sich nicht anpassen, inkarniert Gott sich wieder. So wird er in jedem Zeitalter wieder geboren. Unter dem Begriff „Zeitalter“ könnte man jetzt die Einteilung nach Yugas verstehen, das hieße dann: Alle paar hundert (oder Tausend) Jahre inkarniert sich ein Avatar.
In der Bhagavatam werden zehn Hauptavatare aufgezählt, nämlich:
Matsyavatar (Fischavatar), Kurmavatar (Schildkrötenavatar), Vamanavatar (Zwergavatar), Narasimha (der Menschlöwe), Varahavatar (Eberavatar), Parashurama, Ikshvaku Rama (Rama, den wir aus der Ramayana kennen), Krishna, Buddha und Kalki.

Was bedeuten jetzt diese Avatare? Darüber gibt es unterschiedliche Interpretationen. Manche Interpreten sagen, dass sie die Evolutionen des Lebens darstellen: Das Leben hat im Wasser begonnen. Dafür steht Matsya, der Fischavatar. Dann hat Gott eingegriffen. Und der Schildkrötenavatar inkarnierte sich. Er symbolisiert sozusagen den Übergang vom Meer auf das Land. Auf dem Land inkarnierte sich dann der Eberavatar. Er steht für die ersten Säugetiere. Dann inkarnierte sich Narasimha, der halb Mensch und halb Löwe war. Er steht für den Übergang der Säugetiere zu den Primaten. Der Zwergavatar steht für die Primaten und den Übergang von den Affen zum Menschen. Parashurama gilt als der erste Bauer, steht also symbolisch dafür, dass aus dem Jäger und Sammler der Steinzeit ein Landwirtschaftsmensch wird. Ikshvaku Rama als nächste Inkarnation kann man als Begründer des modernen Staatswesens sehen. Nach ihm inkarniert sich mit dem Beginn der Moderne Krishna. Krishna symbolisiert die Entwicklung von Künsten, Weisheit und Liebe. Krishna soll um 3227 v. Chr. zu Beginn des Kaliyugas gestorben sein. *Kaliyuga* heißt „dunkles Zeitalter“. Interessanterweise datieren unsere Historiker um 3000 v. Chr. den Beginn der Hochkulturen. Sie würden niemals behaupten, dass 3000 v. Chr. das dunkle Zeitalter begonnen hat, sondern eigentlich hat für sie um 3000 v.Chr. die Hochkultur begonnen. Zu dieser Zeit wurden die ersten größeren Städte gebaut. Vorher gab es höchstens kleinere Siedlungen, Dörfer und Kleinstädte. Um 3000 v.Chr. entstanden große Städte, systematische Bewässerungssysteme und größere Staatssysteme. Die Zeit der Inkarnation von Krishna gilt als eine besondere Wendezeit. Sie wird allerdings als dunkles Zeitalter interpretiert. Eine interessante Parallele ist, dass die Christen des Mittelalters glaubten, Gott habe 3.500 v. Chr. die Welt geschaffen.

Auf Krishna folgte Buddha. Buddha lebte um 500 v. Chr. Es gab einen deutschen Philosophen namens Karl Jaspers, der die Zeit des 6. Jahrhunderts als die Achsenzeit bezeichnete. Er nannte es den Beginn des philosophischen Zeitalters. In China lebten Lao Tse und Konfuzius, in Indien Buddha, Mahavira. Es entstanden die späteren Upanishaden. In Griechenland wirkten große Philosophen, wie Thales, Heraklitt und Pythagoras und in Persien Zarathustra.

Als nächste Inkarnation nach Buddha soll Kalki sich inkarnieren. Was dieser genau bewirken wird, wissen wir heute noch nicht. Von Kalki wird gesagt, dass er auf einem metallenen, Feuer spuckenden Vogel reiten würde, von dem aus alles Negative vernichtet werden würde. Kalki soll sich allerdings erst in ein paar Tausend Jahren inkarnieren.

Man könnte die zehn Avatare als die zehn Stufen der Evolution der Entwicklung des Lebens betrachten. Jede Stufe wurde mit Gottes Hilfe erschaffen. Das widerspräche der Darwinschen Evolutionstheorie, dass nämlich die Evolution ohne göttliches Eingreifen über Genmutationen und dem Prinzip „Survival of the Fittest" geschieht. Die Theorie der zehn Avatare sagt, dass Gott immer wieder in die Evolution eingreift, damit die Evolution einen nächsten Sprung machen kann. Übrigens haben auch moderne Biologen festgestellt, dass sich die Arten nicht schrittweise entwickelt haben, sondern es immer wieder Sprünge in der Entwicklung gibt. Das können sie bis heute immer noch nicht ganz erklären. Bis heute wird versucht es damit zu erklären, dass man behauptet, es gebe immer wieder genetische Variationen. Mal kommen Menschen mit drei Armen, vier Armen, drei Beinen, Magen unten, Magen oben usw. auf die Welt. Die Mehrheit der Menschen kommt mit zwei Armen und Beinen auf die Welt. Aber ab und zu mal gibt es diese Varianten und wenn diese Varianten besser sind für das Leben, dann überleben sie und pflanzen sich fort. In den meisten Fällen sind sie nicht besser für das Überleben und sterben deshalb schnell aus. Wenn sie besser wären, würden sie sich in der Evolution durchsetzen und eine neue Art würde entstehen.

Schwierig wird es vor allen Dingen, wenn man z.B. die Erfindung von Flügeln betrachtet. Wenn man davon ausgeht, die Flügel hätten sich schrittweise entwickelt, funktioniert diese Theorie nicht. Mit einem halben Flügel oder gar nur einem viertel Flügel kann niemand fliegen. Der Flügel muss voll ausgebildet und ausgebreitet sein, dass er irgendeinen Sinn macht. In der Evolution findet man meines Wissens keine Zwischenwesen mit einem Viertelflügel, an dem vielleicht erst einmal nur drei Federn dran sind. In fossilen Funden sind Flügel entweder ganz oder gar nicht da.

Die Biologen selbst geben zu, dass es nicht so ganz einfach zu erklären ist. Man kann es nur mit großen Sprüngen erklären, die zufällige Varianten darstellen. Aber ich meine, man kann die Darwinsche Evolutionstheorie durchaus verbinden mit der Vorstellung von Gottes Steuerung der Schöpfung. Ähnlich tut es ja die amerikanische Theorie des „Kreationismus", der aber seine eigenen Schwierigkeiten hat.

Die „Bhagavatam“ (eine andere indische Schrift) kennt nicht nur die zehn Hauptavatare, sondern sie kennt auch 22 Nebenavatare. Es heißt, Gott kann sich auch teilweise inkarnieren und wirkt dann darauf hin, die Welt zum Guten zu bringen. In diesem Sinn haben die Inder überhaupt kein Problem, Jesus als einen göttlichen Avatar inmitten von vielen anderen Avataren anzuerkennen. Die Christen halten Jesus für einzigartig. Mit dieser Vorstellung sind sie wiederum einzigartig. Juden und Moslems glauben nicht daran, dass sie die einzigen sind, die das Heil erreichen. Mit der jeweils richtigen Religion sei es leichter das Heil zu erreichen, aber mit der „falschen“ Religion sei es ebenfalls möglich. Moslems gehen davon aus, dass es viele andere Propheten vor Mohammed gab. Allerdings sehen sie Mohammed als den letzten Propheten an. Es soll kein neuer Prophet mehr folgen. Dies macht wenig Sinn: Wie ist das in einer Million Jahren, in 10 Millionen Jahren, in 1 Milliarde Jahren? Angenommen es gibt dann noch intelligente Wesen: Müssen sie sich dann auf einen Propheten vor 10 Millionen Jahren berufen? Diese Glaubensvorstellung hängt mit der Weltanschauung zusammen, die zur Zeit Mohammeds vorherrschte: Es wurde davon ausgegangen, dass das Ende der Welt nahe bevorsteht. Auch im Christentum ist das bekannt. Viele evangelischen Theologen sagen, dass die Jünger Jesu davon ausgingen, dass noch zu ihrer Lebenszeit die Welt unterginge. Die Frühchristen mussten dann damit umgehen, was als „Eschatologie-Verzögerung“ (Verzögerung des Weltuntergangs) bezeichnet wird. Jesus sagt ja an einigen Stellen in der Bibel: „Ihr werdet noch zu Lebzeiten das Herabkommen des Königreichs Gottes erleben.“ Und er sagt auch: „Noch zu euren Lebzeiten werde ich wiederkommen.“ Und so haben die Christen angenommen, dass noch zu ihren Lebzeiten die Erde praktisch vergeht und das Göttliche Zeitalter, das Himmlische Jerusalem, eingerichtet wird. Nachdem das nach ein paar Jahrzehnten immer noch nicht geklappt hat, musste man mit dieser Verzögerung leben. Immer wieder wurde angenommen, dass demnächst der Weltuntergang bevorstehe. 1000 n. Chr. haben infolgedessen Klöster riesige Ländereien geschenkt bekommen. Man hat angenommen um 1000 n. Chr. käme das Himmlische Gericht auf Erden herab.

So gab es auch Frühchristen, die Kommunisten waren. In manchen Gemeinden konnte man nur Christ werden, wenn man sein gesamtes Eigentum der Gemeinde überschrieb. In vielen christlichen Gemeinden war das üblich. In dem Glauben, dass man sowieso demnächst allen Besitz verliert (weil ja der Weltuntergang kommen würde), fiel es den Menschen leicht, vorher alles an die Gemeinde zu überschreiben. Denn so würde man dann leichter in den Himmel kommen.

Diese Endzeitprophezeiungen, die in der Bibel, besonders in der Johannesoffenbarung, manifest beschrieben werden, sorgen dafür, dass in jeder Generation einige Christen (und Moslems und Juden) denken, dass das, was in den Heiligen Schriften als Weltuntergangsszenario beschrieben wird auf ihr jeweiliges Zeitalter bezogen ist. Vor dem Hintergrund dieser historischen Zukunftsverkürzung kann man dann auch verstehen, wie Extremismus in diesen Religionen und der Alleinvertretungsanspruch zustande kommen. Währenddessen haben Religionen wie Hinduismus, Buddhismus,

Taoismus, schon immer in Jahrmillionen, in Äonen gedacht. Sie glauben, selbst wenn die Welt mal zugrunde geht, es irgendwann später mal eine Neue gibt. Daher macht es keinen Sinn, dass in einem Universum, das Jahrmilliarden und noch viel länger dauert, sich Gott sich nur einmal inkarniert.
Krishna sagt also, dass er sich in jedem Zeitalter, letztlich überall wieder inkarniert, um diese höchste Weisheit wiederzugeben, um die Menschen zu lehren. Seine Lehren hat er auch an Ishvaku weitergegeben, der sie Manu und anderen gelehrt hat. Auch Patanjali spricht im Yoga Sutra davon, dass Iswhara, Gott, der ursprüngliche Lehrer von allen Lehrern ist. Und es heißt dann auch, angenommen unsere Zivilisation bekäme eine neue Diktatur, es gäbe einen neuen Materialismus und die Verehrung Gottes würde verboten werden und in drei Generationen würde niemand mehr an Gott glauben, dann würde sich wieder ein neuer Avatar, eine Inkarnation manifestieren. Selbst wenn alle Schriften vernichtet werden, würde Gott wird sich wieder manifestieren, die alten Lehren neu verkünden, und den Menschen die Weisheit beibringen. Ob dabei auch Asanas und Pranayama wären, weiß man natürlich nicht... Es gibt ja viele verschiedene Praktiken, die alle zur Verwirklichung führen.
Auch heutzutage wird von einigen Menschen behauptet oder sie sagen von sich selbst, sie wären Avatara. Heutzutage gibt es einen inflationären Gebrauch des Begriffs Avatar. Dies hängt damit zusammen, dass Inder ihre Meister ganz besonders verehren. Sie neigen zu Übertreibungen. Das größte, was ein Mensch sein kann, ist eben ein Avatar. Und so gibt es zurzeit wahrscheinlich 20 oder 30 indische Meister, die von ihren Schülern als Avatar bezeichnet werden. Sai Baba, Amritananda und Mutter Mira werden als solche bezeichnet.
Legt man Krishnas Definition von Avataren zugrunde, dann sind diese drei keine Avatare. Sie sind nicht auf die Welt gekommen, um die Bösen zu vernichten und die Guten zu schützen. Ammachi mag Tausende von Schülern haben, aber man darf nicht glauben, dass sie eine solche übergeordnete Bedeutung hat, wie Krishna den Avataren zuschreibt. Oder auch Satya Sai Baba, der von sich selbst sagt, er sei der Avatar. Er mag ein paar Millionen Schüler haben, aber dass er wirklich den Gang der Weltgeschichte verändert, kann man nicht von ihm behaupten.

Swami Venkateshananda ein Schüler von Swami Sivananda hat mal gesagt, dass die Avatare immer die Charakteristika des betreffenden Zeitalters annehmen. In unserem Zeitalter sei die vielleicht großartigste Erfindung die Demokratie. Deshalb würde es auch in unserem Zeitalter keinen einzelnen Avatar geben, sondern Gott würde sich gleichzeitig demokratisch an verschiedenen Stellen manifestieren als Avatar. So könnte man die vielen verschiedenen sogenannten Avatare heute erklären.

Man kann 3 Arten von Avataren unterscheiden:
Bhava Avatar,
Amsa Avatar,
Purna Avatar.

In beschränktem Sinne können viele Menschen kleine Avatare sein. Wir können uns alle bemühen, dass Gott herabkommt, durch jeden einzelnen von uns.

Ein Purna Avatar ist im engeren Sinne eine vollständige Herabkunft Gottes. Krishna gilt als der besondere Purna Avatar. Dann gibt es die fast vollständigen Purna Avatare, also die echten Avatare, welches die zehn zuvor genannten sind. Es kann natürlich auch noch andere in anderen Teilen der Welt geben.
Und dann gibt es Amsa Avatare, d.h. Gott kommt in einem Teil seiner Großartigkeit auf die Welt. Vyasa gilt als ein Amsa Avatar. Shankaracharya gilt als ein Amsa Avatar von Shiva. Gott verhüllt sein eigenes Wissen, geht teilweise in Avidya hinein und hat auch nur Teile der Kräfte Gottes. Von Amsa Avataren heißt es, sie kämen nicht auf die Welt, weil sie Karma usw. hätten, sondern aus Dharma heraus. Allerdings definieren die Inder selten etwas 100% eindeutig. Es heißt z.B. auch, dass es Amsa Avatare mit eigenem Karma gibt, die bei ihrer Inkarnation noch zusätzlich göttliche Kraft bekommen. Vyasa soll ein solcher Avatar sein. Mit Gottes Hilfe hat er die Veden, Puranas, Kommentare zu den Brahma Sutras, zum Yoga Sutra und diversen anderen schreiben können.

Im ganz weiten Sinne könnten wir sagen, dass wir alle wie ganz kleine Amsa Avatare sind, wenn wir uns zu Instrumenten von Gott machen. Und wenn es bis heute von indischen Meistern heißt, sie seien Avatare, dann sind sie eben Amsa Avatare (Avatare mit eigenem Karma und göttlicher Kraft).
Neben den Amsa Avataren gibt es noch die Bhava Avatare, welche in Südindien weit verbreitet sind. Das sind solche, die sich in ekstatische Zustände begeben und dann nicht mehr sie selbst sind. Wenn sie in ekstatischen Zuständen sind und sprechen, heißt es, Gott spreche durch sie. Es ist vergleichbar mit Channeling, nur dass dann kein Geist durch sie hindurch spricht, sondern ein Aspekt Gottes. Besonders oft sprechen Durga und Sharavanabhava durch diese Avatara.
Von Amritananda wird gesagt, sie wäre ein Bhava Avatar. Normalerweise ist sie eigentlich ein Mensch. Aber wenn sie in den Devi Darshan geht, dann heißt es, dass sie nicht mehr sie selbst ist, sondern dann wirkt die Durga durch sie hindurch.

Swami Vishnu hat uns immer vom Channeling abgeraten. Wir sollten keinen Kontakt zu den Verstorbenen aufnehmen, sondern nur Om Tryambakam für sie singen und sie loslassen, weil wir nicht wissen würden, welchem Geist wir sonst zum Opfer fallen würden. Trotzdem war das bekannteste Channelmedium seine Schülerin.

Durch Bhava Avatare können auch Engelswesen oder Lokalgottheiten sprechen. In Südindien gibt es die so genannte *Kavadi Zeremonie*. Dabei durchbohren sich die Menschen mit 108 Speeren. Die Theorie ist, dass sie in Ekstase eingehen und dann Sharavanabhava durch sie hindurch wirkt. Sie sind nicht mehr sie selbst. Sie stellen ihren Körper zur Verfügung und die Speere symbolisieren dann Nadis, Energiekanäle, die nach außen gehen, so dass Sharavanabhava dort Licht und Energie hindurchschicken kann.

Nach der Zeremonie ziehen sie die Speere wieder heraus. Es fließt kein Blut und am nächsten Tag sieht man keine Wunde mehr.
1983 in Berlin beim Global Village Peace Festival konnte man eine solche Zeremonie beobachten. Da war ich sogar derjenige, der dafür verantwortlich war den Malaysiern alle Artikel für die Puja zu bringen und folglich saß ich dann auch in der ersten Reihe. Dann fingen sie an zu singen. Er begann zu tanzen. Irgendwann geriet er in Ekstase, warf sich auf den Rücken und fing an wie ein Käfer mit Beinen und Armen zu zittern. Dann haben die anderen ihn festgehalten. Zwei Menschen haben seine Arme festgehalten, zwei Menschen die Beine. Er hat wild um sich geschlagen. Dann haben sie ihm die Zunge herausgezogen und ein Messer durch die Zunge hindurch gestochen. Ein weiteres durch die Wangen und ein drittes durch die Stirnhaut. Er wurde dann auf einen Hocker gesetzt und bekam 108 Speere, circa einen halben Zentimeter dick, spitz und aus Metall, durch den Körper gestochen. Sie wurden dann 3-5 cm unter die Haut gestochen. Danach ist er aufgestanden und zwei Stunden durch die Straßen von Berlin getanzt. Nach zwei Stunden fing er an, wilder zu tanzen und alle Speere sind herausgefallen und wurden eingesammelt. Dies war nicht ungefährlich. Aber es heißt, dass Sharavanabha sich darum kümmert, dass nichts kaputt geht, dass nichts passiert. Als er dann wieder normal zu Bewusstsein gekommen ist, sah er ein bisschen geschwächt aus. Aber es ist kein Blut geflossen. Am nächsten Tag ging es ihm wieder gut, er hatte keine Wunde - auch in der Zunge nicht. Kavaditräger machen diese Zeremonien regelmäßig. Sie haben festen Glauben, dass Sharavanabhava unendliche Kraft hat und den Körper immer wieder heilt.
1987 arbeitete Swami Vishnu intensiv mit der Universität von Prag zusammen, die verschiedene Forschungsarbeiten über Yoga begonnen hatte. Er hatte darum gebeten, dass der Kavaditräger, der 1983 beim Global Village Peace Festival aufgetreten war, in die Forschungsarbeiten einbezogen werden sollte. Dieser stellte sich zu Forschungszwecken zur Verfügung und bekam 108 Speere und Messer durch Zunge, Wangen und Stirn gestochen und ein EEG und ein EKG mit 30 Elektroden angelegt.
Es stellte sich heraus, dass das EEG-Gerät Werte anzeigte, als ob der Kavaditräger im Tiefschlaf wäre. Während gleichzeitig das EKG-Gerät Werte anzeigte, als würde er gerade Hochleistungssport machen.
Der Blutdruck war so hoch, dass man ihn im Normalfall als behandlungsbedürftig eingestuft hätte, aber gleichzeitig war das EEG so ruhig, als ob er gar nichts mitbekommen würde. Er hat auch nichts mitbekommen. Er tanzte, konnte sich sehr wohl orientieren, Dinge sehen und hören. Man konnte ihm Aufgaben geben, die er dann auch erledigt hat. Aber im Gehirn ist, wenn man ihm etwas gesagt hat, nichts abgelaufen. Ganz ruhige Wellen, als ob er im Tiefschlaf wäre, wenn er sich bewegt hat, oder wenn man ihn angesprochen hat, gab es keine Ausschläge. Das würde darauf hindeuten, dass sein Gehirn nichts damit zu tun hatte.
Es gibt es sehr oft, dass Menschen in anderen Bewusstseinszuständen außergewöhnliche Dinge machen.

Krishna sagt also, dass ein Avatar in jedem Zeitalter hier auf die Erde kommt. Und ich meine schon, dass wir heute in einem anderen Zeitalter sind, das sich unterscheidet von dem vor ein paar hundert Jahren. Wenn Krishna in jedem Zeitalter auf die Erde kommt, dann muss er auch in diesem Zeitalter auf die Erde kommen. Es gibt da ja diese vielen Amsha Avatare oder Meister, die als Avatare verehrt werden. In wie weit sie es tatsächlich sind oder das nur eine Übertreibung der Schüler ist, weiß man nicht. Ich sehe durchaus die Möglichkeit, dass wir in ein besseres Zeitalter hineingehen, ein sehr viel besseres Zeitalter, als die letzten Jahrtausende gewesen sind und ich sehe, dass es sogar zu unseren Lebzeiten besser werden kann. Es erscheint realistischer als jemals zuvor, dass wir in ein paar Jahren ein wahrhaft friedvolleres Zeitalter haben werden. Ich sehe es aber umgekehrt, dass wir auch in ein grässliches Zeitalter hineinschlittern können. Ein Zeitalter, das grässlicher ist, als jemals zuvor. Was zeigt die Chancen für ein besseres Zeitalter? Seit 1945 ist in den meisten Teilen Europas Frieden. Vorher hat es das noch nie gegeben, dass in den größten Teilen Europas Frieden herrscht. In Nordamerika hat es auch die letzten circa 100 Jahre keinen Krieg gegeben. Das hat es auch vorher nie gegeben, dass es auf einem ganzen Kontinent 100 Jahre keinen Krieg gegeben hat. Interessant auch: Bis jetzt hat noch kein Land mit einer demokratischen Regierung ein anderes Land mit einer demokratischen Regierung im Krieg bekämpft. Es könnte ein Konzept geben, wie Kriege dauerhaft verschwinden könnten. Das gibt Anlass zur Hoffnung. Ein weiterer Grund zur Hoffnung: jahrhundertelang gab es die Philosophie, dass es das Gute und das Böse gibt, und dass das Böse vertilgt werden muss. Diese Philosophie ist in immer breiteren Teilen der Welt überwunden worden. Selbst wenn jemand schlimme Sachen begangen hat, sogar ein Massenmörder ist, dann wird in den Zeitschriften sofort untersucht: Wieso ist so geworden? Was ist in seiner Kindheit passiert? Der Mensch hat schlimm gehandelt. Aber aus der Biografie werden Erklärungen gesucht, warum so ein Mensch, der doch irgendwie in seinem Inneren das Gute haben muss, so etwas Schlimmes getan hat. Man versucht also selbst den Schlechtesten zu verstehen und nicht zu vertilgen. Der Versuch das Schlechte zu vertilgen, ist immer der Beginn aller Kriege. Wenn diese Einstellung nicht mehr da ist, dass man das Schlechte/die Schlechten von der Erde vertilgen will, dann könnte vielleicht doch Krieg dauerhaft von der Erde verschwinden. Und wir können dazu einen gewissen Beitrag leisten. Wir können spirituelle Praktiken machen, wir können Gedanken des Friedens aussenden, wir können Menschen ausbilden, die selbst Gedanken des Friedens rausschicken. So, meine ich, haben Yogalehrer eine besondere Verantwortung: Dadurch dass Menschen Entspannung und Frieden in sich erfahren, können sie Frieden an andere ausstrahlen. Natürlich können sich die nächsten Jahrzehnte auch ganz grässlich entwickeln: Terrorismus kann ohne weiteres nach Europa kommen, es kann versucht werden, Gegenschläge zu machen, das „Böse“ zu vertilgen. Das „Böse“ kann zurückschlagen, weil es denkt, es wäre das Gute und die anderen wären die Bösen und deswegen schlagen sie wieder zurück mit noch stärkeren Waffen als zuvor. Dann kann es einen Atomkrieg geben. Und dann kann es zu unseren Lebzeiten schlimmer auf der Erde sein als jemals zuvor. Es gibt zurzeit eine Reihe von Kriegen. Aber was bei all diesen Kriegen hoffnungsvoll stimmt: Es gibt kaum Kriege zwischen Nationen. Es gibt umso mehr Bürgerkriege und Konflikte innerhalb eines Landes. Und wir können immer im Kleinen helfen. So wie es heiß: „Groß denken und im Kleinen handeln". An die Ökologie des Planeten denken und die Heizung herunterdrehen. An Frieden denken in der ganzen Welt und mit dem Nachbar friedlich leben und Konflikte freundlich bereinigen unter Achtung des anderen und Friedensgedanken schicken. Global denken, lokal handeln. Das entspricht auch Kants Kategorischem Imperativ: „Handle stets so, dass die Maxime deines Handelns zur Grundlage einer allgemeinen Gesetzgebung dienen könnte." So habt ihr auch als spirituell Suchende durchaus eine Funktion für die positive Entwicklung auf dieser Erde. Ich möchte euch ermutigen, gebt das, was ihr erfahren habt, weiter. Jetzt ist die Zeit, wo Menschen offen dafür sind. Wir können alle Instrumente dafür sein, auf friedvolle und mitfühlende Weise Instrumente Gottes zu werden. Und vielleicht manifestiert sich also der Avatar dieses Zeitalters demokratisch durch jeden von uns.

4. Kap. Verse 9-10:
„Wer so Mein göttliches Geborenwerden und Handeln in ihrem wahren Licht erkennt, wird nicht wiedergeboren, nachdem er seinen Körper verlassen hat; er kommt zu Mir, Oh Arjuna. Frei von Verhaftung, Furcht und Zorn, in Mir aufgegangen, bei Mir Zuflucht suchend und gereinigt durch das Feuer der Erkenntnis sind viele zu Meinem Wesen gelangt."

Krishna sagt, er sei als Avatar auf die Welt gekommen und wer das erkennt und ihn als Gott verehrt, der wird nicht wiedergeboren werden. Das Element der Gnade spielt eine gewisse Rolle. Wir können sagen, der Jnana Yogi muss sich selbst befreien, der Bhakta wird von Gott befreit, indem er bei Gott Zuflucht sucht. Dieser Glauben hat Parallelen zum modernen Christentum. Wenn wir vollständig an Gott glauben, dann wird Gott für uns die Erlösung bringen. Wir brauchen nichts dafür zu tun.

Krishna empfiehlt jetzt aber nicht nur an Gott zu glauben, sondern auch uns um Erkenntnis zu bemühen. Wir sollen uns bemühen gut zu handeln, ohne Verhaftung, und Vertrauen zu Gott zu haben. Wenn wir immer wieder feststellen, dass wir nicht gut genug sind, dann sollten uns weiter bemühen und unseren Geist auf Gott richten. Krishna gibt uns immer wieder hohe Ideale, die wir anstreben sollen. Wenn wir sie nicht schaffen, dann rät er uns, unseren Geist auf ihn zu heften. Er wird uns befreien. Wenn wir uns wirklich ausreichend bemühen, wird er uns helfen. Diese Weisheit sollen wir auch nicht jemandem sagen, der sich nicht aufrichtig bemüht.

4. Kap. Vers 11:
„In der Weise, in der die Menschen zu Mir kommen, werden sie von Mir belohnt; auf jede Weise beschreiten die Menschen Meinen Weg, Oh Arjuna."

Dieser Vers kann vielfältig interpretiert werden. Zum einen heißt es: „Auf die Weise, auf die die Menschen zu mir kommen, werden sie belohnt."

Wenn wir zu Gott kommen und um weltliche Dinge bitten, dann gibt Gott uns weltliche Dinge, wenn da nicht entscheidendes Karma dagegen steht. Viele Menschen beschreiben, wenn sie ernsthaft vom Herzen her zu Gott beten, kriegen sie das, worum sie beten. Aber sie stellen auch fest, dass sie schon als Kind oder Jugendlicher um manches gebetet haben, was sich dann nicht erfüllt hat. (Arjuna hatte die Wahl, ob er Krishna oder seine Armee bekommt). Und auch wir haben die Wahl, ob wir Krishna oder seine Armee bekommen wollen. Beten wir darum, Gott selbst zu spüren und zu sagen: „Gott zeige mir deinen Willen" oder sagen wir: „Lieber Gott, gib mir ein großes Haus, einen guten Job, eine tolle Familie usw." Wenn wir für andere beten, dann ist das nicht mehr so egoistisch.

Eine weitere Interpretation des Verses wäre: Manche Menschen sehen Gott als Krishna und so erscheint ihnen Gott als Krishna. Manche Menschen verehren Gott als Shiva und so erscheint ihnen Gott als Shiva. Manche verehren Gott als Christus und so erscheint ihnen Gott als Christus. Manche Menschen verehren Gott als abstraktes Licht und so erscheint ihnen Gott als abstraktes Licht. Nicht umsonst wird im Westen das Gayatri Mantra immer populärer, weil es keine konkrete Gottesvorstellung enthält, sondern Anrufung von Licht ist. So, wie auch immer wir Gott verehren, das sagt Krishna in einem späteren Vers auch noch mal, in dieser Form und Gestalt kommt er zu uns. Es gibt aber auch Ausnahmen. Manchmal ist es so, dass Gott in der einen Gestalt verehrt wird und in der anderen Gestalt erscheint.

„Auf jede Weise beschreiten die Menschen Meinen Weg, Oh Arjuna." Menschen haben verschiedene spirituelle Wege und Traditionen und letztlich verehren sie doch den gleichen Gott.

4. Kap. Vers 12:
„Menschen, die in dieser Welt Erfolg im Handeln ersehnen, opfern den Göttern; denn Menschen erlangen durch Handeln rasch Erfolg."

Wenn wir Erfolg in unserem Karma haben wollen, dann können wir den Devas, den Engelswesen opfern. Es gibt spezifische Mantras, um spezifische Devas für spezifische Zwecke anzurufen. Man kann Indra anrufen, wenn es leicht regnen soll. Varuna, wenn es stärker regnen soll. Kubera können wir anrufen, wenn wir reich werden wollen, Kama, wenn wir wollen, dass jemand anderes sich in uns verliebt. Es gibt auch Rituale die unsere Anrufung unterstützen und zu Erfolg führen. Aber genau das ist es, was Krishna will, das wir nicht machen. Er spricht sich immer wieder gegen die Purva Mimamsa Philosophie aus, wo Menschen immer wieder Yajna, Homa, Puja machen, um bestimmte Siddhis als Erfolg zu bekommen.

4. Kap. Vers 13:
„Die vier Kasten wurden von Mir gemäß der Unterschiedlichkeit von Guna und Karma geschaffen; obwohl Ich ihr Urheber bin, wisse, dass Ich nicht handle und unwandelbar bin."

Krishna sagt, dass die vier Kasten nach Guna und Karma geschaffen worden sind. Er interpretiert Kasten anders als es in Indien vorherrschend ist. Die Inder glauben, in eine Kaste komme man durch Geburt. Krishna glaubt in eine Kaste komme man nach Guna. Es gibt drei Gunas: Sattva, Rajas und Tamas.

Brahmanen gelten als rein sattvig. Kshatrias gelten als sattvig-rajassig gemischte Kaste. Die Vaishyas gelten als rajassig-tamassig gemischte Kaste und die Shudras als rein tamassige Kaste.
Bei den Brahmanen überwiegt der Wunsch nach Moksha. Bei den Kshatrias überwiegt der Wunsch nach Dharma. Bei den Vaishyas überwiegt der Wunsch nach Artha und bei den Shudras überwiegt der Wunsch nach Karma. Jeder Mensch hat alle vier Wünsche: *Kama* „Sinnesbefriedigung". *Artha* „Reichtum und Ansehen", *Dharma*, „das Richtige zu tun und Gerechtigkeit in die Welt hineinzubringen" und *Moksha*, „der Wunsch nach Befreiung".
Moksha ist natürlich der sattvigste Wunsch. Dharma ist eine Mischung aus Sattva und Rajas, man ist aktiv, verfolgt etwas für ein sattviges Ziel. Der Vaishnava ist auch aktiv, will aber einfach reich werden und Ansehen haben. Gerade Reichtum haben zu wollen ist etwas eher tamassiger. Der Shudra will im Wesentlichen seine Sinne befriedigen, was eher tamassig ist.

Im Alltag kann man beobachten, dass verschiedene Menschen zu verschiedenen Kasten gehören. Es gibt Menschen, die wollen sich im Leben nicht übermäßig engagieren. Sie freuen sich, wenn ihre Arbeit nicht zu anstrengend ist, und wenn Familie und Kinder so sind, wie sie es sich wünschen, wenn das Haus schön eingerichtet ist und sie einmal im Jahr nach Mallorca fahren können oder die Fußballmannschaft regelmäßig gewinnt oder sie ein paar Freundinnen haben, mit denen sie über Lippenstifte und Haarfarben sprechen können. Dann sind Shudras relativ zufrieden.
Den Shudras rät Krishna in einem späteren Kapitel einfache Arbeiten zu machen. Ihnen zu raten, sich übermäßig zu engagieren, würde sie nur überfordern.

Dann gibt es Menschen, bei denen überwiegt der Wunsch nach Artha. Sie wollen reich werden. Was sie an Reichtum haben, reicht ihnen nie aus. Sie sind stark rajassig und wollen Anerkennung und Ruhm bekommen. Krishna rät ihnen Kaufmann zu werden. Sie sollen versuchen in der Wirtschaft reich zu werden. Es gilt: Wenn egoistische Kaufleute die Wirtschaft leiten, dann floriert sie. Und das braucht es auch. Angenommen wir hätten in der Wirtschaft nur Menschen, die sehr freundlich sind, dann hätten wir keine florierende Wirtschaft. Sie würden nicht, immer wieder neue

Erfindungen machen wollen. Wichtig ist nur, dass die Vaishyas von den Kshatrias kontrolliert werden müssen. Es muss gerechte Regeln geben. Es muss darauf geachtet werden, dass die Vaishyas sich an diese Regeln halten. In Aufsichtsräten, in der Verwaltung und der Regierung müssen eher Kshatrias sein. Menschen, denen es nicht um das Geld, sondern eher um das Gemeinwohl geht. Politiker, Administration, Rechtsanwälte, Ärzte usw. sollten am besten Kshatrias sein. Dem eisernen Zeitalter wird nachgesagt, dass es ein großes Problem hat. Es soll nämlich nicht genügend echte Kshatrias geben, die bereit sind, all diese Funktionen zu erfüllen. Deshalb übernehmen Shudras diese Positionen, die nur ein bequemes Leben wollen oder Vaishyas, die bestechlich sind und denen es um den eigenen Vorteil und den eigenen Ruhm geht.

Ich behaupte, dass die Mehrheit der Menschen, die in die Politik geht, zunächst einmal das Gemeinwohl im Sinn hat - zumindest auf kommunalpolitischer Ebene. Politiker zu sein, ist nicht besonders angenehm. Irgendwann bekommt man Macht und Macht korrumpiert. Es entsteht Frustration, weil man ungerecht von Parteikollegen, von Wählen etc. behandelt worden ist und will sich infolgedessen schadlos halten und entschädigt werden für die erlittenen Ungerechtigkeiten. Sie halten sich nicht mehr an Dharma, sondern kommen zu Adharma und werden zu kleinen Duryodhanas. In der Demokratie gibt es immer noch den Vorteil, dass man sie abwählen kann.

Als nächstes gibt es die Brahmanen. Sie streben nach Moksha, der Befreiung. Von Beruf sollten sie Priester oder Lehrer werden oder einfachen Arbeiten nachgehen, um ihren Lebensunterhalt zu verdienen. Dies sorgt dafür, dass sie ausreichend Zeit haben für ihre spirituelle Praxis.

Neben dem reinen Kastenwesen gibt es aber auch Mischformen. Im Westen gehört die Mehrheit der spirituellen Aspiranten zu einer Mischform. Sie haben den Wunsch nach Moksha, nach Befreiung. Gleichzeitig haben sie aber auch ein großes Gerechtigkeitsbedürfnis, was bedeutet, dass sie sich für soziale und politische Ziele engagieren sollen. Manche haben vielleicht auch ein gewisses Vaisyhatalent. Sie könnten dann entweder in die Wirtschaft gehen und versuchen, ethische Prinzipien in die Wirtschaft zu tragen oder versuchen Yoga, sehr systematisch zu verbreiten.
Und es gibt Brahmanen mit Shudratalenten, die sich nicht übermäßig viel anstrengen wollen, um Zeit zu haben für die spirituelle Praxis.
Und so gibt es natürlich alle möglichen Mischformen, obgleich Krishna die Vermischung der Kasten für schlecht hält. Was versteht er aber unter Vermischung der Kasten? Er versteht darunter z.B., dass Vaishyas die Funktionen von Kshatrias übernehmen. Dass also Menschen, denen es um Geld geht, in die Verwaltung gehen um sich dort bestechen zu lassen. Oder jemand, der nicht an Gott glaubt, wird zum Priester. Oder ein Shudra, der es einfach nur bequem haben will, wird irgendwie auf einen höheren Posten gehievt, damit man ihn nachher einfach manipulieren kann. Menschen, die nicht das Talent zu dem Geforderten haben, kommen in eine andere

Position. Und sie kommen deswegen in eine andere Position, weil diejenigen, die für diese Position eigentlich fähig wären, entweder tot sind oder entsagen wollen. Krishna selbst sagt: „Ich selbst muss tätig sein. Wenn ich mich jetzt zurückziehen würde und nur noch meditieren würde, was wollen dann alle spirituellen Aspiranten machen?" Sie würden sich vom Leben zurückziehen und meditieren. Was würde dann in der Gesellschaft passieren? Es gäbe niemanden mehr, der bereit ist, sich in Ashrams zu engagieren. Es gäbe keine spirituellen Menschen mehr, die bereit sind sich in Ökologie, Politik und Wirtschaft zu engagieren, sondern es gäbe nur noch die Shudras und die Vaishyas, die das machen würden und dann hätten wir große Probleme. Wenn Krishna sich ganz zurückziehen und nicht mehr lehren würde, dann würden die Brahmanen ihm folgen. Es gäbe nur noch ungläubige Priester, die irgendwelchen Unsinn erzählen, und eine Horde von Einsiedlern, die mit niemandem etwas zu tun haben wollen. Das könnte Krishna unter der Vermischung der Kasten verstehen.

Es gibt noch eine zweite Vorstellung davon, wie eine Vermischung der Kasten zustande käme: In Indien sind die oberen vier Kasten gar nicht so stark voneinander getrennt, wie wir uns das vielleicht vorstellen. Die Trennung betrifft eher die Kastenangehörigen und die Kastenlosen, die außerhalb der Gesellschaft stehen.
Um die Kasten nicht untereinander zu vermischen, dürfen die Kastenangehörigen einer Kaste nur Mitglieder ihrer eigenen Kaste heiraten und nur mit Kastenmitgliedern ihrer eigenen Kaste zusammen essen.
Der Grund dafür, dass sie nicht zusammen essen dürfen ist, dass die Brahmanen und die Shudras Vegetarier, die Kshatrias und die Vaishyas Fleischesser waren.
Mir selbst wird das immer bewusst, wenn ich meine Familie besuchen gehe. Im Ashram essen wir alle vegetarisch. Bei größeren Familienfeiern gibt es öfters mal Fleisch. Ich fühle mich nicht besonders wohl dabei, versuche aber niemanden zum Konvertieren zu bewegen. Wenn man regelmäßig nur mit Menschen zusammen isst, die Vegetarier sind, dann stellt man fest, dass es in Küchen, in denen Fleisch verarbeitet wird nicht sehr gut richt. Die Vorstellung, dass da etwas in einem Topf gekocht wird, wo ansonsten Fleisch darin gekocht wird, gibt einem kein positives Gefühl.
In meiner engeren Familie essen wir oft vegetarisch, da mein älterer Bruder, meine Mutter und ich Vegetarier sind, meine Mutter dann nur vegetarisch kocht und mein Vater und mein anderer Bruder aus Solidarität dann ebenfalls auf Fleisch verzichten, wenn wir zu Hause essen oder auch ins Restaurant gehen.

Der Grund, warum sie nicht kastenübergreifend heiraten sollen ist, dass Menschen verschiedener Kasten verschiedene Ansichten haben, wie das Leben zu leben ist. Angenommen eine Frau will ein schönes, ruhiges, angenehmes Leben führen und der Mann will erfolgreich in der Firma sein und verbringt deshalb sieben Tage die Woche 16 Stunden in der Firma, dann gibt es gewisse Konflikte in der Ehe zu den Zeiten, in denen sie sich mal treffen.
Oder ein weiteres Beispiel: Wenn die Frau sehr engagiert ist bei Greenpeace oder

anderen Vereinen und der Mann irgendwo in einer Firma Vorstandsvorsitzender sitzt, dann gibt es Konflikte.
Oder angenommen, einer der Partner will unbedingt die Selbstverwirklichung erreichen, und der andere Partner sieht die Erfüllung des Lebens darin, in 5-Sterne Hotels zu übernachten und vornehm zu essen, dann entstehen Konflikte. Man kann diese Konflikte mit viel Toleranz lösen. Einfach ist es aber nicht. Und damit die Grundlebensentwürfe stimmen, ist es hilfreich, wenn man einen Partner hat, der grundsätzlich einen ähnlichen Lebensentwurf hat.

Ein Charakteristikum des eisernen Zeitalters ist, dass man zuerst eine gewisse Zeit seines Lebens einer Kaste angehört und später einer anderen Kaste. Es gibt relativ viele Menschen, auch unter den Wirtschaftsbossen, die 30 Jahre lang alles gemacht haben, um Vermögen zu verdienen. Dann haben sie anfangen zu denken wie die Kshatrias und sich überlegt, wie sie anderen Menschen helfen und sich für gute Zwecke in der Welt engagieren können. Georg Soro ist ein gutes Beispiel dafür. Er hat sich sehr für den wirtschaftlichen Aufbau von Osteuropa engagiert und mehrere Milliarden Dollar Spenden gegeben, die für den Aufbau von Schulen und Universitäten, verwendet werden sollten.
Als Westler dürfen wir die Kastentrennung der Inder nicht überbetonen. Es gab schon einen Kastenlosen, der Präsident Indiens wurde; es gab eine Frau als Premierministerin; es wurde beinahe eine Italienerin zur Premierministerin, wenn sie das nicht abgelehnt hätte; Sonja Gandhi ist als Parteichefin tätig.
Nach indischem Glauben wird man in eine Kaste geboren. Krishna wehrt sich gegen diesen Glauben. Krishna sagt, dass unsere Eigenschaften, unsere Gunas die Kastenzugehörigkeit bestimmen und nicht unsere Geburt.

Es gibt übrigens auch in Deutschland Kasten. In Deutschland ist die soziale Mobilität erheblich schlechter als in Indien und den meisten Ländern dieser Welt. Ein Sohn von jemandem, der seit 20 Jahren arbeitslos ist, hat sehr geringe Chancen auf die Uni zu gehen und reich zu werden. Währenddessen in Indien der Sohn eines Kastenlosen durchaus große Chancen hat, einen Studienplatz zu erwerben und Computerspezialist zu werden. In Indien gibt es die so genannte umgekehrte Diskriminierung. Gerade um die wirtschaftliche Ungleichheit, die es vor 150 Jahren gab, aufzulösen, gibt es bestimmte Mengen an Führungsposten in der Regierung und eine bestimmte Menge von Studienplätzen, die für die Kastenlosen reserviert sind. Die indische Gesellschaft ist de facto sehr viel durchlässiger als man es im Westen gemeinhin denkt und sie haben erheblich höhere Mobilität als wir hier in Deutschland.
Einzig und allein bei Hochzeiten und Essensgewohnheiten sind die Kasten streng voneinander getrennt. Die meisten Betriebskantinen lösen diese Vorgaben damit, dass nur Brahmanen als Köche eingestellt werden. Dann können nämlich alle das Essen verzehren. Und somit ist Koch heutzutage in Indien der Beruf, der überwiegend von Brahmanen augeübt wird.

Historisch betrachtet weiß man nicht, wann genau der Schnitt war, wo es nicht mehr hieß, dass man in eine Kaste durch Geburt kommt, sondern durch Guna. Man weiß auch nicht, ob es wirklich so war oder ob das nachträglich von Krishna uminterpretiert worden ist. Die westlichen Indologen glauben daran, dass irgendwann um 1500 v.Chr. hellhäutige Indoeuropäer in Nordindien einmarschiert, die indische Urbevölkerung zu Shudras gemacht, und die oberen drei Kasten für sich vorbehalten haben. Die Adligen der Eroberer, wurden zu Kshatrias, die ursprünglich als die höchste Kaste galten und deren Priesterfamilien wurden dann zu Brahmanen, deren Händler und Kaufleute zu Bauern, die den Handel und die Bestellung der Felder übernommen haben. Die Urbevölkerung wurde versklavt und zu Shudras gemacht.
Später wurde versucht, diese offensichtlich schreiende Ungerechtigkeit irgendwie religiös zu rechtfertigen. Was dafür spricht ist, dass die oberen Kasten eine hellere Hautfarbe haben und je niedriger die Kaste, umso dunkler die Hautfarbe. Dies trifft aber nur in Nordindien zu. In Südindien sind die Brahmanen manchmal noch dunkler als die Shudras.

Ich werde öfters gefragt, ob es da neuere Erkenntnisse die Urbevölkerung betreffend gibt, da diese ja auch schon alle ein Schriftsystem hatten. Meine Antwort lautet ja. Es ist ausgesprochen komplex und es gibt ganz unterschiedliche Ansichten.
Amerikanische Indologen neigen dazu, dass z.B. die vedische Kultur durchaus die Kultur der Ureinwohner war und dass die Veden nicht erst durch die Indogermanen entstanden sind. Es soll sie schon vorher gegeben haben. Später kann es eine Einwanderung gegeben haben oder eben auch nicht. Sie begründen ihre Theorie damit, dass schon die Veden von hellhäutigeren und dunkelhäutigeren Menschen sprechen. Und es gibt ein paar Indikatoren dafür, dass die Veden älter sind.
Nach westlicher Indologie sind sie von 1500-800 v. Chr. geschrieben worden. Ein Indikator für diese Theorie ist, dass ein Himmel mit spezifischen Sternenbildern beschrieben wird. Diese Sternenbilder gab es um 3000 v. Chr. und 4000 v. Chr. Weil die Erde sich regelmäßig dreht, ist alle 2000 Jahre alles um 30 Grad geändert. Und um 1900 gab es jemanden, der beweisen wollte, dass der Sternenhimmel älter ist als 1500 Jahre v. Chr.

Ebenfalls wird in den Veden der Fluss Saraswati beschrieben, der neben dem Indus verlaufen und irgendwann ausgetrocknet sein soll. Mittels Luftbildern wurde er lokalisiert, Archäologen haben Aushebungen durchgeführt und ein Flussbett von einem alten Fluss gefunden, der damals größer gewesen sein muss als der Indus und um 1800 v. Chr. ausgetrocknet sein muss. Dies beweist, dass die Veden älter als 1800 v. Chr. sind, was der ganzen Theorie der Indogermanischen Einwanderung widerspricht und sie in sich zusammenfallen lässt. Es ist wahrscheinlicher, dass die Indoeuropäer aus Indien stammen, als dass die Indoeuropäer eingewandert sind. Allerdings wehren sich dann europäische Indologen gegen diese Annahme, da es wenig wirkliche Beweise gibt. Da die Inder immer auf Palmblätter geschrieben haben, findet man sehr wenige Schriftzeichen aus sehr früher Zeit.

Die Inder selbst glauben, dass die Veden älter sind. Sie sprechen davon, dass die Veden vor Beginn des eisernen Zeitalters niedergeschrieben worden sind, welches 3227 v. Chr. begann. Im 19. Jahrhundert stellten Max Müller und andere Sprachwissenschaftler fest, dass Sanskrit große Ähnlichkeiten mit dem Persischen hat und alles zu einer ähnlichen Sprachfamilie gehört, die dann erst einmal als indogermanisch bezeichnet wurde. Indogermanisch insofern, als diese Sprachwissenschaftler Deutsche waren. Außerhalb von Deutschland wird es als Indoeuropäisch bezeichnet. Die Franzosen z.B. fühlen nicht, dass Französisch eine Indogermanische Sprache ist. Da die verschiedenen Volksstämme, die diese Sprache sprechen, sich irgendwie ähnlich sehen, müssen sie irgendwann irgendwo hergekommen sein und infolgedessen spricht man von einer Indoeuropäischen Einwanderung von Europa in mehreren Schüben. Man geht davon aus, dass es das in Indien auch gegeben haben muss, obgleich es keine archäologischen Beweise irgendeiner Art gibt, dass Einwanderer zwischen 1500-1200 v. Chr. eingewandert sind. Aber weil es in Europa zu der Zeit geschah, nehmen die Indologen an, dass es zur gleichen Zeit auch in Indien passiert sein muss.
So wissen wir nicht, wie das Kastenwesen tatsächlich entstanden ist. Laut den Schriften kommt es aus den Gunas heraus. Aber ob es zuerst anders war und die Yogis versucht haben, das Prinzip umzuinterpretieren und aufzulösen ohne gegen das Vertrauen der anderen zu verstoßen, oder ob es das ursprüngliche Prinzip war und es dann bequemer war es beizubehalten, anstatt, dass jeder in einer Art Vision Quest herausfinden musste, zu welcher Guna er denn gehört, weiß man bis heute nicht. Das macht die Gesellschaft etwas einfacher.

4. Kap. Verse 14-15:
„Handlungen beflecken Mich nicht, und Ich begehre auch nicht die Früchte der Handlungen. Wer Mich so erkennt, wird von Handlungen nicht gebunden. In diesem Wissen handelten in früheren Zeiten auch die, die nach der Freiheit strebten; daher handle auch du, so wie es die Alten seinerzeit taten."

In früheren Zeiten handelten auch die, die nach Vollkommenheit gestrebt haben. Sie haben sich nicht vom Leben zurückgezogen und nur meditiert.

4. Kap. Vers 16:
„Was ist Handeln? Was ist Nichthandeln? Darüber herrscht selbst bei den Weisen Verwirrung. Daher werde Ich dich das Handeln lehren, durch dessen Kenntnis du vom Übel befreit werden wirst."

Hier gebraucht Krishna wieder das Wortspiel mit dem Begriff Karma. Man kann auch fragen: Was ist Karma? Was ist Nichtkarma? Selbst die Weisen kennen die Antwort auf diese Frage nicht. Krishna sagt Arjuna, dass er ihn Karma lehren wird, und er durch dieses Wissen vom Übel, d.h. von *Samsara*, dem Rad von Geburt und Wiedergeburt und Tod, befreit werden wird.

4. Kap. Verse 17-18:
„Denn wahrlich die (wahre) Natur des Handelns, wie auch des Karmas (wie es die Schriften sagen) muss erkannt werden, wie auch des verbotenen (ungesetzmäßigen) Handelns und des Nichthandelns. Schwer zu verstehen ist die Natur (der Lauf) des Handelns. Wer Akarma in Karma sieht und Karma in Akarma, ist weise unter den Menschen; er ist ein Yogi und führt alle Handlungen aus."

Dieser Vers war einer der Lieblingsverse von Swami Vishnu-devananda. Er konnte sehr lange über ihn sprechen. Ich habe ihn schon einmal an einer vorherigen Stelle behandelt, wo wir besprochen hatten, dass wir Karma erzeugen können, indem wir nicht handeln, z.B. dadurch, dass wir bei einem Unfall nicht erste Hilfe leisten. Oder wir eine Aufgabe haben, eine Pflicht, die wir nicht erfüllen. Wir haben nichts getan und schaffen trotzdem Karma.
Und wir können natürlich auch kein Karma schaffen, während wir handeln. Um kein Karma zu erzeugen, während wir handeln, müssen wir das tun, was getan werden muss, was unserem Karma und unserer Svarupa entspricht. Wir müssen es so gut machen wie wir können, vom Herzen her, zum Wohle aller, ohne uns an die Handlung zu verhaften, ohne das Gefühl zu haben, wir machen selbst die Handlung, gleichmütig in Erfolg und Misserfolg, ohne an den Früchten zu hängen und am Ende das ganze Gott widmen. Das bedeutet dann Nichthandeln im Handeln. Wenn wir so handeln, können wir viel erreichen. Wir könnten dann auch der Boss von BMW oder VW werden und trotzdem kein Karma schaffen.
Und genauso schafft ein Mensch, der vor seinen ganzen Pflichten davon rennt, sie nicht wirklich erfüllt, neues Karma. Erstens muss er all das dann später noch tun, wovor er da davongelaufen ist und zweitens schafft er dadurch, dass er davongelaufen ist, noch zusätzliches Karma. Wenn wir aus Avidya heraus unsere Pflicht nicht erfüllen, dann heißt das, dass wir unsere Pflicht später erfüllen müssen. Wenn man etwas wirklich nicht wusste, schafft man kein neues Karma, wenn man es aber hätte wissen können, und es dann nicht erfüllt, dann schafft man neues Karma.
Zum Beispiel gibt es hier im Haus Yoga Vidya Bad Meinberg schöne Yogaunterrichtspläne. Angenommen jemand kommt jetzt nicht zum Unterricht, der eigentlich hätte unterrichten sollen, aber er hat nichts davon gewusst, weil er nicht nachgeschaut hat, dann schafft er trotzdem Karma.
Oft werde ich gefragt, woher wir eigentlich wissen, dass wir das Karma, was wir jetzt nicht abarbeiten, irgendwann später abarbeiten müssen. Dies steht schon in den Schriften geschrieben. Und wenn wir auf unser Leben zurückschauen, dann werden wir es ebenfalls feststellen. Wenn man irgendwann mal feststellt, vor fünf oder zehn Jahren gab es irgendetwas, was man nicht so gerne hatte, und vor dem man davon gelaufen ist, dann merkt man schon, dass es irgendwann wieder auf einen zukommt. Nicht in dem gleichen Kontext und es muss auch nicht die gleiche Aufgabe wie damals sein. Trotzdem kann man sagen, dass man manche Aufgaben auf die Zukunft verschiebt. Das ist ein Beispiel.

Ein weiteres Beispiel wäre: Angenommen, wir würden nichts tun, uns aber mit dem Nichtstun identifizieren, dann würden wir auch damit wiederum Karma erzeugen. Aber angenommen wir tun etwas, wissen aber das Selbst ist unsterblich und nur der Körper handelt, dann schaffen wir wiederum kein Karma. Genauso können wir aber auch positives Karma schaffen, wenn wir scheinbar nichts tun. Wir können Positives bewirken, wenn wir z.B. sitzen und für den Frieden der Welt meditieren. Und es wäre gut, wenn öfters mal Menschen in diesem Sinne nichts tun. Nicht ganz von allem weglaufen, aber diese positiven Gedanken pflegen. Karma und wie Karma geschaffen wird, hängt von unseren Gedanken ab.

4. Kap. 19. Vers:
„Den Menschen, dessen Unternehmungen frei von Wünschen und (selbstsüchtigen) Absichten sind und dessen Handlungen im Feuer der Erkenntnis verbrannt worden sind - ihn nennen die Wissenden einen Weisen."

4. Kap. 20. Vers:
„Er hat die Verhaftung an die Früchte der Handlung aufgegeben, ist stets zufrieden und von nichts abhängig und tut nichts, obwohl er tätig ist."

Der Mensch tut nichts, er schafft kein neues Karma und er identifiziert sich mit nichts, obgleich er alles Mögliche macht.

4. Kap. 21. Vers:
„Er hofft nichts und beherrscht seinen Geist und sich selbst, er hat alle Habgier aufgegeben und ist nur körperlich tätig. So schafft er kein Papa, so sündigt er nicht."

Krishna spricht erneut über das Konzept des verhaftungslosen Tuns, über das er schon oft gesprochen hat. Er wiederholt es immer wieder für uns aus verschiedenen Gründen. Ein Grund dafür ist, weil es besonders wichtig ist. Ein zweiter Grund ist, weil Arjuna sich entscheiden muss, ob er handeln will oder nicht und ein dritter Grund ist, weil wir es immer wieder vergessen. Je öfters man etwas hört, desto tiefer sinkt es in das Unterbewusstsein, umso tiefere Samskaras (Eindrücke im Geist) werden erzeugt. Und bei der nächsten Situation erinnert man sich immer wieder daran: „Da habe ich mich ja schon wieder identifiziert. Warum bin ich wieder unglücklich? Ich habe wieder etwas Konkretes erwartet." Und dann kann man sagen: „Oh Gott, ich opfere es dir." Für diese Worte ist nie zu spät. Wir können auch, nachdem die Handlung vollzogen ist und wir uns darüber geärgert haben, sagen: „Oh Gott, ich opfere diese Handlung dir und meinen Ärger gleich mit." Wir können alles immer wieder Gott darbringen. Und je mehr uns das gelingt, desto friedvoller werden wir; desto friedvoller können wir handeln; desto mehr unseres Karmas bauen wir schrittweise ab; desto leichter fühlen wir uns.

Gemäß dem Modell des Karmas fühlen wir uns schwerer, je mehr Karma wir noch abzuarbeiten haben. Je weniger Karma noch auf unseren Schultern lastet, desto leichter fühlen wir uns.
Ich werde öfters gefragt, wie wichtig das richtige Opfern ist, das Einhalten der Rituale und wie ich in der Praxis des Alltags richtig opfere.
Darauf antworte ich meistens, dass es gut ist, bevor wir handeln das Twameva zu rezitieren. Das Twameva besagt: „Du bist meine Mutter. Du bist mein Vater in übertragenem Sinn. Du gibst mir alles, was ich materiell brauche. Du gibst mir alle Lektionen anhand derer ich wachsen kann, Vater. Du bist mein Verwandter. Du bist mein Freund. Du bist mein Reichtum. Du bist mein Wissen. Du bist mein Alles. Was auch immer ich tue mit meinem Körper, meiner Stimme, mit meinem Geist, mit meinen Sinnen, mit meinem Intellekt, mit meinen Emotionen und mit meinem Selbst, mit meiner Natur, mit meinen wesenseigenen Emotionen, was auch immer es ist, das opfere ich dem Höchsten, das bringe ich dar." Und während wir dieses Mantra morgens singen, können wir uns überlegen, was wir tagsüber schaffen wollen. Und, was auch immer wir schaffen wollen, das können wir Gott darbringen. Und abends können wir während des Aratis sagen: „Was auch immer ich getan habe, das bringe ich dir dar." Wenn man nicht die Möglichkeit hat, im Ashram zu sein oder selbst ein Arati durchzuführen, dann kann man auf dem Weg zur Arbeit sagen: „Was auch immer ich heute tue, das bringe ich dir dar." Und abends, wenn man nach Hause kommt: „Was auch immer ich getan habe, das bringe ich dir dar." Oder man kann abends vor dem Einschlafen im Bett wiederholen: „Was auch immer ich getan habe, das bringe ich dir dar."

In der letzten Strophe des Twamevas steht geschrieben: „Narayani Iti Samarpayami." Das heißt übersetzt: „Ich bringe dies Narayana dar." Es ist eine einfache kurze Aussage, die Hingabe verdeutlicht und die man, sowohl auf Sanskrit, als auch auf Deutsch wiederholen kann. Man kann sie zu Anfang der Handlung wiederholen und zu Ende der Handlung. Während der Handlung kann man sich vorstellen, dass Gottes Energie durch einen hindurchströmt, durch einen hindurch wirkt. Verbunden mit den Worten: „Alle Fähigkeiten, die ich habe, die stelle ich in deinen Dienst. Ich werde mich körperlich bemühen, soweit es möglich ist und soweit ich es kann. Ich werde meinen Intellekt bemühen. Ich werde mein Denkvermögen, meine Kreativität, meine Prakriti, alle meine Talente, alles was ich habe werde ich dort einbringen aber ich werde mir nicht vorstellen, dass ich es selbst tue" kann man alle Tätigkeiten Gott widmen.

4. Kap. Vers 22:
„Zufrieden mit dem, was er ohne Zutun erhält, frei von Gegensatzpaaren und Missgunst, und gleichmütig in Erfolg wie Misserfolg, ist er nicht gebunden, obgleich er handelt."

Krishna beschreibt wieder ein Paradox. Wir sollen handeln so gut, wie wir können. So, als ob es uns um die Ergebnisse ginge, aber sind dabei gleichzeitig gleichmütig in

Erfolg und Misserfolg. Nur irgendwie zu handeln, wäre nicht geschickt. Wir müssen immer so gut handeln, wie wir können und es dann loslassen und Gott übergeben.
Es gibt die Analogie eines Bauers: Erst muss er sein Feld pflügen, dann säen und dann warten. Er weiß nicht, ob er am Ende etwas ernten kann. Es kann Hagel kommen und alles zerstört werden. (Ein nicht spiritueller Bauer wird sich dann natürlich ärgern, obwohl er nichts daran ändern kann.)
Auch unsere Aufgabe ist es zu säen, alles so gut zu tun, wie wir können in dem Bewusstsein, was nachher daraus wird ist nicht mehr in unseren Händen.
So ähnlich ist es auch, wenn wir ein Haus kaufen wollen. Wir bekunden unser grundsätzliches Interesse, geben ein Kaufangebot ab und warten, ob die Verkäufer sich melden.

4. Kap. Vers 23:
„Für den Menschen, der verhaftungslos und befreit ist, dessen Geist in der Erkenntnis ruht, und der um des Opfers (um Gottes) willen wirkt, schwindet alles Karma."

4. Kap. Vers 24:
„Brahman ist die Opfergabe; Brahman ist die geschmolzene Butter (Ghee); durch Brahman wird die Opfergabe in das Feuer, Brahmans gegossen; Brahman wird wahrlich von dem erreicht werden, der allzeit Brahman im Handeln sieht."

Dies ist ein sehr bekannter Vers der Bhagavad Gita. Brahman ist *Arpanam*, die Opfergabe. Brahman ist *havir*, die geschmolzene Butter (Ghee). Brahman ist das Feuer, *Agni*. Brahmana *hutam*, Brahma ist der *Huta*, der Priester.
Brahmaiva tena gantavyam = Brahman wird wahrlich erreicht von dem allein, der überall (brahma karma) das Wirken von Brahman sieht und dann in Samadhi eingeht.
Um uns diese Lehre zu verdeutlichen gebraucht Krishna wieder die Analogie des Opfers, die er auch schon einmal im dritten Kapitel gebraucht hat, da Arjuna jemand ist, der mit Opferzeremonien sehr vertraut ist.

Swadharma (die eigene Pflicht) zu tun ist etwas, was zu Lebzeiten Krishnas weit verbreitet ist. Deshalb spricht Krishna letztlich davon, dass Brahman alles ist und wenn es uns gelingt Brahman in allem zu erkennen, dann sind wir in Samadhi. Ähnlich ist es, wenn wir handeln: Wir bringen etwas dar. Das ist die Opfergabe. Brahman ist die geschmolzene Butter, was letztlich diese Opfergabe ist. Und Brahman ist das Feuer. Wenn wir irgendetwas tun und es dann darbringen, dann vergeht die Handlung ebenfalls. Es ist nicht so, dass wir handeln und es bleibt erhalten, sondern es wird dabei verbrannt. Wenn wir handeln sind wir wie Priester, was eine schöne Analogie ist. Wenn wir in diesem Gewahrsein handeln, dann vollziehen wir rituelle Handlungen von morgens bis abends.

Wenn wir selbst eine Homa durchführen, dann bauen wir als erstes mit viel Liebe einen Altar auf. Dann erschaffen wir einen *Homakund* (Feuerstelle), besorgen uns eine

Kuh und melken sie. (Zwar ist das in Deutschland nicht üblich, doch in Indien ist es klassisch.) Von der Milch schöpft man den Rahm ab, schlägt ihn und erhält nach langer Zeit Butter. Diese Butter erhitzt man dann, entnimmt den Schaum auf der Oberfläche und erhält zum Schluss das Butterfett. Dies ist ein langwieriger Prozess. Wenn man das Butterfett dann bekommen hat, gibt man es ins Feuer und beobachtet, wie es verbrennt.
Eine solche Homa ist ein machtvolles archaisches Ritual. Als Menschen führen wir zwar nicht täglich eine klassische Homa durch, doch auch wir opfern täglich. Indem wir morgens aufwachen, etwas Nahrung in den Mund geben/opfern, diese „verbrannt“ und danach ausgeschieden wird. Wir begeben uns zur Arbeit, schaffen einen Stapel an Papier, bearbeiten ihn und werfen Erledigtes in den Papierkorb.

4. Kap. Vers 25:
„Manche Yogis bringen nur den Devas (den Engelswesen) Opfer; wohingegen andere (die das Selbst erkannt haben) allein das Selbst durch das Selbst im Feuer Brahmans opfern.“

In klassischer indischer Tradition wird bei jeder Opferzeremonie ein für diese Zeremonie bestimmter Deva angerufen. Agni, der Feuergott, ist immer dabei und dann verschiedene andere Devas. Wir bringen den Devas etwas dar, sie erhalten etwas dadurch und geben wieder etwas anderes an uns zurück. Durch diese Art Opfer sind wir aber gebunden. Genauso gebunden sind wir, wenn wir handeln, um etwas Konkretes zu erreichen. Dann ist es so, als würden wir irgendwelchen Astralwesen Opfer bringen. Aber wer erkennt, dass das alles das Selbst ist, hat das Wahre erkannt.

4. Kap. 26. Vers:
„Manche wiederum opfern das Hörorgan und andere Sinne im Feuer der Beherrschung; andere opfern den Klang und andere Sinnesobjekte im Feuer der Sinne.“

Krishna lehrt uns, was wir alles opfern können. Wir können nicht nur Ghee, also gereinigte Butter, oder Reis opfern, sondern wir können unser Hörorgan oder andere Sinne im Feuer der Beherrschung opfern. Dies machen wir, indem wir z.B. sagen, dass wir nur noch sattwige Musik hören. Oder nur noch sattwiges Essen verzehren oder eine Weile fasten, oder kein Fernsehen schauen oder kein Radio hören, oder eine Weile lang keine Romane lesen. Das ist mit „Feuer der Beherrschung“ gemeint. Wir opfern etwas, wir bringen etwas dar.
Es gibt auch Menschen, die anstatt die Beherrschung der Sinne zu opfern, die Sinne selbst opfern. Sie essen etwas Gutes und bringen es Gott dar. Gott wohnt in ihrem Magen. Gott wohnt in ihren Sinnen. Sie genießen alles und opfern diesen Sinnesgenuss Gott.
Wir können also sowohl die Beherrschung als auch den Sinnesgenuss opfern.

4. Kap. 27. Vers:
„Andere wieder opfern alle Funktionen der Sinne und die der Lebensenergie (des Pranas) im Feuer des Yoga der Selbstbeherrschung, das durch Erkenntnis entfacht wurde."

4. Kap. 28. Vers:
„Andere wieder opfern Reichtum, Askese und Yoga, während die selbstbeherrschten Asketen, die schwere Gelübde ablegen, das Studium der Schriften der Erkenntnis opfern."

Manche Menschen verdienen viel Geld. Sie können dieses Geld Gott darbringen, indem sie sagen: „Gott, ich nehme jetzt diesen gut bezahlten Job für dich an und das für Geld, was ich dafür bekomme, bin ich der Verwalter. Ich bringe es dir dar und gebe es für dich wieder aus."
Andere opfern ihre Askese. Sie machen Tapas und bringen Gott ihre Tapasübungen dar. Wieder andere Menschen üben Yoga und bringen ihre Yogaübungen Gott dar. Sie sagen: „Ich mache jetzt Asanas und Pranayama als Opfer für dich."
Wieder andere Menschen, die so genannten selbstbeherrschten Asketen, die schwere Gelübde ablegen, und das Studium der Schriften der Erkenntnis opfern. Sie sprechen zu Gott mit den Worten: „Ich bringe dir meine Selbstbeherrschung dar, ich bringe dir das Studium der Schriften dar und auch die Erkenntnis."

4. Kap. 29. Vers:
„Manche opfern den ausströmenden Atem im einströmenden und den einströmenden im ausströmenden, durch Beherrschung des aus- und des einströmenden Atems, und gehen einzig in der Beherrschung des Atems auf."

Wir können unser Pranayama (Atemübungen) Gott opfern.

4. Kap. 30.-31. Vers:
„Andere, die in ihrer Ernährung Regeln folgen, opfern Lebensatem in Lebensatem. Sie alle haben Kenntnis des Opfers, und ihre Sünden werden durch das Opfer zerstört. Wer die nektargleichen Opferreste verzehrt, geht zum ewigen Brahman. Diese Welt ist nicht für den Menschen, der keine Opfer bringt; wie kann er dann die anderen erlangen, Oh Arjuna?"

In dieser Welt, der Welt der Sinne und des Erfolgs können wir nicht leben und glauben, dass wir alles, was wir uns wünschen bekommen, ohne dass wir dafür auch Opfer bringen. Aber wir können den Devas (Engelswesen) opfern. Oder wir können es sogar den Rakshakas (Götter des Erfolgs) opfern. Menschen, die reich werden wollen, müssen schwer dafür arbeiten. Sie müssen sich erst einmal überlegen, in welchem Gebiet viel Geld zu verdienen ist. Dann müssen sie klug schauen und überlegen, wozu sie auch das

Talent oder die Fähigkeiten haben und dann müssen sie schwer dafür arbeiten. Mit nur Sieben-Stunden-Tagen, nur einer Fünf-Tageswoche, fünf Wochen im Jahr Urlaub, wird es ihnen kaum gelingen reich zu werden. Wenn man reich werden will muss man 16 Stunden am Tag arbeiten und studieren, überlegen, systematisch an Dinge herangehen. Man muss ständig über seinen Schatten springen und dann, wenn das Karma mitspielt, dann kann es sich irgendwann manifestieren.

Ich kannte mal einen Menschen, der die fixe Idee hatte, Millionär werden zu wollen. Er war mein Computer-Guru gewesen. Er lebte und arbeitete eine Weile im Sivananda Yoga Zentren und hatte mir geholfen das Computersystem zu installieren. Ferner hat er auch die Datenbanken und ein Buchhaltungsprogramm geschrieben, das relativ modern war. 1985 war es noch nicht ganz so selbstverständlich, dass man so was hatte. Nachdem das alles einigermaßen gut lief, überlegte er sich, was er ab sofort machen könnte und kam auf die Idee Millionär werden zu wollen. Er hat so ausgerechnet, wenn er eine Million Dollar hätte, dann könnte er von den Zinsen gut leben und danach könnte er den Rest seines Lebens nur noch gemeinnützige Arbeit machen. Er begann zu überlegen, wie er sein Ziel erreichen könnte. Der Mann war ein guter Computerprogrammierer, hat sich dann selbstständig gemacht und wollte alles ethisch machen. Er hat ein paar Mal erzählt, dass Programmierer, wenn sie kalkulieren wie viele Stunden sie für einen Auftrag brauchen, schauen, ob sie schon bald einen nächsten Klienten haben. Also im Normalfall, angenommen, sie hätten keinen nächsten Klienten, dann würde ein Projekt, was 50 Stunden braucht, auf 150 Stunden ausgebaut werden. Und nur dann, wenn der nächste Klient kommt, kann es plötzlich weniger lange dauern. Manchmal, wenn sie bis 19.00 Uhr oder 20.00 Uhr in der Firma sind und keiner sonst, dann werden sie bis 22.00 Uhr noch berechnen. Das sei ganz üblich in der Branche. Er würde sich vornehmen, nur so viele Stunden zu arbeiten und zu berechnen, wie tatsächlich für die Erledigung der Aufgabe nötig sind. Dafür berechnet er allerdings den doppelten Satz von dem, was üblich ist. Das war seine Geschäftsidee. Das erste halbe Jahr war schwierig für ihn, aber danach hat sich seine Geschäftsidee unter den Kunden herumgesprochen und er konnte sich vor Aufträgen nicht mehr retten. Ein paar Jahre später habe ich ihn gefragt, ob er nahe an seiner Million wäre und er hat geantwortet, er wäre nahe an seinem Zeitplan. Er war schon immer ein sehr guter Arbeiter. In den Sivananda Vedanta Ashrams stand er morgens um 7.15 Uhr nach der Meditation auf und machte sich bis 2.00 Uhr nachts an die Arbeit. Um 6.00 Uhr ging er dann wieder in die Meditation. Für ihn war das Kaffeeverbot aufgehoben. Er konnte auch 48 Stunden am Stück arbeiten. Von daher nehme ich an, er wird es wahrscheinlich gepackt haben, wenn er nicht in der Internetblase, dem Börsencrash, sein ganzes Vermögen verloren hat. Aber ich habe nichts mehr von ihm gehört seit 1993.

In unserer Welt zu leben, bedeutet immer Opfer zu bringen.
Im Beruf Erfolg zu haben heißt Opfer zu bringen. Derjenige, der befördert werden will, schafft es nicht, wenn er nur das macht, was verlangt wird. Wenn man befördert

werden will, dann muss man mehr machen, als verlangt wird. Es heißt in der gewinnzielorientierten Wirtschaft sei das Geheimnis des Erfolgs: „Tue Gutes und sprich darüber." Anders als auf dem spirituellen Weg. Dort heißt es: „Tue Gutes und sprich nicht darüber." Aber wenn man in der Wirtschaft ist, dann muss man die Regeln auch irgendwie einhalten. Man kann ja alles Gott widmen und sich als Instrument Gottes betrachten. Aber sich einfach nur ausnutzen zu lassen, ist auch nicht Karma Yoga. Dann sorgt man besser für eine leistungsgerechte Bezahlung und was man dann nicht braucht, das gibt man irgendwo als Spende.

Wenn man eine Partnerschaft eingeht, dann ist es was Schönes, aber auch ein Opfer. Wenn man mit einem Partner zusammenkommt und genauso weiterleben will wie bisher dann klappt das nicht. Unter Yogis ist die Scheidungsrate leider nicht geringer als unter anderen Menschen. Die sind sehr häufig individualistisch eingestellt und obwohl Krishna immer wieder schreibt, man soll auf seine eigenen Wünsche verzichten, haben das die individualistischen Yogis des Westens nicht ganz verstanden.
Oder angenommen jemand wird Mitarbeiter bei Yoga Vidya. Da muss er auch auf einiges verzichten aber dafür gewinnt er eine ganze Reihe an Dingen, die er außerhalb nicht haben kann.
Aber egal, was wir machen, wir müssen auf irgendetwas verzichten, irgendetwas opfern. Und wenn wir die Selbstverwirklichung erreichen wollen, dann müssen wir auch Opfer bringen. Es ist sowohl wörtlich zu verstehen als auch im übertragenen Sinne, dass, egal was wir tun, wir es Gott darbringen. Wie kann man die Selbstverwirklichung nun erlangen?

4. Kap. 32. Vers:
„So sind mannigfaltige Opfer vor Brahman (wörtlich vor Mund und Gesicht von Brahman) ausgebreitet. Wisse, dass sie alle aus Handlung geboren sind, und da du dies weißt, wirst du befreit werden."

Wir tun Handlungen aber wir bringen sie Gott dar als Opfer.

4. Kap. 33. Vers:
„Dem Opfer mit Gegenständen überlegen ist das Weisheitsopfer (Jnana Yajna), Oh Parantapa. Alle Handlungen gipfeln in ihrer Gesamtheit in Erkenntnis, Oh Arjuna."

Wir können Gott materielle Gegenstände opfern. Wir können Gott unsere Erkenntnis opfern oder, wie Swami Sivananda es oft interpretiert hat, wir können lehren. Wir können Yoga lehren und für die Verbreitung der Lehren sorgen. Wir können Meditation lehren oder Schriften und Bücher verteilen und auf diese Weise Jnana Yajna geben. Dies ist viel bedeutender und wichtiger als ein materielles Opfer zu geben. Es ist zwar auch wichtig, dass Menschen etwas zu essen haben, aber es ist noch wichtiger, dass Menschen, die schon etwas zu essen haben, Weisheit bekommen. Und letztlich zielen alle unsere Handlungen darauf ab, dass wir Erkenntnis haben wollen. Wir sind Sat Chid Ananda und bewusst oder unbewusst streben wir danach. Warum würden Menschen so viel dafür tun, um Milliardäre zu werden? Letztlich, weil sie meinen sie würden glücklich und sie würden sich ausdehnen ins unbeschränkte Sein und sich dann alles kaufen können. Sie wollen zu Sat Chid Ananda hinkommen. Wenn sie allerdings denken, dass es ihnen durch Geld, Macht, Sinnesfreuden oder dem Wunsch nach einem schönen Haus gelingen würde, dann liegen sie falsch. Und obwohl viele Menschen wissen, dass das Glück nicht durch materiellen Reichtum erreicht werden kann, hören sie nicht auf danach zu streben.

4. Kap. 34. Vers:
„Erkenne Dies durch lange Verneigung, durch Ehrerbietung, durch Fragen und Dienen; die Weisen, die die Wahrheit erkannt haben, werden dich in (diesem) Wissen unterweisen."

Krishna wiederholt diese Weisheit für Arjuna, der es eigentlich weiß, aber trotzdem immer wieder vergisst. Damit wir Wissen aufnehmen können, müssen wir uns verneigen, wir müssen demjenigen, der uns lehren soll, Ehrerbietung erweisen und respektvoll ihm gegenüber sein. Gleichzeitig müssen wir aber auch Fragen stellen, sowohl innerlich Fragen stellen als auch äußerlich Fragen stellen. Und wenn wir Menschen fragen, die mehr wissen als wir selbst, dann können wir ihnen auch dienen und uns dankbar und würdig für ihre Lehren erweisen.
Ich z.B. bin in einer Unternehmerfamilie aufgewachsen. Mein Vater hatte in der Firma 2500 Beschäftigte. Er hat darauf bestanden, uns Kinder einfach zu erziehen. Manchmal hat er uns aber auch auf Kundenbesuche mitgenommen. Die Kunden lebten oft in riesigen Häusern mit Personal und viel Luxus. Wir Kinder sollten schließlich in dieses Geschäft reinwachsen - bei mir hat es eher das Gegenteil bewirkt - und ich habe gedacht: „Was soll das bringen? Es gibt schon genügend Polstermöbel auf dieser Welt. Und Reichtum macht nicht glücklich. Weder sind meine Eltern besonders glücklich noch meine anderen Verwandten." Ich habe auch andere Verwandte, die nicht so reich sind und ich habe nicht feststellen können, dass die Menge an Geld und an Erfolg irgendetwas in Glück oder Unglück ausmacht.

4. Kap. 35. Vers:
„Wenn du dies weißt, Oh Arjuna, wirst du nicht mehr in dieser Weise verwirrt werden; und durch dies wirst du alle Wesen in deinem Selbst und auch in Mir erkennen."

Es gibt zwei Möglichkeiten, uns eins mit allen Wesen zu fühlen: Wir können als Jnana Yogi sehen: Alles ist im Selbst. Das Selbst aller Wesen ist eins. Oder wir sehen es als Bhakti Yogi: Gott ist alles. Wir ruhen alle in Gott. Gott ist unser Vater, wir sind seine Kinder. So sind alle Wesen unsere Geschwister.

4. Kap. 36. Vers:
„Auch wenn du der größte Sünder von allen bist, du wirst doch wahrlich mit dem Floß der Erkenntnis alle Sünden durchqueren."

Wenn man in der Vergangenheit viel schlechtes Karma auf sich geladen hat durch untugendhafte Handlungen, Gedanken oder Worte, dann kann man jetzt, wenn man die richtige Erkenntnis hat, die Papas durchqueren.

4. Kap. 37. Vers:
„So wie das lodernde Feuer Öl zu Asche verbrennt, Oh Arjuna, so verbrennt das Feuer der Erkenntnis alles Karma zu Asche."

Während der Selbstverwirklichung werden Sanchita und Agami Karma verbrannt. Wir schaffen kein neues Karma mehr. Das Karma, welches noch nicht begonnen hat zu keimen, wird ebenfalls verbrannt. Das Parabdha Karma, das Karma, welches bereits begonnen hat zu keimen, muss in diesem oder im nächsten Leben gelebt werden.

4. Kap. 38. Vers:
„Wahrlich, es gibt in dieser Welt keine Läuterung, die der Erkenntnis vergleichbar ist. Wer im Yoga vollkommen ist, findet sie zur rechten Zeit im Selbst."

Die Erkenntnis verbrennt alles Karma im Selbst.

4. Kap. 39.-40. Vers:
„Der vertrauensvolle Mensch, der sich ihr widmet und die Sinne beherrscht, erlangt (diese) Erkenntnis; und sobald er Erkenntnis erlangt hat, erreicht er sofort den höchsten Frieden. Der Unwissende, Ungläubige und Zweifelnde geht zur Zerstörung; weder diese Welt, noch die andere, und auch kein Glück gibt es für den Zweifelnden."

Wir sind in den letzten 20, 30, 40 Jahren mit gesunder Skepsis aufgewachsen. Das gehörte zu den Erziehungszielen der Gesellschaft. Man sollte alles hinterfragen, nichts glauben. Und trotzdem, wenn wir ständig nur zweifeln, dann kommen wir nirgendwo an. Selbst derjenige, der im Weltlichen Erfolg haben will, muss daran glauben, dass er es schafft. Wenn er jeden Tag von neuem Zweifel hat, ob es richtig ist, hilft ihm das auch nicht weiter. Genauso ist es auf dem spirituellen Weg erst einmal gut, tief nachzudenken, dann eine Entscheidung zu treffen und dieser Entscheidung zu folgen. Man sollte nicht jede Woche von neuem überlegen, ob man das Richtige macht oder nicht. Eventuell kann man eine zeitbegrenzte Entscheidungen treffen, sich zum Beispiel etwas für ein halbes Jahr vornehmen und dann nach einem halben Jahr analysieren, ob es richtig war das zu tun oder nicht.

Durch Zweifel geht soviel geistige Energie verloren. Wenn der Geist anfängt Zweifel zu haben dann kann sagen: "Herr oder Frau Zweifel da bist du ja wieder. Du kannst in drei oder sechs Monaten wiederkommen."

4. Kap. Verse 41-42:
„Den Menschen, der durch Yoga den Handlungen, dem Karma entsagt hat, (d.h. nicht das er nichts tut), dessen Zweifel durch Wissen aufgelöst worden sind, und der gefasst ist - ihn binden Handlungen nicht, Oh Arjuna. Mit dem Schwert der Erkenntnis (des Selbst) mache daher deine Zweifel zunichte, die aus Unwissenheit entstanden sind und in deinem Herzen wohnen, und suche Zuflucht im Yoga. Erhebe dich, Oh Arjuna."

Wenn wir im Zweifel versinken rät Krishna uns, und zu erheben. Auf Sanskrit heißt es „atishthottitishtha bharata." „Erhebe dich, oh Held". Wenn ihr das nächste Mal wieder Zweifel bei euch bemerkt, dann wiederholt: „atishthottitishtha bharata."

So endet in den Upanishaden der glorreichen Bhagavad Gita, der Wissenschaft vom Ewigen, der Schrift über Yoga, des Dialoges zwischen Shri Krishna und Arjuna das vierte Kapitel mit dem Namen: Der Yoga der Weisheit.

Kapitel 5-18

Kapitel 5: Der Yoga des Verzichts auf Handlung

Das fünfte Kapitel wird überschrieben mit dem Titel, der „Verzicht auf Handlung". Ganz korrekt müsste man sagen, des Verzichts auf Karma. Krishna lehrt Arjuna erneut, wie er die Bindung ans Karma überwinden kann.
In diesem Band habe ich die Kapitel 1-4 besonders ausführlich behandelt. Die Kapitel 5-9 behandle ich jetzt sehr viel kürzer. In weiteren Bänden werde ich die Verse der weiteren Kapitel sehr viel detaillierter behandeln. Hier also die Kurzinterpretation der Kapitel 5-9:

5. Kap. Vers 1:
„Arjuna sprach: Den Verzicht auf Handlungen rühmst Du, Oh Krishna, und dann wieder Yoga. Sage mir endgültig, was von beiden besser ist."

Arjuna fragt immer wieder nach. Er hat Krishnas Lehren immer noch nicht verstanden. Wir wollen kein neues Karma erzeugen aber handeln.

5. Kap. Vers 2:
„Krishna sprach: Sowohl die Entsagung als auch der Yoga des Handelns führen zu höchster Seligkeit; von den beiden jedoch ist der Yoga des Handelns dem Verzicht auf Handlung überlegen."

Etwas zu tun ist besser, als nichts zu tun. Krishna versucht jetzt die Gegensätze aufzulösen. Er sagt im nächsten Vers Folgendes:

5. Kap. Vers 3:
„Als immerwährender Sannyasin möge der angesehen werden, der weder hasst noch wünscht; denn frei von den Gegensatzpaaren, Oh mächtig bewaffneter Arjuna, findet er leicht Befreiung aus den Banden."

Ein „Sannyasin" ist jemand, der das Gelübde der Entsagung abgelegt hat. Er entsagt dem Wunsch nach einem Partner, dem Wunsch nach Nachkommen, nach Reichtum und Ansehen. Er hat keinerlei persönliche Besitztümer mehr und keine Familie mehr. Krishna definiert einen Sannyasin noch einmal anders. Für ihn ist ein wahrer Sannyasi jemand, der Karma Yoga ausführt, wie zuvor. Und damit vereint er beides.

5. Kap. Vers 4:
„Kinder, nicht Weise, sprechen von Wissen und dem Yoga des Handelns, vom Ausführen der Handlungen, als wären es zwei verschiedene Wege oder etwas voneinander Getrenntes; wer wahrhaft in einem fest verwurzelt ist, erntet die Früchte von beiden."

Wir können in der Welt handeln und trotzdem zur Weisheit kommen und umgekehrt: wir können sowohl weise sein, als auch in der Welt handeln. Man kann also jederzeit den Weg des Handelns mit dem Weg der Weisheit verbinden.

5. Kap. Verse 5-6:
„Den Ort, den die Sankhyas oder Jnanis erreichen, erreichen auch die Yogis (Karma Yogis). Derjenige erkennt, der Wissen und Handeln (Karma Yoga) als eins erkennt. Doch Entsagung, Oh mächtig bewaffneter Arjuna, ist ohne Yoga schwer zu erreichen; der Weise, der durch Yoga Harmonie erreicht hat, geht rasch zu Brahman."

Der Zustand der inneren Entsagung ist nicht so einfach zu erreichen. Wir müssen ihn üben. Und wir üben ihn durch beständiges, immer wiederkehrendes Karma Yoga. Diese Gedanken führt Krishna in den nächsten Versen weiter aus.

5. Kap. Vers 8-11:
„„Ich tue gar nichts" - so denkt ein Mensch, der in Harmonie ist und die Wahrheit kennt, wenn er sieht, hört, fühlt, riecht, isst, geht, schläft, atmet, spricht, geschehen lässt, seufzt, die Augen öffnet und schließt - und ist davon überzeugt, dass sich die Sinne zwischen den Sinnesobjekten bewegen. Wer seine Handlungen Brahman opfert und Verhaftung aufgibt, wird von der Sünde nicht befleckt, so wie das Lotusblatt von Wasser nicht befleckt wird. Durch das Aufgeben von Verhaftung handeln die Yogis nur mit Körper, Geist, Verstand und auch mit den Sinnen, um sich zu reinigen.",,

Ein weiterer Grund, warum wir handeln ist, weil wir uns reinigen wollen. Wir reinigen uns von Karma, von Egoismus, von vorgefassten Meinungen usw. Angenommen, jemand lebt in einer Höhle oder in einer Einsiedelei, dann kann er sein Leben weitestgehend so gestalten, wie er es gerne hätte. Er merkt die eigenen Unreinheiten und die eigenen Widerstände nicht. Es fehlt ihm die Reibungsfläche. Es kann sein, dass er sich vormacht, dass es ihm irgendwie gut geht und er es toll findet, aber er hat nicht diese Reibung anhand derer die Reinigung entstehen kann.

5. Kap. Vers 18:
„Weise sehen keinen Unterschied zwischen einem gelehrten und frommen Brahmanen, einer Kuh, einem Elefanten und sogar einem Hund und einem Kastenlosen."

Wir können erkennen, dass hinter allem das gleiche göttliche Selbst ist.

5. Kap. Vers 19:
„Selbst hier (in dieser Welt) wird alles von denen überwunden, deren Geist in Gleichmut ruht; Brahman ist in der Tat makellos und gleich; daher ruhen sie fest in Brahman. Wer Brahman kennt, ruht mit unerschütterlichem und ungetäusch-

tem Verstand in Brahman und wird nicht jubeln, wenn ihm Angenehmes widerfährt, noch bekümmert sein, wenn ihm Unangenehmes zustößt.“

5. Kap. Vers 22:
„Freuden, die aus Kontakten stammen, lassen nur Schmerz entstehen, denn sie haben einen Anfang und ein Ende, Oh Arjuna: der Weise findet an ihnen keine Freude.“

Diese Aussage Krishnas klingt für viele von uns schon ein bisschen negativ. Wir alle können schon an Sinnesfreuden Freude finden, wenn wir uns von Anfang an bewusst machen, dass sie einen Anfang und ein Ende haben.

5. Kap. Vers 23:
„Wer schon in dieser Welt, bevor er Befreiung vom Körper erlangt hat, dem aus Wunsch und Ärger entstandenen Drängen widerstehen kann - ist ein Yogi, er ist ein glücklicher Mensch.“

5. Kap. Vers 29:
„Krishna spricht: Wer Mich als den erkennt, der sich an Opfer und Askese erfreut, als den großen Herrn aller Welten und Freund aller Wesen, erlangt Frieden.“

Krishna beschreibt eine weitere Möglichkeit, wie wir auf unserem spirituellen Weg vorankommen können. Wenn es uns nicht gelingt, unsere Sinne zu beherrschen, dann können wir uns bewusst machen, dass nicht wir dieses Essen genießen, sondern dass Krishna das Essen durch uns genießt. Gott genießt das Essen durch uns. Und alles, was wir tun, machen wir letztlich für Gott.
Wann immer Krishna uns hohe Ideale lehrt, uns sagt, wir sollen unser Selbst beherrschen, gleichmütig sein usw. und er merkt, dass wir Menschen das nicht schaffen, dann geht er einen Schritt zurück und fordert uns auf zu erkennen, dass Er hinter allem ist. Er sagt zu uns: „Erkenne, dass Ich hinter allem bin. Ich bin derjenige, der deine Gedanken hat. Ich bin derjenige, der deine Gefühle hat. Ich bin derjenige, der deine Sinnesgenüsse genießt. Ich bin derjenige, der hinter allen Wünschen steckt.“
Wenn wir all unsere Gedanken, Worte und Taten Gott darbringen, dann sind wir viel gleichmütiger und Gott wird uns befreien.

Kapitel 6: Der Yoga der Meditation

6. Kap. Vers 1:
„Krishna sprach: „Wer die ihm auferlegte Pflicht erfüllt, ohne an den Früchten seiner Handlungen zu hängen - der ist ein Sannyasin und ein Yogi, nicht der, der ohne Feuer und untätig ist.““

„Ohne Feuer" kann man auf zwei verschiedene Art und Weisen interpretieren.
Zum einen kann es sich auf Yajnas beziehen. Ein indischer Hausmensch, Hausmutter, Hausvater hatte im alten Indien die Aufgabe Yajnas auszuführen und auch das Herdfeuer zu unterhalten, also zu kochen. Man könnte Krishnas Aussage so interpretieren als jemand, der keine Rituale oder Sonstiges ausführt. Ein Sannyasin und ein Yogi sind diejenigen, die alle Pflichten erfüllen, ohne an den Pflichten zu hängen.
Zum anderen gibt es eine modernere Interpretation für „ohne Feuer sein". Da heißt es, Menschen ohne Feuer sind träge, faul und sie meinen, sie könnten dieses und jenes nicht. Sie wollen nichts machen, nur ein Yogi sein. Ihnen ist alles zu anstrengend. Swami Sivananda hat gesagt, er hätte da eine besondere Methode, um die Kundalini Energie zu erwecken. Das hieße dann „*Yoga Danda*". Das ist natürlich humorvoll zu verstehen. *Danda* heißt „Stock". Im Deutschen würde man sagen: "Ihm einen Tritt in den Hintern geben." Diesen Tritt müssen wir uns selbst geben oder geben lassen. Es ist niemandem gedient, wenn faule Menschen gut versorgt sind. Das führt nur dazu, dass sie dauerhaft im Tamas sind. Wir sollten unsere Handlungen mit Enthusiasmus tun, so gut wie wir können und vielleicht sogar mit Feuer aber ohne Verhaftung.

6. Kap. Vers 2:
„Wisse, Oh Arjuna, Yoga ist das, was man Entsagung nennt; niemand wird wahrhaft ein Yogi, der nicht den Gedanken entsagt hat."

Krishna stellt noch einmal den Weg des Nichtausführens von Handlungen und den Weg des Ausführens von Handlungen in Beziehung.

6. Kap. Vers 3:
„Für den Weisen, der Yoga zu erreichen wünscht, gilt Handeln als der Weg; für denselben Weisen, der Yoga erreicht hat, gilt Nichthandeln als der Weg."

Es gibt irgendwann im Leben eine Phase, wo man längere Zeit nichts tut.

6. Kap. Vers 4:
„Wenn ein Mensch nicht an den Sinnesobjekten oder Handlungen hängt und allen Gedanken entsagt hat, wird von ihm gesagt, er hätte Yoga erreicht."

Wenn ein Mensch Yoga erreicht hat, dann ist es gut, mal eine längere Zeit zu schweigen und hauptsächlich zu meditieren. Solange ein Mensch aber noch an diversen Sinnesobjekten hängt und Gedanken hegt, ist es gut weiter zu handeln.

6. Kap. Vers 5-6:
„Der Mensch möge durch das Selbst nur erhoben werden; er erniedrige sich nicht selbst; denn allein das Selbst ist sein Freund, und allein das Selbst ist sein Feind. Das Selbst ist der Freund des Menschen, der sich selbst durch das Selbst bezwungen

hat, für den Menschen jedoch, der sich selbst nicht bezwungen hat, ist dieses Selbst ebenso ein Feind wie ein (äußerer) Widersacher."

Diese beiden Verse gelten als besonders wichtige Verse der Bhagavad Gita. Im fünften Vers verwendet Arjuna eine gewisse Wortspielerei. Atman ist im Jnana Yoga hauptsächlich das „höchste Selbst", aber Atman kann auch das „relative Selbst" sein. Wir müssen uns bewusst sein, das die Quelle des Leidens letztlich wir selbst sind. Wir können uns selbst erhöhen und wir können uns selbst erniedrigen. Und wir mögen uns selbst durch das Selbst erheben. Wir können das durch verschiedene Methoden machen. Wir können uns sagen, dass wir schlecht oder dumm sind und uns fragen, was wir wohl wieder Falsches gemacht haben usw. Oder wir können uns auch erniedrigen, indem wir Dinge tun, von denen wir nachher wissen, dass sie uns unglücklich machen. Gleichzeitig können wir uns aber bewusst machen, dass wir das unsterbliche Selbst sind. Wir sind ein Diener Gottes, geschickt an die Stelle im Universum, wo Gott unsere spezifischen Fähigkeiten und Eigenschaften nutzen kann. So können wir uns selbst erhöhen oder wir können uns selbst erniedrigen.

6. Kap. Vers 9:
„Wer Wohltätern, Freunden, Feinden, Gleichgültigen, Unparteiischen, Hasserfüllten, Verwandten, Rechtschaffenen und Sündern im selben Geist begegnet, ist vortrefflich."

Krishna sagt nicht, dass wir Wohltäter, Freunde, Feinde, Gleichgültige, Unparteiische, Hasserfüllte, Verwandte, Rechtschaffene und Sünder gleich behandeln müssen. Verschiedene Menschen brauchen verschiedene Reaktionen von uns. Es gibt einen Menschen, der, bevor er versteht, was wir sagen wollen, dieses sehr deutlich gesagt bekommen muss. Bei anderen Menschen darf man nur eine Andeutung machen oder mit den Augen zwinkern und dann wissen sie schon, was zu tun ist. Wieder anderen muss man das, was man von ihnen möchte, sehr deutlich erklären. Manche Menschen wollen einem helfen. Dann sollte man deren Hilfe auch annehmen. Es gibt Menschen deren Ego verhindert, dass sie Hilfe annehmen wollen. Swami Vishnu hat mal einem Zentrumsleiter, der sich nie helfen lassen wollte, gesagt: „Du erweist anderen den größten Dienst, wenn du ihnen erlaubst dir zu helfen. Denn, wie du weißt, hilft Karma Yoga sich zu entwickeln. Warum bist du so egoistisch und ermöglichst es anderen nicht, Karma Yoga zu üben?"

Und genauso, angenommen, jemand treibt einen an oder jemand belästigt einen am Telefon immer wieder: Was muss man dann tun? Man muss die nötigen Mittel einleiten bis hin zu einer Fangschaltung oder rechtsanwaltlicher Verfügung etc. Man muss das tun, was zu tun ist, aber nicht mit Hass gegenüber den Menschen, sondern mit Verständnis. In ihnen ist Brahman, das höchste Selbst. Dieses höchste Selbst hat der Mensch aber vergessen. Er handelt irgendwie aus Unwissenheit heraus. Er bildet sich ein, dass er durch diese Handlungen glücklich werden kann. Und irgendwie ist es auch

verständlich, dass er so und so handelt. Trotzdem ist es mein Dharma, meine Aufgabe, hier Einhalt zu gebieten. Im schlimmsten Fall kann es notwendig sein, jemand anderes zu töten, wenn es darum geht andere Menschenleben zu retten.
Swami Vishnu hat gerne folgendes Beispiel gebraucht: „Angenommen, hier käme jetzt jemand mit einem Maschinengewehr durch die Tür und er würde ausrufen: „Ihr Yogis, ihr seid alle verrückt. Ihr gehört alle umgebracht. Die Welt muss von euch befreit werden, weil ihr sonst den Teufel in die Welt hineinbringt." Und angenommen er würde dann anfangen zu schießen, was wäre dann meine Aufgabe? In diesem Fall wahrscheinlich die Bhagavad Gita zu nehmen und ihm sehr stark auf den Kopf zu schlagen. Ob ich das könnte, weiß ich nicht, aber es wäre meine Aufgabe." In unseren Breiten ist so etwas glücklicherweise unrealistisch.

Wenn wir sehen, dass ein Unrecht geschieht, ist es in vielen Fällen richtig sich einzumischen. Wir können aber nicht überall eingreifen. Sonst könnten wir uns den ganzen Tag damit beschäftigen Unrecht zu bekämpfen und würden uns verzetteln. Trotzdem ist es in vielen Fällen gut, wenn man sich einmischt. Es jährt sich gerade wieder das Ende des zweiten Weltkriegs. Wenn sich 1933 mehr Leute eingemischt hätten, dann hätte es 1939-1945 nicht gegeben.
Wenn ich selbst in einer Situation eingreife, kann es manchmal auch mein Karma oder meine Aufgabe sein, zu sterben. Es hängt letztlich immer von einigen Begleitumständen ab. Es gilt das Prinzip der Verhältnismäßigkeit zu beachten. Wenn keine Aussicht auf Erfolg besteht, ist es nicht sinnvoll, wenn ihr eurer Leben aufs Spiel setzt. Angenommen, man erlebt es in der U-Bahn, wo Einer den Anderen zusammenschlägt. Der Schläger ist von sehr großer, kräftiger Statur und du selbst siehst wenig Möglichkeiten ihn zu besiegen, dann ist es gut, alle Menschen in der U-Bahn anzusprechen. Wenn alle gleichzeitig aufstehen, dann wird er vielleicht gestoppt. Manche Menschen sind gelähmt, weil sie Angst haben, aber wenn 20 Leute gleichzeitig aufstehen wirkt es anders auf den Schläger. Schwierig ist es, wenn man zu zweit in der U-Bahn ist, dann wird man nicht eingreifen, sondern zum Beruhigen Mantras rezitieren und die Notbremse ziehen. Und wer das Handy dabei hat, wird die Polizei alarmieren. So oder so wird jemand kommen und helfen.

6. Kap. Vers 10:
„Möge der Yogi stets bemüht sein, den Geist ruhig zu halten; in Einsamkeit, allein, mit Kontrolle über Geist und Körper und frei von Hoffnung und Verlangen."

Ab dem zehnten Vers der Bhagavad Gita spricht Krishna über die Meditation. Er rät uns durch seine Worte jetzt nicht, in die Einsamkeit zu gehen. Er rät uns, wenn wir uns zur Meditation hinsetzen, zu sagen: „Jetzt bin ich alleine. Da mögen zehn Kinder um mich herum sein; da mögen 100 Arbeiten auf mich warten; ich werde mir bewusst machen, jetzt, während ich meditiere, bin ich allein. Ich habe in dem Moment, wo ich meditiere, keine Pflichten gegenüber meinen Kindern, meinem Hund, Ehepartner oder anderen.

Ich bin allein mit Gott, verbunden mit allen Wesen."
Ferner rät Krishna uns frei von Hoffnung und Verlangen zu sein („*nirasir aparigrahah*"= ohne etwas zu wollen, ohne nach etwas gierig zu sein). Auch während der Meditation müssen wir diese Art des Karma Yoga aufrechterhalten. Wir sollten uns bewusst machen, dass wir engagiert meditieren wollen, dass wir an Meditation hohes Interesse haben - damit es nicht nur ein Döszustand ist - und gleichzeitig dürfen wir nicht an das Ergebnis der Meditation verhaftet sein.

6. Kap. Vers 11:
„An einem sauberen Ort, auf einem für ihn bereiteten festen Sitz, der weder zu hoch, noch zu niedrig ist und aus Schichten von übereinander gelegtem Tuch, einer Tierhaut und Kusha-Gras besteht."

Kusha-Gras soll eine angenehme Schwingung haben und dabei helfen, Insekten fernzuhalten. Die Kuhhaut, die darüber gelegt werden soll, stammt nicht von einer extra für die Meditation geschlachteten Kuh, sondern von einer Kuh, die natürlich verendet ist. Nach ihrem Tod wurden alle Teile verwendet. Diese Art des Meditationssitzes ist in Indien weit verbreitet, auf den Westen allerdings weniger gut anwendbar. Wir sollten heutzutage keine Kuhhaut für die Meditation nehmen, da die Tiere typischerweise nicht natürlich verenden, sondern geschlachtet werden und wir somit nur die Fleischindustrie unterstützen würden. Wir können im Westen allerdings auch darauf achten, dass unser Sitz weder zu hoch noch zu niedrig ist. Wenn wir ein Kissen haben, welches zu dick oder zu dünn ist, können wir nicht gut meditieren.

6. Kap. Vers 12:
„Mit einpünktigem Geist, nachdem er Beherrschung über die Aktivitäten von Geist und Sinnen gefunden hat, möge er sich auf diesem Sitz niederlassen und Yoga üben, um sich selbst zu reinigen."

An dieser Stelle versteht Krishna unter Yoga wirklich Meditation und nicht mehr Karma Yoga.

6. Kap. Vers 13:
„Er halte seinen Körper unbewegt, Kopf und Nacken gerade und ruhig, den Blick auf die Nasenspitze gerichtet, ohne herumzusehen."

Eine Möglichkeit zu meditieren ist, uns auf unsere Nasenspitze zu konzentrieren. Eine weitere Möglichkeit zu meditieren ist, uns auf den Punkt zwischen den Augenbrauen oder auf die Herzgegend zu konzentrieren.

6. Kap. Verse 33-34:
„Arjuna sprach: Dieser Yoga der Ausgewogenheit, den du lehrst, Oh Krishna, ich

sehe nicht, dass er von Bestand sein kann, aufgrund der Ruhelosigkeit (des Geistes). Der Geist ist wahrlich ruhelos, ungestüm, stark und unnachgiebig, Oh Krishna: ihn zu kontrollieren, erscheint mir ebenso schwierig, wie den Wind zu kontrollieren."

Krishna hatte Arjuna zuvor die hohen Ideale der Meditation erklärt und Arjuna antwortet Krishna, dass er so zu meditieren nicht für möglich hält und das, obwohl Arjuna kein Anfänger auf dem spirituellen Weg ist.

6. Kap. Vers 35:
„Krishna sprach: Zweifellos, Oh mächtig bewaffneter Arjuna, der Geist ist schwer zu beherrschen und ruhelos; aber durch Übung (Abhyasa) und Vairagya (Verhaftungslosigkeit) kann er bezähmt werden."

„Abhyasa" heißt übersetzt „beständige Übung", „Vairagya" heißt übersetzt „Verhaftungslosigkeit" oder „Wunschlosigkeit". Beides können wir entwickeln. Wir üben immer wieder morgens, mittags und abends. Wir praktizieren Meditation, Asanas und Pranayama ebenso wie Karma Yoga. Und wir lernen immer mehr frei zu werden von Wünschen. Wünsche nicht zu erfüllen und an Früchten nicht zu hängen. Das können wir zum einen ganz bewusst tun. Wir können z.B. manchmal sagen: „Das und das mag ich ganz gern, deswegen verzichte ich einfach mal ein bisschen darauf." Und manchmal verhilft uns unser gutes Karma dazu, auf Dinge zu verzichten, die wir gerne hätten. Dann sollten wir diese Lektionen mit einem frohen Geist annehmen.

6. Kap. Vers 36:
„Krishna sprach: Ich denke, Yoga kann schwer von dem erreicht werden, der sich nicht selbst beherrscht; der Selbstbeherrschte und Strebende aber kann durch die geeigneten Mittel dahin gelangen."

Es stellt sich natürlich die Frage, was wir denn tun können, da es uns ja schwer fällt uns selbst zu beherrschen. Nun, wir können uns immer wieder um Selbstbeherrschung bemühen und wir können uns bewusst machen, dass Selbstbeherrschung auch zum Yoga dazugehört.

6. Kap. Vers 37-39:
„Arjuna sprach: Der Mensch, dem es nicht möglich ist, sich selbst zu beherrschen, obwohl er Glauben besitzt, und dessen Geist sich vom Yoga wegbewegt, welches Ende erwartet ihn, da es ihm nicht gelungen ist, Vollkommenheit im Yoga zu erreichen, Oh Krishna? Da er von beidem abgefallen ist, wird er nicht vergehen wie eine zerborstene Wolke, hilflos, Oh mächtig Bewaffneter (Krishna), und irregeleitet auf dem Weg zu Brahman? Beseitige Du, Oh Krishna, diesen meinen Zweifel gänzlich; denn niemandem außer Dir ist es möglich, diesen Zweifel zu zerstreuen."

„Von beidem abgefallen sein“ bedeutet, dass der Mensch sowohl vom materiellen Erfolgsweg, als auch vom spirituellen Weg abgekommen ist.

Arjuna äußert, angenommen, er versuche auf dem spirituellen Weg voranzukommen, er verzichte auf einiges Weltliche und erreiche die Verwirklichung trotzdem nicht. Dann hat er kein erfülltes weltliches Leben gehabt und auch kein erfülltes spirituelles Leben. War sein Leben dann nicht vollkommen vergeblich und verschwendet?

6. Kap. Vers 40:
„Krishna sprach: Oh Arjuna, weder in dieser Welt, noch in der nächsten Welt wird er untergehen; wahrlich, niemand, der Gutes tut, Oh Mein Sohn, wird je Schaden erleiden.“

Wir werden nicht durch das Üben von Karma Yoga erfolgloser in der Welt. Manchmal, wenn man eine Weile Yoga gemacht hat, dann betrachtet man sein früheres Leben durch eine rosa-rote Brille und denkt: „Ach, früher ging es mir so gut. Ich könnte jetzt schon so reich sein und so toll sein.“ Wenn wir ein bisschen darüber nachdenken stellen wir fest, dass das nicht stimmt und ziemlich unsinnig ist. Warum haben wir denn überhaupt mit Yoga angefangen? Es muss einen bestimmten Grund gegeben haben, so toll kann unser materialistisches Leben vorher auch nicht gewesen sein. Es ist jetzt nicht so, dass mich irgendjemand dazu überredet hat. Und man kann auch sehr wohl auf materieller Ebene erfolgreich sein wenn man Karma Yoga übt.

Weder in dieser noch in der nächsten, also weder in der spirituellen noch in der weltlichen Welt, werden wir untergehen. Man kann es aber auch anders interpretieren. Weder in diesem noch im nächsten Leben werden wir untergehen.

6. Kap. Vers 41:
„Nachdem er die Welt der Rechtschaffenen erlangt und sich dort eine Ewigkeit lang aufgehalten hat, wird der, der vom Yoga abgekommen ist, in einem reinen und wohlhabenden Haus wiedergeboren werden.“

Wenn wir vor dem Tod die Selbstverwirklichung nicht erreicht haben, gehen wir nach dem Tod in höhere Astralwelten ein, die besonders schön sein sollen und werden im nächsten Leben relativ früh auf dem spirituellen Weg voranschreiten können.

6. Kap. Vers 42:
„Oder er wird sogar in einer Familie weiser Yogis geboren; wahrlich, eine solche Geburt ist in dieser Welt schwer zu erreichen.“
Wenn wir in eine Yogi Familie geboren werden, dann fangen wir noch früher an zu praktizieren. Wenn wir vielleicht schon als Kind in einem Ashram gewohnt haben und schon das Jaya Ganesha im Mutterleib gehört haben und im Mutterleib in die Asanas

hineingebracht werden, dann kann einem das auf dem spirituellen Weg sehr gut weiterhelfen.
Allerdings habe ich beobachtet, dass nicht alle Kinder von Ashrameltern auch gleich zu großen Yogis werden. In unserer Gesellschaft gibt es das Ideal, dass Kinder erst einmal vom Weg der Eltern abkommen müssen, um sich zu emanzipieren. Das ist außerhalb unserer westlichen Gesellschaft nicht besonders üblich. Die Kinder sind sehr viel mehr am Imitieren. Aber irgendwie ist das bei uns schon seit Anfang des 20. Jahrhunderts üblich, dass zum Aufwachsen der Kinder gehört, dass sie zwischendurch das Gegenteil von den Eltern machen. Und ich habe es schon öfters erlebt, dass Kinder mit fünf, sechs, sieben, acht Jahren ganz entzückt Mantras gesungen haben, Asanas geübt und mit zehn Jahren Harmonium gespielt haben und dann mit 13 Jahren alles vorbei war. Ich habe es dann aber auch oft erlebt, dass sie dann Anfang 20 bis Mitte 20, manchmal Ende 20 wieder zurückkehren. Die Samen sind gesät. Manchmal ist zwischendurch eine andere Phase zur Entwicklung nötig, um dann später wieder zurück zu kehren.

6. Kap. Verse 43-44:
„Hier kommt er mit dem Wissen in Berührung, das er sich in seinem früheren Körper angeeignet hatte, und strebt mehr als zuvor nach Vollkommenheit, Oh Arjuna. Eben wegen dieser früheren Praxis wird er sogar unwillkürlich weiter getragen. Auch der, der nur Yoga zu kennen wünscht, geht über das Wort Brahmans hinaus."

Manche Anhänger einer Religion glauben an die Worte ihrer Religion ohne eine tiefe innere spirituelle Erfahrung. Manche Menschen entwickeln sich zu Schriftgelehrten, Theologen, die also sehr gut über die historischen Kontexte etc. Bescheid wissen. Aber jemand, der in früheren Leben praktiziert hat, kommt schnell zu einer inneren Erfahrung. Spiritualität wird für ihn eine lebendige Erfahrung. Und darum geht es letztlich im Yoga.

Viele Menschen entdecken an sich selbst, dass sie schon früh Yoga Samskaras haben. Mich z.B. hat schon als Kind das Wort „Yogi" völlig fasziniert. Jemand aus meiner Klasse hat irgendwann mal den Lotussitz gemacht. Auch das hat mich fasziniert. Ich konnte ihn zwar selbst nicht einnehmen, weil ich dafür zu steif war, aber ich fand es beeindruckend, dass jemand so dasitzen kann. Und irgendwann habe ich dann gehört, dass jemand Yoga macht. Ich hatte nicht die geringste Ahnung, was das sein sollte, aber irgendwie fand ich das toll. Ich wollte dann auch Yoga machen. Ich habe mich bei der VHS erkundigt, doch leider waren die Kurse über zwei Jahre im Voraus ausgebucht und solange wollte ich dann doch nicht im Voraus buchen. Als 14-jähriger hatte ich keine Ahnung davon, was in zwei Jahren sein wird. Später habe ich in der Gegend eine Yogalehrerin kennen gelernt.

Swami Vishnu hat uns immer wieder gesagt, dass es in unserer westlichen Gesellschaft kaum jemanden möglich sein wird, täglich zu meditieren und Asanas und Pranayama zu machen, der nicht Samskaras aus einem früheren Leben in sich hat. Ich kann mich auch daran erinnern, als ich das erste Mal im Satsang war. Anfangs war es für mich äußerst schwierig zu sitzen, aber sobald das Jaya Ganesha angefangen hat, habe ich gedacht, ich sei zu Hause angekommen. Erst beim Hare Rama, Hare Krishna bin zusammengezuckt. Da sind mir alle Schauermärchen eingefallen, die ich im Religionsunterricht über die Hare Krishna Bewegung gehört habe. Bei meinem ersten Arati, was ich gemacht hatte, war die Kerzenflamme eine Woche lang ständig in meinem dritten Auge für mich sichtbar, sobald ich die Augen schloss.

Was wir in diesem Leben nicht erreichen, können wir im nächsten Leben erreichen. Wir brauchen uns nicht allzu sehr zu beeilen, sollten aber dennoch praktizieren und wachsen.

6. Kap. Verse 45-47:
„Der Yogi jedoch, der mit Eifer strebt und im Laufe vieler Geburten von Sünde gereinigt ist und vollkommen geworden ist, der erreicht das höchste Ziel. Es heißt, der Yogi stehe über den Asketen und auch über den Menschen von Weisheit (deren Wissen aus dem Studium der Schriften stammt); er steht auch über den Menschen der Handlung; deshalb sei ein Yogi, Oh Arjuna. Und von all den Yogis erachte ich den Vertrauensvollen, der in seinem Innersten in Mir aufgeht, und der Mich verehrt, als den Frömmsten.“

Auch dieses Kapitel der Bhagavad Gita endet mit einer Anleitung, wie wir uns verwirklichen können. Erst gibt Krishna uns das hohe Ideal vor, den Geist beherrschen zu sollen. Schaffen wir das nicht, sollen wir uns trotzdem immer wieder darum bemühen. Erst wenn wir auch das nicht schaffen, sollen wir Gott verehren. Das ist leicht.

So endet in den Upanishaden der glorreichen Bhagavad Gita, der Wissenschaft vom Ewigen, der Schrift über Yoga, des Dialoges zwischen Shri Krishna und Arjuna das sechste Kapitel mit dem Namen: Der Yoga der Meditation.

Kapitel 7: Der Yoga der Weisheit und Verwirklichung

7. Kap. Vers 1:
„Krishna sprach: Oh Arjuna, höre, wie du Mich ohne Zweifel vollständig erkennen wirst, indem du den Geist fest auf Mich richtest, Yoga übst und bei Mir Zuflucht suchst.“

Wie können wir Gott vollständig erkennen? Indem wir zuerst den Geist vollständig auf Gott richten und immer wieder an Gott denken und ihn in allem sehen. Danach indem wir Yoga üben: Asanas, Pranayama, Meditation und auch Karma Yoga.
Im sechsten Kapitel hat Krishna „Yoga" als „Meditation" bezeichnet. In den vorherigen Kapiteln hat er Karma Yoga als Yoga bezeichnet. Und jetzt versteht er unter Yoga Bhakti Yoga. Wir sollen bei Gott Zuflucht suchen. Gott hilft uns. Wir können immer zu ihm Zuflucht nehmen. Menschen verlassen uns öfters einmal. Eltern sterben irgendwann. Ehepartner können ihre eigenen Probleme haben. Kinder gehen aus dem Haus und die besten Freunde ziehen weg. Doch Jemand stirbt nicht, geht nicht aus dem Haus, verlässt uns nicht und zieht auch nicht weg. Dieser Jemand ist Gott. Und so können wir immer wieder zu Gott Zuflucht nehmen. Das sollten wir uns öfters bewusst machen. Es schließt nicht aus, dass wir zwischenmenschliche Beziehungen haben. Gott ist im Herzen aller Wesen. Deshalb ist es gut, solange unsere Eltern leben, ein gutes Verhältnis zu ihnen zu haben. So lange die Kinder im Haus leben oder erreichbar sind, ist es ebenfalls gut, ein gutes Verhältnis zu ihnen zu haben. Und wenn wir gute Freunde haben, dann ist auch das gut. Aber parallel dazu, dass wir von anderen Menschen auch Hilfe bekommen können oder Hilfe anbieten können, wissen wir, dass es einen immer gibt, nämlich Gott. Bei ihm können wir immer Zuflucht suchen.

7. Kap. Vers 2:
„Ich werde dir diese Erkenntnis vollständig erläutern, die gepaart ist mit direkter Verwirklichung, und nach deren Erkennen hier nichts mehr zu erkennen verbleibt."

Die höchste Erkenntnis ist die, nach deren Erkennen nichts mehr zu erkennen bleibt. Krishna hat zuvor gesagt, dass wir Erkenntnis erreichen, indem wir den Geist auf Gott richten, Yoga Übungen machen und bei Gott Zuflucht suchen.

7. Kap. Vers 3:
„Unter Tausenden von Menschen strebt vielleicht einer nach Vollkommenheit; selbst von denen, die erfolgreich streben, erkennt nur einer vielleicht Mein Wesen."

Nach der Meinung Krishnas streben nur wenige Menschen, eine kleine Minderheit, wirklich nach Vollkommenheit. Er führt hier als Beispiel „Einen von Tausenden" an, d.h. es gibt momentan 6 Millionen Strebende auf der Erde oder in Deutschland gäbe es dann 80.000 Menschen, die nach der Verwirklichung streben.
Wir brauchen diese Aussage Krishnas nicht wörtlich zu nehmen. Krishna wird vermutlich keine repräsentative Umfrage gemacht haben.
Wir können uns aber immer bewusst machen, wenn wir wirklich ernsthaft nach Vollkommenheit streben, sind wir in der Minderheit und die Mehrheit der Menschen wird uns nicht darin bestätigen, weiter nach Vollkommenheit zu suchen. Immer wieder

setzen wir die Meßlatte für unsere Ideale niedriger an. Immer wenn wir merken, dass unsere Ideale wieder schwächer werden, müssen wir kurz innehalten und die Ideale höher ansetzen.

7. Kap. Vers 8-9:
„Ich bin der Geschmack im Wasser, Oh Arjuna; Ich bin das Licht in Sonne und Mond; Ich bin die Silbe Om in allen Veden, der Klang im Äther und die Zeugungskraft im Manne und die Fruchtbarkeit in der Frau. Ich bin der süße Duft der Erde und das Leuchten im Feuer, das Leben in allen Wesen, und Ich bin die Kasteiung der Asketen."

In diesen und auch den nächsten Versen gibt Krishna uns noch einen kleinen Tipp, wie wir Gott erkennen können. Gott ist in allen Wesen. Manchmal fällt es uns aber schwer, Gott in allem zu erkennen und deshalb rät er uns zu Vibhuti Yoga. D.h. wir sollen an Gott in den besonders großen Schönheiten des Universums denken. Hierzu führt er in den Versen 8-11 Beispiele an.

Im 10 Kapitel 20.-22. Vers geht er noch weiter und sagt:
„Ich bin das Selbst in allen Wesen. Ich bin Beginn, Mitte und auch Ende aller Wesen. Unter den zwölf Adityas bin Ich Vishnu. Unter den Himmelskörpern die strahlende Sonne. Ich bin der Mond unter den Gestirnen. Unter den Veden bin ich Sama Veda. Unter den Sinnen bin Ich das Denken. Ich bin die Intelligenz unter den Lebewesen."

Auch in den darauf folgenden Versen führt Krishna aus, was er alles ist. Natürlich ist Gott nicht nur die Intelligenz, sondern auch die Dummheit. Er ist nicht nur die Liebe, sondern auch der Hass. Im Christentum sind wir es gewohnt zu hören, dass Gott die Verkörperung der Liebe und der Teufel die Verkörperung des Hasses ist. Beide bekämpfen sich ständig und es erscheint, als würde der Teufel immer wieder gewinnen. Aber gleichzeitig sagt man auch, dass Gott allgegenwärtig ist, allmächtig und allwissend. Wenn Gott allgegenwärtig ist, dann muss er auch im Hass gegenwärtig sein. Trotzdem ist Gott leichter in der Liebe zu erfahren. Und aus diesem Grund können wir Gott erst einmal in allem Großartigen anschauen - obgleich auch die Dummheit manchmal außergewöhnlich großartig ist. Sie kann wie ein Wunder sein und wir können sie ebenfalls als göttlich empfinden. Zu Staunen ist etwas, was wir in unserer westlichen Gesellschaft verlernt haben. Ein möglicher Grund dafür könnte sein, dass wir zu viel im Fernsehen gesehen haben und im Vergleich zu dem, was wir im Fernsehen schauen, ist das, was wir hier sehen, vielleicht gar nicht so großartig. Aber eigentlich ist es großartig. Schon das Gesicht eines Menschen ist etwas Großartiges. Die Augen sind etwas Großartiges. Überhaupt sehen zu können ist etwas Großartiges. Jede Rose, jeder Himmel, die graue Wolkendecke sind etwas Großartiges. Wahrscheinlich empfinden wir, wenn in ein paar Tagen wieder die Sonne scheint, das als noch großartiger.

Auf diese Art und Weise können wir uns bemühen, Gott in ein paar Dingen auf dieser Welt zu erkennen. Wir können uns Zeit nehmen zu staunen und das Herz sprechen zu lassen.

7. Kap. Vers 16:
„Vier Arten von tugendhaften Menschen verehren Mich, Oh Arjuna, nämlich die Verzweifelten, die nach Wissen Suchenden, die nach Wohlstand Strebenden und die Weisen, Oh Herr der Bharatas.“

Vier Arten von Menschen verehren Gott. Die drei ersten Gruppen von Menschen wollen jeweils etwas von Gott, die vierte Gruppe nicht.

Die erste Gruppe besteht aus den Verzweifelten. Wenn sie gar nicht mehr weiterwissen, dann wenden sie sich an Gott. Viele Menschen handeln so. Ich kann mich erinnern, irgendwann mal hat mir meine Großmutter Briefe von meinem Großvater gezeigt, die er geschrieben hat, als er im Krieg war. Ich wusste gar nicht, dass mein Großvater so religiös sein konnte. Jeder Vers begann mit Gott, endete mit Gott und war in der Mitte ebenfalls mit Gott angefüllt. Er schrieb oft: „Gott ist unsere einzige Zuflucht, es geschehen grässliche Dinge hier und wir wissen nicht, ob wir morgen noch leben werden.“ Es war Feldpost, die auch überprüft werden konnte, weshalb er nicht zu viel hineinschreiben konnte. Aber aus seinen Zeilen wurde deutlich, dass es ihn bis in die Grundfesten erschütterte, was passierte. Die einzige Weise, wie er damit umgehen konnte, war an Gott zu denken.
Und so gibt es einige Menschen, die an Gott denken, wenn es ihnen schlecht geht.

Die zweite Gruppe besteht aus den nach Wohlstand Strebenden. Sie beten: „Lieber Gott, bitte hilf mir, dass ich den Job bekomme, dann werde ich beim nächsten Kirchgang 100 € spenden." Das bezeichnet man auch als Bestechung. Trotzdem beten viele Menschen auf diese Art und Weise. Auch die Purva Mimamsa Philosophie beruht auf diesem Glauben: Wir häufen Verdienste an, um etwas Gutes zu bekommen.
Als Kind bin ich oft und gerne in die Kirche gegangen - zumindest bis zum Konfirmandenunterricht. Da habe ich auch manchmal vor einer schwierigen Klassenarbeit gebetet: „Lieber Gott, bitte gib, dass ich eine Eins bekomme. Dann gebe ich das nächste Mal doppelt so viel Kollekte.“ Und irgendwie hat das gut funktioniert. Trotzdem ist diese Art, sich an Gott zu wenden, sehr egoistisch.

Die dritte Gruppe besteht aus den nach Wissen Suchenden. Dazu zählen wir Yogis wahrscheinlich alle. Wir beten zu Gott: „Lieber Gott, bitte lass mich dich erkennen. Lass mich meine wahre Natur erkennen. Bitte zeige mir, was das Richtige ist. Bitte zeige mir meine Pflicht. Ich weiß nicht, was ich tun soll. Bitte sage mir, was das Richtige ist.“

Zur vierten Gruppe zählen die Weisen. Sie haben Gott erkannt. Für sie gibt es nichts mehr zu erkennen und trotzdem verehren sie Gott, weil sie Gott erkannt haben, weil

ihr Herz überfließt und weil Liebe da ist. Aus der Liebe kommt die Verehrung zu Gott. Sie wollen keine Hilfe von Gott.
So ähnlich, wenn jemand auf Brautschau ist, dann muss er überlegen, wie er oder sie den Geliebten oder die Geliebte dazu bringen kann, ihn zu heiraten. Angenommen, man ist verheiratet, dann tut man dem anderen weiterhin etwas Gutes an, nicht weil man etwas von ihm will, sondern aus Liebe heraus und um Liebe auszudrücken. Und so ähnlich können wir Gott lieben, uns ihm nahe fühlen, ihn erkennen und ganz natürlich verehren.

7. Kap. Vers 17:
„Unter ihnen ist der Weise, Beständige und dem Einen Ergebene hervorragend; denn Ich bin dem Weisen über alle Maßen lieb, und er ist Mir lieb."

Er spürt meine Liebe und ich spüre seine Liebe.

7. Kap. Vers 18:
„Edel sind sie wahrhaft alle; aber Ich betrachte den Weisen als Mein Selbst; denn mit beständigem Geist ruht er allein in Mir, da Ich sein höchstes Ziel bin."

Krishna sagt, dass alle Menschen edel sind, auch wenn sie Gott nur verehren, um etwas zu bekommen, oder wenn sie Gott nur verehren, weil sie verzweifelt sind. Auch das ist in Ordnung, da sie wenigstens Gott verehren. Die Verehrung Gottes, egal aus welchem Grund, ist besser als Gott nicht zu verehren. Natürlich, wenn die Verehrung fanatische Züge annimmt ist sie nicht mehr gut. Im Namen von Religionen ist schon viel Leiden geschaffen worden. Aber solange es nicht darum geht, andere gewaltsam zum Glauben zu bekehren, kann es gut sein.

7. Kap. Vers 19:
„Am Ende zahlreicher Geburten kommt der Weise zu Mir und verwirklicht, dass all das Vasudeva ist; solch eine große Seele ist sehr schwer zu finden."

Alles ist Gott. Vasudeva sarvam iti. Alles ist wahrhaftig Vasudeva. Alles ist wahrhaftig Gott.

7. Kap. Vers 20:
„Menschen, die durch diesen oder jenen Wunsch ihre Weisheit verloren haben, gehen zu anderen Göttern und folgen von ihrer Natur geführt diesem oder jenem Ritus."

Diese Aussage kann man auf zwei Weisen interpretieren.
Zum einen auf eine wörtliche Weise, dann hieße es, dass nur die Verehrung Krishnas die Richtige ist. Andere Götter zu verehren hieße, die Weisheit verloren zu haben.
Zum anderen kann man im übertragenen Sinne interpretieren, indem man den

Sanskritbegriff „Devatas“ nicht mit „Göttern“, sondern mit „Engelswesen“ übersetzt. Das hieße dann, wer nicht direkt Gott verehrt, kann die Engelswesen verehren. Letztere Verehrung ist nicht so weise. Es ist besser, wenn man sich direkt an Gott richtet, anstatt an die Devatas, die Engelswesen.

7. Kap. Vers 21:
„Welche Form ein Gläubiger mit Vertrauen zu verehren wünscht - Ich mache eben diesen (seinen) Glauben fest und unerschütterlich.“

Gott erscheint einem in der Form, in der wir ihn verehren. Wenn wir Gott als Krishna verehren, wird er uns als Krishna erscheinen. Wenn wir Gott als abstraktes Licht verehren, dann wird er uns als abstraktes Licht erscheinen. Wenn wir einen besonderen Bezug zu Swami Sivananda haben, dann wird uns Gott in Form von Swami Sivannada erscheinen.

7. Kap. Vers 22-23:
„In diesem Glauben widmet er sich der Verehrung von jenem, und daraus erhält er das Gewünschte, welches wahrlich Ich alleine so gewähre. Wahrlich, der Ertrag, den diese Menschen von geringer Intelligenz erhalten, ist gering. Wer den Göttern huldigt, geht zu ihnen, wer aber Mich verehrt kommt zu Mir.“

Hier sagt Krishna nochmals, dass wer sich also an Engelswesen oder noch schlimmer Naturgeister und niedrige Wesen richtet, auch nur zu ihnen kommt.

Kapitel 8: Der Yoga des Unvergänglichen Brahman

8. Kap. Vers 5-6:
„Jeder, der beim Verlassen des Körpers weiterhin allein an Mich denkt, gelangt zur Stunde des Todes zu Meinem Wesen: darüber besteht kein Zweifel. Jeder, der am Ende den Körper verlässt und an irgendein Wesen denkt, geht allein zu diesem Wesen, Oh Arjuna, durch sein ständiges Denken an dieses Wesen.“

Die letzten Gedanken, die ein Mensch hat, sind besonders wichtig. Angenommen der letzte Gedanke richtet sich an unsere Mutter, dann ist es so, dass wir nach dem Tod in die Feinstoffwelt eingehen und wenn die Verbindung sehr stark war und die Mutter sich bis dahin noch nicht inkarniert hat, dann können wir zur Mutter gehen und unsere ganze Verwandtschaft dort wieder treffen und uns danach wieder inkarnieren. Es muss dann nicht so sein, dass unsere Mutter im nächsten Leben wieder unsere Mutter ist. Es kann sein, dass sie im nächsten Leben unsere Schwester ist oder unsere Vermieterin oder die Frau, zu der wir als Aupairmädchen hinkommen. Sie wird auf jeden Fall

jemand sein, zu dem wir eine gefühlsmäßige Bindung haben. Sie kann auch unsere Frau sein oder sogar das Geschlecht wechseln und im nächsten Leben unser Großvater sein. Aber wir werden immer wieder in wechselnden Beziehungen geboren, wenn wir während des Todes an unsere Familienmitglieder denken.
Angenommen wir denken im letzten Moment an unsere Katze, dann kann es im Extremfall sein, dass wir als Katze wiedergeboren werden. Wahrscheinlicher ist, dass wir in eine Familie geboren werden, wo es viele Katzen gibt.
Angenommen unser letzter Gedanke gilt unserem Bankkonto, dann werden wir in einer Familie geboren, wo Geld eine große Rolle spielt. Und je nachdem, was man für ein Karma mitbringt, entweder in einer reichen Familie, die immer noch mehr Geld anhäufen will in einer armen Familie, die zu wenig Geld hat und deshalb immer wieder ans Geld denkt.

8. Kap. Vers 7:
„Daher denke allzeit nur an Mich und kämpfe. Wenn Geist und Verstand fest auf Mich gerichtet sind, wirst du ohne Zweifel allein zu Mir kommen."

Wir sollen immer an Krishna denken und kämpfen. Da wir nicht wissen, wann wir sterben, ist es gut im Geist immer an Gott zu denken. Wir sollten nicht denken, erst in der Stunde meines Todes denke ich an Gott. Dann komme ich zu Gott. Meistens denken wir in der Stunde des Todes an das, was im bisherigen Leben schon sehr stark war. Dies wird an die Oberfläche unserer Gedanken kommen. Wenn wir also wenig an Gott gedacht haben, dann wird dieser Gedanke auch in unserer Todesstunde nicht in unser Denken Eingang finden. Wenn wir dagegen häufig an Gott gedacht haben, dann werden wir auch in unserer Todesstunde an Gott denken. Deshalb ist es auch gut, langfristig eine hauptsächliche Meditationstechnik zu haben. Wenn wir jeden Tag eine halbe Stunde mit der gleichen oder ähnlichen Meditationstechnik meditieren, dann denken wir jeden Tag eine halbe Stunde daran. Wenn wir z.B. mit der Mantrameditation meditieren, dann denken wir jeden Tag an ein Mantra. Wenn wir ein paar Jahre mit dem Mantra meditiert haben und dann sterben, dann kommt das Mantra in der Todesstunde ganz von allein.
Manchmal kommen wir ja auch in gefährliche Situationen und können überlegen, wenn die gefährliche Situation überstanden ist, an was wir in dem Moment gedacht haben. Ist das Mantra von Natur aus gekommen? Das ist ein Zeichen dafür, dass wir etwas auf dem spirituellen Weg erreicht haben. Wenn wir an etwas anderes gedacht haben, dann haben wir noch viel zu tun.

8. Kap. Verse 12-13:
„Nachdem er alle Tore verriegelt und den Geist im Herzen eingeschlossen hat, nachdem er den Lebensatem im Kopf festgehalten hat und Konzentration übt, wenn der Sterbende das einsilbige Om - Brahman - spricht und beim Verlassen des Körpers an Mich denkt, erreicht er das höchste Ziel."

Krishna beschreibt in diesen Versen eine Anleitung, wie man Sterben kann. Wenn man merkt, dass man stirbt, ist es gut, die Tore zu verriegeln. Mit den „Toren" sind die fünf Handlungsorgane und die fünf Wahrnehmungsorgane gemeint. Wenn wir merken, dass wir sterben, vertrauen wir die Welt Gott an. Wir sagen: „Meine Firma, mein Yogacenter, meine Familie, meine Verwandten, meine Yogaschüler, mein Haus, mein Hund, meine Katze und mein Kanarienvogel, vertraue ich dir an. Ich lasse das alles jetzt los. Und ich brauche auch nicht noch einmal zu schauen, was ich alles verpasst habe, sondern ich lasse einfach alles los, verriegele die Tore nach außen." Dann wird der Geist ins Herz eingeschlossen. Wenn wir den Geist im Herzen eingeschlossen haben, bringen wir ihn zusammen mit dem Lebensatem in den Kopf Richtung Ajna oder Sahasrara Chakra. Dann wiederholen wir unser Mantra im Bewusstsein der Bedeutung, dass es eine Anrufung Gottes ist, verlassen rezitierend den Körper und erreichen das höchste Ziel.

8. Kap. Verse 14-15:
„Ich bin leicht zu erreichen für diesen stets zielbewussten Yogi, der fortwährend und täglich (über eine lange Zeit) (mit aufrichtigem und einpünktigem Geist) an nichts anderes als an Mich denkt, Oh Arjuna. Wenn diese großen Seelen zu Mir gelangt sind, werden sie hier an diesem nicht ewigen Ort des Schmerzes nicht mehr wiedergeboren; sie haben höchste Vollkommenheit (Befreiung) erreicht."

Unter Ort des Schmerzes versteht Krishna diese Welt.

8. Kap. Verse 16-17:
„(Alle) Welten, auch die Welt Brahmas, unterliegen der Wiederkehr, Oh Arjuna; wer aber Mich, das höchste Selbst, erreicht, Oh Arjuna, wird nicht wiedergeboren. Die Menschen, die den Tag Brahmas kennen, der tausend Yugas dauert, und die Nacht, die ebenfalls tausend Yugas währt, kennen Tag und Nacht."
Es gibt in den verschiedenen Puranas verschiedene Erklärungen, wie lange so ein Zeitalter dauert. Auf der Seite 172 der „Srimad Bhagavad Gita" von Swami Sivananda, kann man eine Aufzählung der Dauer der Zeitalter, entnommen aus dem Surya Vedanta, nachlesen.
Es gibt das Kaliyuga, welches 432.00 Jahre dauert. Ein Dvaparayuga dauert 864.00 Jahre, ein Tetrayuga 1296.000 Jahre und ein Kritayuga 1728.00 Jahre aus. Nimmt man diese 4 Zeitalter zusammen, dann hat man ein Mahayuga, welches 4.320.000 Jahre ausmacht. Es heißt, dass wir auf dieser Erde um die 1000 Mahayugas verbracht haben sollen.

Aber hier wird noch eine andere Einteilung gewählt. 71 Mahayugas mit einem zusätzlichen Sandhya am Ende umfassen 308.448.000 Jahre und 14 solcher Manvantaras mit einem weiteren Sandhaya sind ein Kalpa. Das sind 4.320.000.000 Jahre. Auf der Erde soll etwas mehr als ein Kalpa vergangen sein. Interessanterweise spricht auch die moderne Geologie davon, dass die Erde zwischen 4-8 Millionen Jahre alt sein soll.

2 Kalpas sind ein Tag und eine Nacht Brahmas 8.640.000 Jahre.
360 solche Tage sind ein Jahr Brahmas 3.110.400.000.000 Jahre.
Ein Schöpfungszyklus dauert 311 Billionen Jahre. Da die Zeit relativ ist, dürfen wir diese Aussage nicht wörtlich nehmen. Und wie soll man letztlich Zeit messen, wenn es keine Sonne gibt und keine Erde gibt, die sich um die Sonne herum dreht. Und wenn wir in einer Phase sind, wo sich das Universum nahe Lichtgeschwindigkeit auseinander bewegt. Die Inder arbeiten aber noch mit erheblich längeren Zeitdimensionen als wir im Westen. Nach einer astrologischen Chronologie nimmt man an, dass ein Universum zwischen 20-30 Milliarden Jahre alt ist. Das ist wenig im Vergleich zu 311 Billionen Jahren, was hier behauptet wird. Aber vor 500 Jahren wurde im Westen noch behauptet, dass die Erde 3.500 v. Chr. geschaffen wurde. Inzwischen ist es den Wissenschaftlern gelungen, den Zeitpunkt deutlich früher zu datieren.
Ich schreibe das, um euch zu zeigen, in welchen Dimensionen Yogis schon vor tausenden von Jahren gerechnet haben, als die Griechen, die Juden und die Christen das Zeitalter des Universums noch auf ein paar tausend Jahre datiert haben. Das größte Schriftzeichen, das es gab war das M. In der Zeit haben die Inder schon in Billionen Jahren gerechnet.

Kapitel 9: Der Yoga der Königlichen Wissenschaft und des Königleichen Geheimnisses

9. Kap. Vers 1:
„Krishna sprach: Ich werde dir nun, da du ohne Argwohn bist, das höchste Geheimnis darlegen, Erkenntnis gepaart mit Erfahrung (Selbstverwirklichung). Wenn du dies erfahren hast, wirst du von Übel befreit sein.“

Zwei Dinge sind wichtig: 1. Erkenntnis und 2. Selbstverwirklichung. Wenn wir logisch schlussfolgern können, dann kommen wir zu der Erkenntnis, dass wir nicht der Körper, nicht das Denken und nicht die Gefühle sind. Hier im Haus Yoga Vidya haben wir ja auch Jnana Yoga Seminare und Seminare zu Upanishaden, Vedanta, Viveka Chudamani. Da versuchen wir, Wahrheit intellektuell stringent zu ergründen. Aber alle intellektuelle und philosophische Erkenntnis muss gepaart sein mit innerer Erfahrung. Mittels vedantischer Analyse kommen wir zu Schlussfolgerungen, was Glück ist, was Ewig ist. Man kann sogar logisch schließen, dass die Welt die Manifestation von einem einzigen Prinzip sein muss. Es kann keine zwei Prinzipien, vom Standpunkt der Logik aus betrachtet, geben. Einige der deutschen Philosophen, die ja im Unterschied zu den französischen Philosophen weniger praktisch sondern eher theoretisch gedacht haben, kommen zu ähnlichen Ergebnissen. Doch die Erkenntnis allein reicht nicht aus. Vielleicht sind einige der großartigen deutschen Philosophen in geistiger Umnachtung gestorben, da die Höhe ihres Denkens mit ihrer

Alltagserfahrung nicht mehr korrelierte. Man braucht sowohl die Erkenntnis darüber, was wirklich und was unwirklich ist, als auch die Erfahrung, die einem das zeigt, was jenseits des sinnlich und intellektuell Begreifbaren ist.
Umgekehrt gilt aber auch: Angenommen wir hätten nur spirituelle Erfahrungen, haben aber keine Erkenntnisse darüber, vor allem, wenn es nicht die höchste Erkenntnis ist, dann bekommen wir nur Probleme. Ferner angenommen, wir würden unseren Körper verlassen und nicht wissen, was das für ein Phänomen ist und darüber zu einem Psychiater sprechen: der würde uns sofort nette farbige Pillen verschreiben, die dazu verhelfen, dass wir eine solche Erfahrung nicht noch einmal machen.
Wir brauchen also sowohl Erfahrungen als auch den richtigen Bezugszusammenhang. Wenn wir immer wieder schöne, spirituelle Erfahrungen machen, dann kann es auch sein, dass wir danach gierig werden. Wir können uns daran verhaften. Krishna bezeichnet das dann als Verhaftung an Sattva. Wenn wir später diese Erfahrung nicht mehr haben, sind wir traurig.
Es gibt manche Menschen, die gehen durch eine Phase von tiefen spirituellen Erfahrungen, viel Energie, manchmal etwas erschreckend für sie selbst, für andere ist es noch erschreckender, nachher ist es ganz toll und in vielen Fällen hört es nach ein paar Monaten wieder auf. Und dann sind sie traurig. Wenn wir aber während dieser Erfahrungen wirkliche spirituelle Erkenntnisse gemacht haben - und dabei hilft es durchaus, wenn wir parallel zu diesen machtvollen Erfahrungen uns wirklich die Fragen stellen: „Wer bin ich? Woher komme ich? Wohin gehe ich? Wer ist Gott?" - und wir diese Erkenntnis validieren durch die Erfahrung, die wir parallel haben, dann bleiben sie bestehen auch wenn die Erfahrung eine Weile lang nicht mehr so intensiv da ist. Natürlich, wenn es die volle Verwirklichung ist, dann wachen wir aus diesem Traum der Maya auf und danach gelangen wir zur vollen Erkenntnis. Wir kommen zwar wieder zurück zum Traum sind uns aber weiterhin der Urnatur bewusst. Dann stellt sich die Frage nicht mehr.

Aber die Vorerkenntnisse und die vorspirituellen Erfahrungen allein reichen nicht aus. Es braucht beides. Manchmal macht man einen überflüssigen Dualismus zwischen Intellekt und Vernunft oder Intellekt und Intuition. Es heißt dann, wir müssten weg vom Intellekt und hin zum Gefühl, zur Intuition. Das ist aber unsinnig. Wenn wir nur dem Gefühl folgen, dann kommen wir in Probleme. Wir brauchen auch, wenn wir z.B. einem Meister folgen wollen, erst einmal einiges an Wissen. Wir dürfen nicht einfach nur unserem Gefühl folgen. Es gibt genügend Menschen, die Pseudomeistern folgen. Sie denken: „Ah, das ist mein Meister." Noch dazu heißt es von ihm, er wäre selbstverwirklicht. Dann wird er auf einen schönen Thron gesetzt, mit einem wunderbaren Strahler beschienen, bekommt die richtige Kleidung und die Schüler verneigen sich ausreichend vor ihm. Es gibt viele Ruhmreden über ihn und er gilt als ein besonders großer Meister. Swami Vishnu hat uns immer gewarnt. Er sagte: „Passt auf, dass ihr nicht Hollywood Shows zum Opfer fallt." Manche Pseudomeister oder noch besser ihre Schüler wissen, wie man diese Show aufrechterhält.

Wir müssen unseren Intellekt benutzen und zu Anfang auch etwas skeptisch sein und tiefer schauen. Und je höher der Anspruch des Meisters ist, desto strenger sollten wir in unseren Prüfungskriterien sein. Wenn jemand sagt, er sei ein selbstverwirklichter Meister, dann müssen wir das sehr genau überprüfen. Die Mehrheit von den Meistern, von denen gesagt wird, dass sie selbstverwirklichte Meister sind, sind Scheinheilige. Man kann anhand von bestimmten Kriterien herausfinden, ob jemand selbstverwirklicht ist oder nicht, z.B. anhand von Schriften oder ihrem Respekt anderen Meistern gegenüber. Wenn ein Meister schon sagt: „Ich bin der einzige Meister dieses Zeitalters." Dann ist es besser, man packt seine Sachen und geht. Es gibt auch eine andere, etwas vornehmere und moderne Ausdrucksweise: „Bei anderen Techniken kommst du auch zur Verwirklichung aber das dauert 1000 Inkarnationen. Ich habe die Abkürzung. Es dauert nur ein halbe Inkarnation". Mehr Informationen darüber findet ihr in meinem Buch „Die Yogaweisheit des Patanjali für den Menschen von heute."
Bei allem gilt zu beachten, dass Intellekt genauso wichtig ist wie Intuition. Mit dem Intellekt allein, kommen wir nicht übermäßig weit. Und nur mit reiner Intuition und dem Herzen auch nicht.

9. Kap. Vers 9:
„Diese Handlungen binden Mich nicht, Oh Arjuna, da Ich an diesen Handlungen unbeteiligt und unverhaftet bleibe."

Hier kommt Krishna wieder auf Vibhuti Yoga, den Yoga der göttlichen Herrlichkeit, zu sprechen.

9. Kap. Verse 13-16:
„Die großen Seelen jedoch, Oh Arjuna, die an Meiner göttlichen Natur teilhaben, verehren Mich mit einpünktigem Geist und erkennen Mich als den unvergänglichen Ursprung der Wesen. Sie lobpreisen Mich allezeit, streben, sind fest in ihren Gelübden, verneigen sich vor Mir und verehren Mich stets mit unerschütterlicher Hingabe. Andere bringen auch das Weisheitsopfer dar und verehren Mich, der Ich alle Gesichter habe, als das Eine, oder das Andere oder das Vielfältige. Ich bin Kratu, das Weisheitsopfer; Ich bin Yajna, die Feuerzeremonie; Ich bin die Speise für die Ahnen; ich bin das Heilkraut und alle Pflanzen; Ich bin das Mantra; Ich bin auch Ghee, die geschmolzene Butter; Ich bin das Feuer; Ich bin die Opfergabe."

9. Kap. 19.-21. Vers:
„Als Sonne spende Ich Wärme; Ich halte den Regen zurück und lasse ihn fallen; Ich bin unsterblich und auch der Tod, das Sein und das Nichtsein. Menschen, die die drei Veden kennen, Soma trinken, von allen Papas rein sind und Mich durch Opfer verehren, beten um den Weg in den Himmel. Sie erreichen die heilige Welt des Herrn und der Engelswesen und genießen im Himmel die göttlichen Freuden der Engelswesen. Sie treten, nachdem sie den gewaltige Himmel genossen haben,

in die Welt der Sterblichen ein, wenn ihr Punya, ihr Verdienst erschöpft ist; da sie an den Vorschriften der drei Veden festhalten und das Gewünschte begehren, gelangen sie in einen Zustand des Kommens und Gehens."

Als Yogis wollen wir nicht in den Himmel kommen. Der Himmel gilt als etwas, was nur vorübergehend ist.

9. Kap. Vers 22:
„Den Menschen, die nur Mich allein verehren, an nichts anderes denken und immer die Einheit fühlen, gebe Ich mit Sicherheit das, was sie noch nicht haben, und bewahre ihnen, was sie bereits besitzen."

Menschen, die allein Gott verehren, kommen zum einen zu Gott und zum anderen bekommen sie alles andere, was sie noch brauchen. So wie schon Jesus sprach: „Strebet zuerst nach dem Königreich Gottes, dann wird euch alles andere von selbst zufallen." (Lukas 12;31)
Krishna will uns ähnliches lehren. Wenn wir große Hingabe haben, erreichen wir alles. Für den Durchschnittsmenschen gilt allerdings häufiger, dass er versuchen soll, auf allen drei Ebenen Kama, Artha, Dharma, Moksha, zu erreichen und seine Anstrengung Gott darbringen soll. Nur der Mensch, der ein sehr starkes Verlangen nach Befreiung hat, bei dem Mumukshutva sehr groß ist, kann sein Leben allein Gott widmen und alles andere wird Gott für ihn einrichten.

9. Kap. Vers 23:
„Selbst fromme Menschen, die vertrauensvoll andere Engelswesen verehren, verehren allein Mich auf die falsche Weise."
Gott ist überall. Auch im Selbst der Engel.

9. Kap. Vers 25:
„Wer den Engelswesen huldigt, geht zu ihnen; wer den Vorfahren huldigt, geht zu den Vorfahren, wer über die Elemente bestimmenden Gottheiten verehrt, der geht zu ihnen; wer aber an Mich glaubt, kommt zu Mir."

Es gibt so genannte Bhutas (niedere Geistwesen). Es gibt sogar sehr viele von ihnen. Wir können uns an Gott selbst wenden, oder die Engelswesen oder die verschiedensten höheren, mittleren oder niederen Astralwesen oder auch an unsere Vorfahren. Je nachdem, wen wir verehren oder an wen wir uns wenden, entsteht eine Verbindung zu demjenigen. Zwar ist Gott das Selbst von allen Wesen aber wir bekommen den Zugang zu dem Aspekt Gottes, zu dem wir beten. Deswegen ist es natürlich am klügsten, wir beten direkt zu Gott und nicht zu irgendwelchen Engelswesen.

Eine weitere Interpretationsmöglichkeit dieses Verses wäre, zu sagen, dass die Engelswesen verantwortlich für den Himmel sind, die Vorfahren für emotionale Angelegenheiten, die Elemente Gottheiten für materielle Angelegenheiten. Und letztlich, so sagt Krishna, verehren alle Menschen irgendjemanden. Einige Menschen verehren mehr die Emotionen. Es geht ihnen hauptsächlich darum, irgendwelche emotionelle Befriedigung zu haben. Andere verehren die Elemente Gottheiten, um Reichtum zu bekommen. Oder sie verehren Autos, den Börsengott, die Kleiderindustrie usw. Auch hier ist eine Art Verehrung. Letztlich kann man immer wieder beobachten mit welcher Hingabe Menschen diese Ziele verfolgen. Es gibt Menschen, die verfolgen das Ziel, alle möglichen Flugzeuge als Modelle zu haben. Auch dies stellt eine Art von Opfer, das sie bringen, dar - sie opfern viel, die ganze Freizeit, vielleicht sogar Familienglück und alles andere - nur damit sie noch eine Ju 22 zusätzlich bekommen.

Besser als Bhutas, Engelswesen oder unsere Verwandten zu verehren ist, wenn wir unsere Hingabe direkt an Gott richten. Und wenn wir unsere Hingabe an andere Menschen richten, was sinnvoll ist, zumindest gegenüber Kindern, Eltern, Partner oder auch spirituellem Lehrer, dann sollten wir uns immer gleich bewusst machen, dass wir große Liebe zu der betreffenden Person haben. Wir tun vieles für diese Person, weil wir wissen, dass sie tief im Inneren Gott ist. Man verehrt jemanden auf relativ menschliche Weise und bringt die Verehrung Gott dar.

9. Kap. Verse 26-27:
„Wer Mir mit Hingabe ein Blatt, eine Blume, eine Frucht oder ein wenig Wasser opfert - dessen so hingebungsvolles und mit reinem Geist gegebenes Opfer nehme ich an. Alles, was du tust, alles, was du isst, alles, was du opferst, alles, was du gibst, jede Askese, jedes Tapas, jede Übung, Oh Arjuna, bringe es Mir zum Opfer."

Wir können Gott auf einfache Art und Weise verehren. Es ist z.B. eine schöne Sache, wenn man zu Hause einen Altar hat und dort kleine Opfer bringt. Wenn man eine Kerze anzündet, zündet man sie nicht einfach an, sondern bringt das Licht Gott dar. Man kann sie ja anzünden und während man sie anzündet kann man sagen: „Oh Gott, dieses Licht bringe ich dir dar." Man kann es eventuell noch dreimal im Uhrzeigersinn schwenken. Wenn wir ein Räucherstäbchen anzünden, dann sollten wir es nicht einfach nur anzünden, sondern sagen: „Oh Gott, ich zünde es für dich an." Wir können ein Blatt hinlegen, eine Blume usw. Alles, was wir tun, können wir Gott darbringen, sowohl formelle Rituelle Handlungen, als auch alle Alltagshandlungen.

9. Kap. Verse 27-28:
„Alles, was du tust, alles, was du isst, alles, was du opferst, alles, was du gibst, jede Askese, Oh Arjuna, bringe es Mir zum Opfer. So wirst du aus den Banden des Karmas befreit werden, welches gute und schlechte Frucht bringt; dein Geist wird fest sein im Yoga der Entsagung und du so befreit, wirst du zu Mir kommen."

9. Kap. Vers 29:
„Ich bin allen Wesen gegenüber gleich; niemanden hasse oder liebe Ich; die Menschen aber, die Mich mit Hingebung verehren, sind in Mir, und Ich bin auch in ihnen."

Manchmal stellen Menschen die Frage, warum sie Gott verehren sollen und ob er das überhaupt möchte. Gott hat nichts davon, wenn wir Ihn verehren. Aber wir haben sehr viel davon. Die Bhaktas (Gottesverehrer) drücken es noch etwas anders aus. Sie sagen: „Gott will zu uns kommen. Gott wartet auf uns. Wir müssen nur einen Schritt auf ihn zugehen, dass er 1000 Schritte auf uns zukommt."

In vielen Kriegen bitten Menschen, „Oh Gott, bitte stehe auf meiner Seite." Und die Gegner beten: „Oh Gott, bitte stehe auf meiner Seite." Es ist nicht so, dass Gott parteiisch ist. Gott steht auf keiner Seite. Er ist sogar unparteiisch dem Guten gegenüber. Es ist nicht so, dass Gott einen bestraft oder belohnt, sondern das macht das Karma. Deshalb fällt es den Indern auch durchaus leichter mit Katastrophen umzugehen als Westlern. Im Westen gilt Gott als derjenige, der belohnt und bestraft. Und wenn etwas schief geht, dann muss Gott einen bestraft haben.
Gottes Liebe ist immerwährend und allgegenwärtig. Gutes und Schlechtes kommen aus dem Karma heraus auf einen zu.

9. Kap. Vers 30-31:
„Selbst wenn ein Mensch der größte Sünder ist, wenn er Mich mit ausschließlicher Hingabe verehrt, muss er als rechtschaffen angesehen werden, denn er hat richtig entschieden. Bald wird er rechtschaffen und erlangt ewigen Frieden; Oh Arjuna, verkünde, dass der, der an Mich glaubt, mit Sicherheit niemals zerstört wird."

9. Kap. Vers 32:
„Denn wenn sie bei Mir Zuflucht suchen, werden auch die, die vielleicht in Sünde geboren wurden - Frauen, Vaishyas und auch Shudras - das höchste Ziel erreichen."

Krishnas Aussage klingt in der heutigen Zeit etwas eigenartig. Doch zu seinen Lebzeiten galt die Purva Mimamsa Philosophie. Und gemäß der Lehre der Purva Mimamsa Philosophie konnte man nur als Brahmane in den Himmel kommen. Noch dazu musste man ein männlicher Brahmane sein.
Die Frauen müssen erst einmal ihre Pflichten erfüllen und wenn sie Glück haben, werden sie im nächsten Leben als Mann geboren. Als Mann sind sie dann vermutlich erst einmal ein Shudra, erarbeiten sich viel gutes Karma und werden als Vaishya wiedergeboren, später als Kshatria und zuletzt als Brahmane. Erst als ein Brahmane, der viel gutes Karma anhäuft, kann man in den Himmel kommen. Krishna argumentiert gegen diese Lehre und sagt: „Alle können die Befreiung erreichen. Niemand muss den

Umweg über den Brahmanen machen." Es widerspricht dem vorherrschenden System. Aber weil wir in diesem System nicht aufgewachsen sind, klingt das für uns zu Recht und glücklicherweise eigenartig. Wir müssen es aus dem Kontext heraus verstehen. Wenn Krishna heute auf die Welt kommen würde, würde er niemals so sprechen.

9. Kap. Verse 33-34:
„Um wie viel leichter erreichen dann Brahmanen und königliche fromme Heilige das Ziel; da du auf diese unbeständige und unglückliche Welt gekommen bist, verehre Mich. Hefte deinen Geist auf Mich; sei Mir ergeben; opfere Mir; verneige dich vor Mir, wenn du so gänzlich mit mir verbunden bist, und Ich dein höchstes Ziel bin, wirst du zu Mir kommen."

So endet in den Upanishaden der glorreichen Bhagavad Gita, der Wissenschaft vom Ewigen, der Schrift über Yoga, des Dialoges zwischen Shri Krishna und Arjuna das neunte Kapitel mit dem Namen: Der Yoga der Königlichen Wissenschaft und des Königleichen Geheimnisses.

Kapitel 10: Der Yoga der göttlichen Herrlichkeiten (Vibhuti Yoga)

Ich werde jetzt den Inhalt der Kapitel 10-18 nur auszugsweise erläutern. In weiteren Bänden werde ich diese Kapitel genauer erläutern.
Im 10. Kapitel erklärt Krishna Arjuna, was er als Gott alles ist. Er erläutert den sogenannten „Vibhuti Yoga". Vibhuti Yoga ist die spirituelle Praxis, Gott in allem Großartigen, Außergewöhnlichen zu sehen. Vibhuti Yoga ist der Yoga des Staunens, des Innehaltens, der Achtsamkeit, der Schönheit. Hier einige Beispiele:

10. Kap. 33.-34. Vers:
„Unter den Buchstaben des Alphabets bin ich das A. Ich bin der Dual unter den Komposita. Ich bin wahrlich die unerschöpfliche, immerwährende Zeit, Ich bin der Spender (der Früchte der Handlung), der Früchte des Karma, der nach allen Richtungen hin blickt. Und ich bin der Tod, der alles verschlingt, und der Reichtum der Menschen, die wohlhabend sein sollen; unter den weiblichen Vorzügen (bin Ich) Ruhm, Reichtum, Sprache, Gedächtnis, Intelligenz, Festigkeit und Verzeihen."

10. Kap. 35. Vers:
„Unter den Hymnen auch bin Ich Brihatsaman; unter den Versmaßen bin Ich das Gayatri; unter den Monaten bin Ich Margasirsha; unter den Jahreszeiten (bin Ich) die Jahreszeit der Blüte."

Hier in Mitteleuropa haben wir vielleicht zu diesen Beispielen keinen allzu großen inneren Bezug. Aber jeder kann sich selbst überlegen: Was ist für mich außergewöhnlich? Was bringt mich zum Staunen, zur Ehrerbietung? Worin sehe ich das Wirken Gottes? Was ist für mich besonders schön?
Es ist gut, mehrmals am Tag dieses Staunen zu empfinden, sein Herz so zu öffnen. Vielleicht kannst du einen Moment mit dem lesen innehalten und 30 Dinge aufschreiben, in denen du Gott besonders siehst, und wo du im Alltag Gott sehen kannst. 30 Sachen sollten dir einfallen. Krishna fallen sogar über 100 Dinge ein.

Kapitel 11: Der Yoga der Vision der kosmischen Form

Das 11. Kapitel ist eins der längsten Kapitel.

11. Kap. 1.-4. Vers:
„Arjuna sprach: „Durch Dein Wort (Deine Erklärung) vom höchsten Geheimnis des Selbst, das Du zu meinem Segen gesprochen hast, ist meine Täuschung verschwunden. Über Ursprung und Zerstörung der Wesen habe ich wahrlich genau von Dir gehört, Oh lotusäugiger Herr, und auch über Deine unerschöpfliche Größe. (Nun) Oh erhabener Herr, da Du Dich so beschrieben hast, Oh höchstes Wesen, ist es mein Wunsch, Deine göttliche Form zu sehen. Wenn Du, Oh Herr, der Ansicht bist, dass es für mich möglich ist, es zu sehen, zeige mir, Oh Herr der Yogis, Dein unvergängliches Selbst.““

Arjuna bittet Krishna darum, ihm nicht mehr so viel zu erzählen, sondern ihm das Gehörte erfahrbar zu machen. Ganz zu Anfang zweifelt Arjuna und sagt zu Krishna: „Du bist nicht eindeutig. Mal erzählst du dieses und mal erzählst du jenes.“ Diesen Vorwurf an Krishna wiederholt er mehrmals. Im sechsten Kapitel sagt er ihm: „Was du erzählst ist unrealistisch, das bekommt man nie hin.“ Krishna erläutert und sagt, dass es mit Abhyasa (Übung) und Vairagya (Entsagung) gelingen kann, wenn nicht in diesem Leben, dann im nächsten Leben. Auch Arjunas andere Fragen hat er beantwortet wie z.B.: Wie komme ich zur Selbstverwirklichung noch hin? Wie ist das mit dem Leben nach dem Tod? Doch Arjuna möchte das jetzt praktisch erfahren.

11. Kap. 5. Vers:
„Krishna sprach: „Sieh, Oh Arjuna, Hunderte und Tausende Meiner Formen, von unterschiedlicher Art, göttlich und mannigfaltig in Farbe und Gestalt.““

11. Kap. 7.-8. Vers:
„Nun sieh, Oh Arjuna, in Meinem Körper das gesamte Universum zu einem einzigen zusammengefasst - einschließlich des Beweglichen und des Unbeweglichen - und

alles, was du außerdem noch zusehen wünschst. Jedoch vermagst du Mich nicht mit deinen Augen wahrzunehmen; Ich gebe dir das göttliche Auge; siehe Meinen edlen Yoga.“

11. Kap. 9. Vers:
„Sanjaya sprach: „Nach diesen Worten, Oh König, zeigte der große Herr des Yoga, Hari (Krishna), Arjuna Seine höchste Gestalt als Ishwara.““

Zur Erinnerung: Sanjaya ist der Weise, der die Bhagavad Gita dem König Dhritarashtra erzählt.

11. Kap. 10. Vers:
„Mit zahlreichen Mündern und Augen, mit zahlreichen wunderbaren Anblicken, mit reichem göttlichem Schmuck, mit zahlreichen erhobenen göttlichen Waffen (diese Gestalt zeigte Er).“

Auf Seite 220 der „Shrimad Bhagavad Gita“ von Swami Sivananda findet ihr ein Bild Krishnas, wie es im 10. Vers beschrieben wird. Krishna erscheint plötzlich als Vishnu. Es gibt auch andere noch Darstellungen von Krishna, z.B. die, wo sein Körper dargestellt ist und in seinem Körper die gesamte Welt sichtbar wird.
An anderer Stelle habe ich schon mal die Analogie beschrieben, dass wir alle wie Zellen im Körper sind. Krishna zeigt Arjuna jetzt die Gestalt von seiner Herrlichkeit, wo Arjuna das ganze Universum in einem Körper erkennen kann. Das ganze Universum ist wie der Körper Gottes. Die einzelnen Sonnensysteme sind wie Organe des Körpers Gottes. Zusätzlich sieht Arjuna auch noch den Astralkörper und somit alle Engelswesen auf einmal. Swami Sivananda zählt alle Engelswesen auf und erläutert dann auch teilweise, was sie im Einzelnen zu bedeuten haben. Diese Gestalt Krishnas nimmt Arjuna nun wahr.

11. Kap. 11.-17. und 19.Vers:
„Mit Girlanden und Kleidung von göttlicher Art geschmückt, mit göttlichen Salben gesalbt, das höchst Wunderbare, Strahlende Wesen, ohne Ende und mit Gesichtern nach allen Seiten, wenn der Glanz von tausend Sonnen mit einem Mal (gleichzeitig) am Himmel erstrahlte, käme das dem Glanz dieses mächtigen Wesens gleich. Hier, im Körper des Gottes der Götter, sah dann Arjuna das ganze Universum mit seinen vielen Unterteilungen in einem. Dann verbeugte sich Arjuna voll Staunen und mit zu Berge stehenden Haaren vor dem Gott und sprach mit gefalteten Händen. Arjuna sprach: „Alle Götter sehe ich, Oh Gott, in Deinem Körper, und (auch) Heerscharen verschiedenster Wesen, Brahma, den Herrn, der auf dem Lotus sitzt, alle Weisen und die himmlischen Schlangen. Ich sehe Dich zu jeder Seite in unbegrenzter Gestalt, mit vielen Armen, Mägen, Mündern und Augen; ich sehe weder Anfang noch Mitte noch Ende, Oh Herr des Universums, Oh kosmische Gestalt.

Ich sehe Dich mit dem Diadem, der Keule und dem Diskus; eine Fülle von Glanz, die überall leuchtet, und die man nur sehr schwer betrachten kann, die rings herum lodert wie brennendes Feuer oder die Sonne und unermesslich ist. Ich sehe Dich ohne Anfang, Mitte und Ende, unendlich in Deiner Macht, mit endlosen Armen, Sonne und Mond sind Deine Augen und das lodernde Feuer Dein Mund, der das ganze Universum mit Deinem Strahlen erwärmt.""

Ajruna erkennt in Krishna Gott Vishnu mit Keule, Diadem und Diskus.

11. Kap. 20.-21. und 23. Vers:
„Dieser Raum zwischen Erde und Himmel und alle Bereiche sind allein nur von Dir erfüllt; nachdem sie diese, Deine wunderbare und schreckliche Gestalt gesehen haben, erzittern die drei Welten vor Furcht, Oh Wesen erhabener Seele. Wahrlich, in Dich treten diese Heerscharen der Engelswesen ein; manche preisen Dich in Furcht mit gefalteten Händen; mit Worten „Möge es gut sein", rühmen Dich Gruppen von großen Weisen und Vollkommenheit mit vollendeten Hymnen. Nach dem Anblick Deiner unermesslichen Form mit vielen Mündern und Augen, Oh mächtig Bewaffneter, mit zahlreichen Armen, Schenkeln und Füßen, mit vielen Mögen und fürchterlich mit vielen Zähnen - sind die Welten erschüttert, und ich bin es ebenfalls."

Bisher sah Arjuna alles gleichzeitig, er sah den ganzen Kosmos gleichzeitig als Gestalt Gottes. Jetzt sieht er auch das, was konkret geschieht. Er sieht die Veränderungen und die Zerstörungen. Alles, was ein Anfang hat, hat auch ein Ende. Wenn Gott alles ist, dann ist er nicht nur das Schöne. Das Göttliche ist Schöpfung und Zerstörung. In jedem Moment werden Wesen geboren. In jedem Moment werden Wesen sterben. In jedem Moment werden Universen neu geschaffen. In jedem Moment vergeht ein Universum wieder.

11. Kap. 24.-25. Vers:
„Wenn ich sehe, wie Du (Deine kosmische Form) den Himmel berührst, in vielen Farben strahlst, mit weit geöffneten Mündern und großen feurigen Augen, bin ich bis ins Herz erschrocken und finde weder Mut noch Frieden, Oh Vishnu. Nachdem ich Deine Münder gesehen habe, fürchterlich mit Zähnen, die wie das Feuer der kosmischen Auflösung funkeln, kenne ich die vier Himmelsrichtungen nicht und finde auch keinen Frieden. Sei gnädig, Oh Herr der Götter, Oh Wohnstatt des Universums."

Jetzt sieht Arjuna in die Zukunft:

11. Kap. 26.-31. Vers:
„Alle Söhne Dhritararshtras mit den Scharen der Könige der Erde, Bishma, Drona und Karna mit dem Ersten unserer Krieger, manche verschwinden rasch in Deinen Mündern mir ihren schrecklich anzusehenden fürchterlichen Zähnen.

Manche stecken in den Spalten zwischen den Zähnen und ihre Köpfe werden zu Staub zermalmt. Wahrlich, so wie viele Flussläufe dem Ozean zufließen, betreten diese Helden der Welt Deine flammenden Münder. Wie Motten eilend auf das lodernde Feuer und somit ihrem Untergang entgegenfliegen, so eilen auch diese Geschöpfe voller Hast Deinem Mündern, ihrem Untergang, entgegen. Du züngelst hoch und verschlingst zu allen Seiten alle Welten mit Deinen flammenden Mündern. Dein unbändiges Strahlen, das die Welt mit Glanz erfüllt, versengt, Oh Vishnu! Sage mir, wer Du bist, dessen Gestalt so grimmig ist. Ich verbeuge mich vor Dir, Oh erhabener Gott, habe Mitgefühl. Ich habe den Wunsch, Dein Urwesen zu kennen. Wahrlich, Dein Wirken verstehe ich nicht."

11. Kap. 32.-33. Vers:
„Krishna sprach: „Ich bin die mächtige, weltzerstörende Zeit, die dabei ist, die Welten zu vernichten. Auch ohne dein Zutun wird keiner der in den feindlichen Armeen aufgestellten Krieger überleben. Deshalb erhebe dich und erlange Ehre. Besiege die Feinde und genieße das unumstrittene Königreich. Sie sind wahrhaft bereits durch Mich getötet worden; sei du nur Werkzeug, Oh Arjuna.""

Krishna wechselt jetzt den Standpunkt und kommt von der relativen Wirklichkeit zu einer höheren aber noch nicht zur höchsten Wirklichkeit. Vom Standpunkt der höchsten Wirklichkeit betrachtet geschieht nichts. Auf einer höheren Ebene sind wir alle Zellen im Körper Gottes und auf der relativen Ebene macht Gott alles und wir sind nur sein Instrument. Wenn wir nachher für unsere Taten gelobt werden, können wir uns vergegenwärtigen, dass nicht wir es geleistet haben, sondern Gott durch uns gewirkt hat. Wir bekommen nur den Ruhm für Gottes Taten durch uns ausgeführt. Bei manchen Menschen entsteht ein Ego, das an Demut verhaftet ist. Wenn jemand z.B. einen sehr lobt für eine Tat und man antwortet: „Das hat alles nur Gott gemacht", dann ist das oft Verhaftung an Demut. Manchmal aber auch nicht. Man kann so etwas ab und zu mal sagen zu Menschen, die es verstehen können. Dann lernen auch diese Menschen, dass man selbst aus diesem Handeln heraus agiert und sie können das auch spüren. Wenn man das nicht sagen will oder kann, dann kann man auch einfach nur lächeln und sich bedanken. Im Inneren weiß man, dass man nichts gemacht hat, Gott hat alles gemacht, und man selbst die Ehre für Gottes Taten bekommt.
Krishna zeigt Arjuna eine Vision der Zukunft. Er lehrt ihn, dass Gott Krishna alles macht und Arjuna selbst nur ein Werkzeug ist. Diese Vorhersage der Zukunft macht Arjuna Angst.

11. Kap. 35. Vers:
„Sanjaya sprach: „Nachdem Arjuna diese Worte Shri Krishnas vernommen hatte, faltete er die Hände, zitternd, verneigte sich und wandte sich wieder an Krishna mit erstickter Stimme, unter Verbeugungen und von Furcht überwältigt.""

Oft werde ich gefragt, ob Krishna an dieser Stelle Arjuna die Entscheidung abgenommen hat zu kämpfen. Darauf antworte ich, dass Krishna Arjuna das Ergebnis gezeigt hat, ihm gezeigt hat, was passieren wird, er aber nicht gezeigt hat, ob Arjuna daran beteiligt ist oder nicht. Ganz am Ende des Dialogs im 18. Kapitel weist er Arjuna an: „Tue, was du willst.“
Im 32. und 33. Vers zeigt er Arjuna nur, dass alle Menschen bereits durch Krishna getötet worden sind. Wann sie gestorben sind geht aus der Vision nicht hervor. Es kann in dieser Schlacht oder auch in einer späteren Schlacht passiert sein. Wie viel Freiheit uns Gott dadurch noch lässt, wissen wir nicht. Von diesem höheren Standpunkt aus geschieht, was geschehen soll. Vom relativen Standpunkt aus betrachtet müssen wir immer noch schauen, was wir tun können, was unser Anteil daran ist, was unser Dharma und was unser Swadharma ist. Aber vom höheren Standpunkt aus gesehen, geschieht alles, was geschehen soll. Wenn mal etwas nicht geschieht, was geschehen soll, dann werden sich notfalls Krishna oder Gott inkarnieren, um Gerechtigkeit wieder herzustellen und so können wir alle beruhigt schlafen gehen.

11. Kap. 45. Vers:
„Es erfüllt mich mit Freude, dass ich gesehen habe, was nie zuvor ein Mensch erblickte; und jetzt ist in meinem Geist verzweifelte Furcht. Zeig mir nur die (frühere) Gestalt, Oh Gott; habe Mitgefühl, Oh Gott der Götter, Oh Wohnstatt des Universums.“

Arjunas sattviges Ego tritt jetzt sehr klar zum Vorschein. Er sagt: „Ich habe gesehen, was nie zuvor ein Mensch erblickte.“ Dies stimmt allerdings nicht. Es hatten schon einige Menschen diese Vision von Krishna gehabt. Die erste war die *Devaki* (Mutter von Krishna), als sie Krishna zur Welt brachte. Sie erblickte zuerst das kleine Baby, dann Vishnu und in Vishnu die ganze Welt. Damals bat schon Devaki darum, Vishnu möge sich ihr lieber nur als Baby zeigen. Kurz bevor sie diese Vision hatte, erklärte Vishnu ihr noch, dass sie, um den Tod des Säuglings zu verhindern, aus dem Gefängnis fliehen müsse.
Auch *Yashoda* (Ziehmutter von Krishna) hatte eine Vision Vishnus. Krishna galt als ein ziemlicher Lausbub. Er liebte Süßigkeiten, Butter, Joghurt und Milch. Da er sie oft nicht von seinen Eltern bekam, klaute er die Sachen und gab sie den anderen Kindern zu Essen. Irgendwann ist es Yashoda dann gelungen die Nahrungsmittel so zu verstekken, dass Krishna sie nicht mehr finden konnte. Allerdings stellte das kein Problem für Krishna dar. Er nahm einfach ein Handvoll Schlamm, ging zu seinen Freunden und sagte zu ihnen: „Das hier ist Schlamm. Stellt euch einfach vor, dass es Butter ist und esst es.“ Alle gehorchten ihm.
Krishnas älterer Bruder *Balarama* beobachtete ungläubig die Situation. Da er als älterer Bruder wollte, dass sein kleiner Bruder nicht so viel Unsinn macht, sondern gut erzogen ist, meinte er seinen Eltern Bescheid geben zu müssen, was Krishna gerade wieder anstellt. Infolgedessen lief Balarama zu Yashoda und sagte: „Mami, Mami der

Krishna gibt allen Schlamm zu essen und sagt, das wäre Butter." Yashoda nahm daraufhin einem Kochlöffel - sie übte, wie damals üblich, keine gewaltfreie Erziehung aus und scheint öfters zugeschlagen zu haben, allerdings nie bösartig - und lief auf die Straße hinaus. Sie rief: „Krishna, Krishna, was machst du wieder für Unsinn?" und Krishna antwortete: „Mami, Mami ich mache nichts Böses." „Du gibst den Kindern Schlamm zu essen und sagst, es sei Butter." „Mami, Mami ich mache nichts Schlechtes." „Der Balarama lügt nicht, das weiß ich. Jetzt streck mal deine Zunge raus, dann wird man ja sehen, ob da noch Dreck darauf ist." Krishna streckte die Zunge heraus und Yashoda schaute sie sich an. Plötzlich sah sie keine Zunge mehr, sondern das unendliche Universum im Körper von Krishna und sie sah das physische Universum. Sie sah die Erde, die Sonne und den Mond, die Engelswesen und alle höheren und niederen Wesen. Sie sah dann auch noch sich selbst und alles, was in der Vergangenheit war und in der Zukunft sein wird und verneigte sich und sagte: „Oh Krishna, bitte mach den Mund wieder zu."

Yashoda hatte schon öfters solche Erfahrungen gehabt. Irgendwie wusste sie, dass der Krishna nicht einfach irgendein normales Kind war, doch sie musste ihre Mutterpflicht erfüllen. Auch wenn sie selbst immer wieder über seine Streiche lachen musste, wollte sie ihn auch erziehen. Und dafür hatte sie verschiedenste Erziehungsmethoden. Einmal, als Krishna gerade wieder einen Streich ausgeübt hatte, band sie ihn an einen großen Mörser fest. Normalerweise musste der Mörser von mehreren Männern bedient werden. Er wog mehrere Zentner. Krishna jedoch schien es weder etwas auszumachen an dem Mörser festgebunden zu sein, noch schien ihm das Gewicht des Mörsers etwas aus zu machen. Er krabbelte einfach weg und zog diesen Mörser hinter sich her. Der Mörser verfing sich in der Tür. Krishna krabbelte weiter und das ganze Haus stürzte ein. Krishna krabbelte in den Garten und der Mörser verfing sich zwischen zwei Bäumen. Unbeeindruckt krabbelte er auch hier weiter und die beiden Bäume stürzten ein. Aus den beiden Bäumen kamen zwei Astralwesen zum Vorschein. Sie waren Engelswesen gewesen, aber weil sie irgendwann zu stolz gewesen waren, waren sie dazu verdammt worden, sich als zwei Bäume inkarnieren zu müssen. Die Verdammnis sollte genauso lange andauern, bis Vishnu sich auf der Erde inkarniert und sie davon befreit. Die Dorfbewohner rannten zu den Bäumen. Sie sahen die Jahrhunderte Jahre alte Bäumen umgestürzt dort liegen und den kleinen Krishna mittendrin. Und dann sahen sie die Engelswesen, die sich manifestierten und das ganze Dorf und seine Einwohner segneten.

11. Kap. 46. Vers:
„Mein Wunsch ist es, Dich zusehen wie zuvor, mit der Krone, ein Zepter führend, den Diskus in der Hand, nur in Deiner früheren Gestalt, mit vier Armen, Oh tausendarmige kosmische Gestalt."

Es gibt zwei Dinge, die uns aus den überbewussten Erfahrungen herausholen können.

Zum einen kann uns Stolz aus der Erfahrung herausholen, zum anderen Angst. Beide Gefühle hat Krishna.
Viele von euch mögen das kennen, wenn die Meditation besonders schön wird und ihr denkt: „Jetzt habe ich es erreicht“, dann verschwindet das Gefühl urplötzlich wieder. Umso wichtiger ist es, das wir im täglichen Leben immer wieder lernen, dass wir nicht der Körper, nicht das Denken und nicht der Handelnde sind, sondern das Selbst. Wenn es uns gelingt im täglichen Leben uns nicht mit all dem zu identifizieren, dann werden wir diese höheren überbewussten Erfahrungen machen und uns dann nicht mit diesen Erfahrungen identifizieren. Wenn wir das ganze Leben als Segen empfinden, und wir nur den uns zugeteilten Part erfüllen, dann werden wir auch, wenn wir in die höheren Bewusstseinsebenen kommen, diese einfach als Segen empfinden, und unseren Part tun.

Abgesehen von dem Gefühl des Stolzes kann einen aber auch noch ein Gefühl der Angst aus diesen höheren Bewusstseinzuständen herausholen. Arjuna hat Angst, große Angst. Er bittet, wie viele spirituelle Aspiranten darum, dass Überbewusstsein zu erreichen, aber als er es endlich geschafft hat, überfällt ihn Angst. Es ist schön den Körper zu verlassen, aber wenn man dann plötzlich nicht mehr weiß, ob man zurückkommt, erschrickt man. Swami Sivananda hat immer humorvoll darauf reagiert wenn er darauf angesprochen wurde. Viele Aspiranten, die viel meditieren, verlassen mit dem Astralkörper den physischen Körper und bekommen dann Angst, ob sie in den physischen Körper zurückkommen. Swami Sivananda fragte dann seine Schüler: „Warum machst du dir Gedanken darum, ob du in den physischen Körper zurückkommst? Wenn du nicht zurückkommen würdest, wäre es doch umso besser.“ Natürlich können wir diese Aussage wirklich humorvoll verstehen, denn wir kommen auf jeden Fall zurück in den physischen Körper. Mir ist jetzt nicht bekannt, dass jemand meditiert hat und in der Meditation gestorben ist. Leider ist es so, dass wenn wir zurückkehren, wir nicht ganz der gleiche Dummkopf sind wie früher, aber doch in vielerlei Hinsicht gleiche Eigenschaften wir früher haben. Diese spirituelle Erfahrung an sich wird nicht alles in unserem Leben über den Haufen werfen. Sie wird unser Vertrauen, dass wir mehr sind als der physische Körper, sehr stark stärken. Da können Wissenschaftler uns dann soviel über die Hirnchemie erzählen, wie sie wollen. Wenn man mal außerhalb des Körpers war und sich die Sachen von oben aus angeschaut hat, dann weiß man, dass man selbst nicht der Körper ist. Da gibt es keine Frage mehr. Swami Sivananda lehrte immer, dass der Friede kommt, wenn das Individuum mit dem Höchsten verschmilzt. Seine letzte Instruktion an Sterbende war „attach-dettach“, worunter er verstand, hafte deinen Geist an Gott und löse dich von allem anderen. Als er selbst den physischen Körper verlassen hat, malte er das Om-Zeichen auf seinen Oberschenkel.

Wenn wir mit dem Astralkörper den physischen Körper verlassen, dann hilft es sich zu fragen: „Wer bin ich?“

Wir hängen an unserer Individualität, unserer Persönlichkeit und unseren Besonderheiten, ja wir sind gerade zu verliebt in sie. Wenn der Astralkörper dann wieder in den physischen Körper eintritt, kann es ab und zu sein, dass man mal ein paar Tage desorientiert ist. Dann geht man zum Arzt und lässt sich krankschreiben. Man lässt sich ja sonst auch wegen allen anderen Dingen krankschreiben. Nach ein paar Tagen ist man wieder funktionsfähig.

Arjuna will Krishna dann sehen.

11.Kap. 46. Vers:
„Mein Wunsch ist es, Dich zu sehen wie zuvor, mit der Krone, ein Zepter führend, den Diskus in der Hand, nur in Deiner früheren Gestalt, mit vier Armen, Oh tausendarmige kosmische Gestalt."

11. Kap. 53.-54.Vers:
„Weder durch Studium der Veden noch durch Askese, nicht durch Geschenke und auch nicht durch Opfer kann Ich in der Form gesehen werden, die du (so leicht) wahrgenommen hast. Durch einpünktige Hingabe jedoch kann Ich in dieser Gestalt erkannt und tatsächlich gesehen werden, und durch sie ist es auch möglich, in sie einzugehen, Oh Arjuna."

Krishna sagt uns, dass wir uns die kosmische Gestalt nicht wirklich erüben können. Manchmal wird den Yogis von christlicher Seite her vorgeworfen, dass wir uns die Erlösung selbst erüben wollen. Das stimmt aber nicht wirklich. In den Raja Yoga Sutras wird „Ishwara Pranidana", „Hingabe an Gott", beschrieben. Es wird auch gesagt, wenn man wirklich Gott hingegeben ist, Gottes Gnade auf einen herabkommt und einem hilft schnell die Verwirklichung zu erreichen. Krishna spricht in der Bhagavad Gita ebenfalls davon und sagt: „Nicht in dem wir einfach nur meditieren, nicht indem wir gute Werke machen, nicht indem wir Rituale machen auch nicht in dem wir viele spirituelle Praktiken machen, können wir die vollständige Verwirklichung erreichen." Sondern wir müssen hingebungsvoll sein. Wenn wir dann die Verwirklichung erreichen, geschieht es durch Gottes Gnade. Aber Gnade heißt auch nicht, dass wir einfach mal so die Verwirklichung erreichen. Wir sollten schon praktizieren und Hingabe üben. Erst dann schenkt uns Gott diese Vision und diese spirituelle Entwicklung, wenn wir dafür bereit sind.

11. Kap. 55. Vers:
„Wer alles um Meinetwillen tut, in Mir das Höchste sieht, Mir ergeben ist, keine Verhaftung kennt und keines Geschöpfes Feind ist, kommt zu Mir, Oh Arjuna."

Kapitel 12: Der Yoga der Hingabe

12. Kapitel 1. Vers:
„Arjuna sprach: „Die Gläubigen, die stets standhaft Dich so verehren, oder auch die, die das Unvergängliche und Nichtmaifeste verehren - wer ist erfahrener im Yoga?""

Wir können Gott abstrakt oder konkret verehren. Arjuna will wissen, was von beidem besser ist.

12. Kap. 2. Vers:
„Diejenigen, die ihren Geist auf Mich richten und Mich verehren, die immer standhaft sind und höchsten Glauben haben, halte Ich für die Besten im Yoga."

Krishna antwortet Arjuna, dass es besser ist, eine konkrete Gottesvorstellung zu haben. Wobei mit „Mich" nicht ausschließlich „Krishna" gemeint ist. Es kann jede konkrete Gottesvorstellung sein.

12. Kap. 3.-4. Vers:
„Menschen, die das Unveränderliche, Unerklärbare, Nichtmanifeste, Allgegenwärtige, Undenkbare, Unbewegte und Ewige verehren, nachdem sie alle Sinne bezähmt haben, in jeder Situation gelassen und auf das Wohl aller Wesen bedacht sind - kommen sie wahrlich ebenfalls zu mir."

Krishna lehrt Arjuna, dass auch die Menschen Gott verwirklichen können, die Gott abstrakt verehren. Allerdings ist es für sie sehr viel schwieriger. Sie müssen erst Gott in einer unveränderlichen Form verehren, dann die Sinne bezähmen und in jeder Situation gelassen und auf das Wohl aller Wesen bedacht sein.
Diejenigen, die Gott in konkreter, in persönlicher Form, verehren, haben es ein bisschen leichter. Denn der menschliche Geist kann nicht wirklich so abstrakt denken. Konkret und persönlich bedeutet nicht, dass wir uns Gott als Krishna vorstellen müssen. Ich glaube heutzutage ist es für westliche Aspiranten eher selten, dass sie zu Krishna oder zu Shiva in der konkreten Form beten.
Manche Menschen praktizieren Yoga und haben als konkreten persönlichen Gottesbezug Jesus. Die oberen Verse Krishnas bestärken diese Menschen in ihrem Glauben. Manche Menschen im Westen jedoch, die Yoga praktizieren, haben sich bewusst von der christlichen Gottesvorstellung gelöst und wollen sich Gott gar nicht in einer anderen Form vorstellen. Sie nehmen zwar die verschiedenen Formen Gottes z.B. aus der hinduistischen Mythologie als Symbole und meditieren vielleicht auch darüber. Aber sie stellen sich Gott nicht in einer konkreten Gestalt vor. Sie denken sich Gott mehr als kosmisches Licht, als kosmische Intelligenz, als nicht vorstellbare Allgegenwärtigkeit. Aber auch wenn man Gott sich nicht konkret vorstellt, kann man eine persönliche Beziehung zu Gott aufbauen: Man kann zu Gott beten. Man kann Gott

sein Herz ausschütten. Man kann zu ihm sprechen. Und oft hört man Gott zu sich sprechen, erfährt die Gewissheit seiner Gegenwart. Man spürt den Segen und fühlt, dass er da ist. Das ist also eine Mischung zwischen abstrakt und konkret. Das machen sehr viele Menschen. Diese Art der persönlichen Gottesbeziehung ist etwas sehr Machtvolles und Segensreiches.
Manchen Menschen fällt es leichter eine persönliche Gottesbeziehung über einen großen Meister aufzubauen. Im Haus Yoga Vidya Bad Meinberg gibt es viele Mitarbeiter, die beim Beten Swami Sivananda als ihren Ansprechpartner betrachten. Über ihn wissen sie etwas. Über ihn können sie etwas lesen. Von ihm gibt es Fotos. Es gibt Lebens- und andere Geschichten. Manche Fotos von Swami Sivananda sind sehr machtvoll. Man kann darüber meditieren, darauf Tratak üben, also das Bild anschauen und anschließend innerlich darüber meditieren. Manchmal bekommt man dann das Gefühl, Swami Sivananda bewegt sich auf dem Foto und es geht von ihm eine große Kraft aus. Bei vollständig selbstverwirklichten Meistern ist es so, dass Gott, also Ishwara, die Gestalt der großen Meister annimmt. Und auch wenn der Meister als Individuum nicht mehr lebt, ist seine Gestalt dennoch eine Manifestation Gottes auf der Welt. Die Gestalt des Meisters wird zur Manifestation von Ishwara und nimmt die konkreten Eigenschaften des Meisters an, weshalb man zu diesem Meister dann auch durchaus beten und sich segnen lassen kann. Es ist also nicht mehr der Meister als Individuum, sondern Gott selbst, der diese Gestalt annimmt. Der Meister kann einem dann auch erscheinen. Er kann einem Darshan, also eine Vision, geben. Er kann einen führen: manchmal im Traum, manchmal mit offenen Augen, manchmal in der Meditation.
Es ist also hilfreich, eine persönliche Beziehung zu Gott aufzubauen. Dies kann über Gottinkarnationen wie Jesus, Buddha und Krishna, Manifestationen Gottes wie Shiva, Vishnu und die Göttliche Urmutter geschehen, über Meister/Meisterinnen/Heilige sowie über abstrakte Gottesvorstellungen wie Gott mehr als Licht, als kosmische Intelligenz. Wir können Gott aber auch als unveränderlich, unerklärbar, nichtmanifest, allgegenwärtig und undenkbar verehren. Wir können uns Gott als so erhaben vorstellen, dass wir keine persönliche Beziehung zu Ihm aufbauen. Krishna sagt, auch mit dieser Art der völlig abstrakten Verehrung kommen wir zur höchsten Verwirklichung. Das ist jedoch erheblich schwerer als über die persönliche Gottesbeziehung und -verehrung.

12. Kap. 5. Vers:

„Schwieriger ist es für Menschen, deren Geist auf das Nichtmanifeste gerichtet ist; denn das Ziel, das Nichtmanifeste, ist für den Verkörperten sehr schwer zu erreichen.“

Krishna sagt Arjuna, dass das Ziel letztlich das Nichtmanifeste ist. Dieses Nichtmanifeste ist schwer zu erreichen. Auch durch die persönliche Gottesverehrung kommen wir zum Zustand der nichtdualen Verwirklichung: Letztlich hebt Gott uns über die persönliche Beziehung und die Erfahrung von Gottes Gegenwart weiter bis zur Erfahrung des unendlich Absoluten.

12. Kap. 6.-7. Vers:
„Aber den Menschen, die Mich verehren und allen Handlungen in Mir entsagen, die Mich als höchstes Ziel betrachten und mit aufrichtigem Yoga über Mich meditieren, für Menschen, die ihren Geist auf Mich heften, werde Ich schon bald zum Retter aus dem Ozean von Samsara."

Wenn wir uns an Gott richten, hilft Gott uns zur Verwirklichung. Eine Analogie wäre: Wir können entweder selbst aufs Dach klettern oder wir rufen jemanden und sagen: „Könntest du mich bitte hochheben." Im Bhakti Yoga bitten wir jemanden der machtvoller ist als wir selbst, nämlich Gott, darum, uns hochzuheben. Gott nimmt uns auf seine Schultern und hebt uns hoch. Ab und zu spielt er noch mit uns und setzt uns wieder ab, damit wir weiterhin ein paar Erfahrungen machen können.

Währenddessen, wenn wir reines Jnana Yoga machen, dann müssen wir selbst die Leiter anstellen, unser Schwindelgefühl überwinden und langsam die 1000 Stockwerke selbst hochgehen. Den Aufzug zu verwenden, wäre dann Gottes Hilfe zu erbitten.

12. Kap. 8. Vers:
„Hefte deinen Geist nur auf Mich und deinen Verstand in Mich, (dann) wirst du ohne Zweifel in Mir alleine leben."

Ab diesem Vers gibt Krishna uns verschiedene Tipps, wie wir Gott erreichen können. Er beginnt mit dem schwierigsten und endet mit dem leichtesten. Als erstes rät er uns, immer an Gott zu denken.

12. Kap. 9. Vers:
„Wenn es dir nicht möglich ist, deinen Geist ständig auf Mich zu richten, dann versuche Mich durch den Yoga beständigen Übens zu erreichen, Oh Arjuna."

Wenn es uns nicht gelingt, beständig an Gott zu denken, dann können wir Yoga üben, Asanas, Pranayama und Meditation und so immer häufiger an Gott denken.

12. Kap. 10. Vers:
„Wenn du auch diesen Abhyasa Yoga nicht praktizieren kannst, sei darauf bedacht, um Meinetwillen zu handeln; auch durch das Handeln um Meinetwillen wirst du Vollkommenheit erlangen."

Wenn es uns auch nicht gelingt beständig Yoga zu praktizieren, dann können wir immer, bevor wir etwas tun sagen: „Oh Gott, was auch immer ich machen werde, das mache ich für dich."

12. Kap. 11. Vers:
„Wenn du auch das nicht tun kannst, entsage selbstbeherrscht den Früchten allen Tuns, nachdem du die Einheit mit Mir gesucht hast."

Wenn wir vorher vergessen, die Handlung Gott darzubringen, dann können wir wenigstens zum Schluss sagen: „Oh Gott, die Früchte, die ich bekommen habe, die bringe ich dir dar."

Ab Vers 13 beschreibt Krishna die Eigenschaften des Vollkommenen. Wunderschöne Verse. Diese werde ich in einem Folgeband genauer erläutern.

Kapitel 13: Der Yoga der Unterscheidung zwischen dem Feld und dem Kenner des Feldes

In den ersten sechs Kapiteln lehrt Krishna uns, wie wir richtig handeln können. In den zweiten sechs Kapiteln, wie wir Hingabe zu Gott entwickeln können, wobei er die Hingabe an Gott über alles lobt. Die letzten sechs Kapitel haben zwei Hauptthemen: 1. Jnana Yoga, den Yoga des Wissens. Und zweitens konkrete Kriterien, nach denen wir uns entscheiden können: die 3 Gunas, ethisch/unethisch (Daiva/Asura), Prakriti bzw. Swabhava.
Es rentiert sich, die Kapitel der Bhagavad Gita wieder und wieder durchzulesen. Und wieder und wieder mehr zu verstehen, wie man Gottes Gegenwart fühlen kann.

Im 13. Kapitel erklärt Krishna den Unterschied zwischen dem Feld und dem Kenner des Feldes, zwischen dem Selbst und dem Nichtselbst:

13. Kap. 1.–2. Vers:
„Krishna sprach: „Dieser Körper, Oh Arjuna, wird als das Feld bezeichnet; der, der sich dessen bewusst ist, wird von denen, die davon wissen, Kenner des Feldes genannt. Wisse auch, dass Ich der Kenner des Feldes aller Felder bin, Oh Arjuna. Wissen um beides, Feld und Kenner des Feldes, betrachte Ich als eigentliche Erkenntnis.""

Krishna unterscheidet hier zwischen Bewusstsein und Körper. Er sagt, Gott selbst ist der Kenner des Feldes. Unser Selbst ist nichts anderes als Gott.

In den nächsten Versen beschreibt er noch mal das gesamte Feld, das ja nicht nur den Körper umfasst, sondern auch Emotionen, Geist, Sinne etc. Die folgenden Verse lehnen sich an die Klassifikation der Sankhya Philosophie an:

13. Kap. 5. -6.Vers:
„Die großen Elemente, das Ich-Bewusstsein, der Verstand, auch die Nichtmanifeste Natur, die 10 Sinne, der Manas, der eine Geist, wie auch die fünf Sinnesobjekte. Wunsch, Hass, Freude, Schmerz, die Gesamtheit aller fünf Körper oder drei Körper und fünf Hüllen, Intelligenz, Unerschütterlichkeit, so ist das Feld kurz mit seinen Erscheinungsformen beschreiben worden."

Die Aufzählung dieser Aspekte des individuellen Feldes soll uns zu einem Beobachtungsstandpunkt verhelfen. Indem wir unsere Erfahrungen klassifizieren, sie benennen, Teilen des Feldes zuordnen, können wir sie mit etwas Distanz beobachten. Und dieser Standpunkt eines Beobachters hilft, uns von der Identifikation mit Körper, Emotionen, Sinnen, Gedanken etc. zu lösen.

In den folgenden Versen beschreibt Krishna, welche Eigenschaften wir alle entwickeln können, um nachher tatsächlich den Kenner des Feldes zu erkennen:

13. Kap.24. Vers:
„Manche Menschen nehmen durch Meditation das Selbst in sich selbst durch sich selbst wahr, andere durch den Yoga der Erkenntnis und wieder andere durch den Yoga der Handlung."

Krishna nennt hier drei Weisen, drei Yogawege, um zu Gott bzw. unserem höheren Selbst zu kommen. Ein Weg zum Ziel geht über die Meditation (Raja Yoga). Ein anderer Weg führt über das Nachdenken, die Reflektion und den Einsatz von Viveka (Unterscheidungskraft), Jnana Yoga, zu Gott. Ein letzter Weg führt über das Ausführen von Karma Yoga mit dem Bewusstsein, dass wir durch die Gunas handeln, das Selbst in allen Wesen sind und wenn wir jemand anderem helfen, wir dem Selbst in uns helfen, zu Gott.

13. Kap. 25. Vers:
„Auch andere, die dieses Wissen nicht haben, verehren es, da sie von anderen davon gehört haben; auch sie gehen über den Tod hinaus, da das Gehörte für sie die höchste Zuflucht bedeutet."

Wenn uns das, was Krishna im 13. Kapitel lehrt, zu abstrakt und unverständlich erscheint, dann können wir einfach nur Gott verehren und erreichen über Bhakti Yoga die Verwirklichung. Die Mehrheit der Inder war immer der Meinung, dass es verschiedene Wege zu Gott gibt. Wenn wir uns an Gott richten, verehren wir Gott. Wenn wir uns an Engelswesen richten, dann gilt zwar die Verehrung auch Gott, weil das Selbst aller Engelswesen ebenfalls Gott ist, und selbst wenn wir irgendeinen Popstar verehren, was ja auch manchmal geschieht, oder irgendeinen Fußballspieler - wobei die Deutschen relativ schnell sind alle Idole zu verreißen - vielleicht aus gutem Grund historisch gesehen- verehren wir Gott.

13. Kap. 34. Vers:
„Menschen, die durch das Auge des Wissens den Unterschied zwischen dem Feld und dem Kenner des Feldes wahrnehmen und auch die Befreiung von der Natur des Seins, gehen zum Höchsten."

Kapitel 14: Der Yoga der drei Gunas

14. Kap. 5. Vers:
„Sattva, Rajas und Tamas - diese Eigenschaften, Oh Arjuna, die aus der Natur stammen, binden das Verkörperte, Unzerstörbare, fest im Körper."

Also alle drei Gunas binden. Wir sollen zwar versuchen, Sattva zu erhöhen aber auch daran nicht zuhängen.

14. Kap. 6. Vers:
„Von diesen bindet Sattva, das aufgrund seiner Makellosigkeit strahlend und gesund ist, durch Bindung an Glück und durch Verhaftung an Wissen."

Wenn wir mal eine sehr schöne Erfahrung hatten, dann sind wir oft daran verhaftet. Wenn sie vorüber ist, sind wir traurig, bedauern es sehr und sagen: „Oh, warum ist es nicht mehr so, dass ich mich so leicht und so wonnevoll fühle. Was habe ich falsch gemacht?" Ich habe nichts falsch gemacht. Es sind die Gunas, die in unser Leben kommen und gehen. Wir bemühen uns zwar, Sattva zu erhöhen, können es aber nicht dauerhaft halten und sind trotzdem an dieses Wissen verhaftet. In dem Moment haben wir die Wahrheit erkannt. Aber wir sollten nicht daran verhaftet sein und uns bewusst sein, dass wir auch nicht der sattvige Gemütszustand sind.

14. Kap. 7.-8. Vers:
„Wisse, dass Rajas von der Natur der Leidenschaft ist, die Quelle von Durst (nach Sinnesfreuden) und Verhaftung; es bindet, Oh Arjuna, den Verkörperten fest durch die Verhaftung an das Handeln. Wisse jedoch, dass Tamas aus Unwissenheit entstanden ist und alle verkörperten Wesen täuscht; es bindet fest, Oh Arjuna, durch Unachtsamkeit, Trägheit und Schlaf."
Da wir Tamas überwinden wollen, gehe ich gleich weiter zum 11. Vers über.

14. Kap. 11.-13. Vers:
„Wenn durch jedes Tor (jeden Sinn) in diesem Körper das Licht der Weisheit scheint, kann erkannt werden, dass Sattva vorherrscht. Gier, Aktivität, das Ausführen von Handlungen, Ruhelosigkeit, Sehnsucht, - sie entstehen, wenn Rajas vorherrscht, Oh Arjuna."

Wir können die Klassifikation aller Erfahrungen in drei Gunas nutzen, um uns nicht zu sehr zu identifizieren. Wir können, wann immer wir meinen etwas zu brauchen oder zu wünschen, entweder sagen: „Ich brauche das jetzt unbedingt." Das vertieft die Identifikation. Oder wir können sagen: „Aha, Rajas ist in meinem Geist." Das löst die Identifikation. Wir können sagen: „Ich bin so träge und deprimiert. Keiner mag mich. Alles ist schlecht." Da sind wir also voll in der Identifikation. Oder wir können sagen: „Aha, Tamas ist in meinem Geist." Sofort wird die Identifikation schwächer. Wenn wir uns mit dem deprimierten Gemütszustand identifizieren, überlegen wir vielleicht: Was kann ich tun, um meinen grenzenlosen Kummer zu beseitigen? Warum geht es mir so schlecht? Wenn wir dagegen einen tamasigen Gemütszustand beobachten, brauchen wir nur zu fragen: „Wie kriege ich wieder mehr Sattva in meinen Gemütszustand?" Das klingt doch viel leichter, oder? Auch anstelle von: „Ich habe jetzt so viele Wünsche und fühle mich so tief unglücklich und zerrissen und weiß nicht, was ich machen soll", könnte man sich viel einfacher fragen: „Wie gelingt es mir, den rajassigen/tamassigen Gemütszustand in einen sattvigen Gemütszustand umzuwandeln? Wenn es uns gelungen ist, einen sattvigen Gemütszustand herzustellen, dann sind ganz plötzlich die 1000 Wünsche, dir wir vorher hatten, all diese Selbstzweifel, Depressionen, Selbstmordgedanken und Verlassenheitsgefühle, in ein „Mauseloch-Verkriech-Gefühle" und die „Decke-über-den-Kopf-Ziehen-Gefühle" verschwunden.

Kapitel 15: Der Yoga des höchsten Geistes

15. Kap. 1.-2. Vers:

„Krishna sprach: „Sie (die Weisen) sprechen vom unzerstörbaren Feigenbaum - asvattham genannt - seine Wurzeln sind auch oben und seine Zweige nach unten gerichtet, und seine Blätter sind die Metren oder Hymnen; wer ihn kennt, kennt die Veden. Nach oben und nach unten verzweigen sich die Äste und werden genährt von den Gunas; die Sinnesobjekte sind seine Knospen; und nach unten, in die Welt der Menschen, reichen die Wurzeln und bringen Handlung hervor.""

Feigenbäume stehen symbolisch für dieses Universum. Sie bestehen nicht nur aus einem Stamm, sondern es winden sich oft mehrere Stämme umeinander. Sie haben tiefe Wurzeln, viele kleine Blätter und können auch mit wenig Wasser auskommen. Sie können in Oasen leben, wo sie kaum Wasser von oben, sondern eher von tief unten aus der Erde bekommen.

Krishna verwendet hier die Analogie des Feigenbaums. Das ganze Universum ist wie ein großer Baum. Im elften Kapitel hat Arjuna Krishna als die kosmische Gestalt und die ganze Welt ihn ihm als einen Menschen gesehen. Auch in der Kabala wird dies beschrieben als Adam tatman, als Baum des Lebens, der das gesamte Universum repräsentiert.

Diese Weisheit können wir erkennen. Wir können uns vorstellen, wir seien die Blätter an einem Stamm. Angenommen, die Blätter könnten nur grün sehen, dann würden sie ihren Stamm nicht sehen, und hätten das Gefühl, sie schweben irgendwo im Himmel und bekommen ihre Nahrung von irgendwoher. Sie erhalten Sonnenlicht, atmen Kohlendioxid ein und geben Sauerstoff ab. Von irgendwo her bekommen sie noch Wasser, neben ihnen hängen alle möglichen anderen Blätter in der Luft. Könnt ihr euch das vorstellen, nur grün sehen zu können und eine Braunblindheit zu haben? So ähnlich geht es uns auch. Wir haben nicht immer das Gefühl der Verbundenheit. Wir sind blind und denken, wir sind alle von einander getrennt. Aber eigentlich sind wir alle wie Blätter an einem Baum. Als erstes müssen wir dies erkennen. Als zweites müssen wir über dieses schon hohe Prinzip hinauswachsen, was bedeutet, dass es nicht ausreicht Gott als kosmische Gestalt zu sehen, sondern als jenseits der kosmischen Gestalt, als gestaltloses, unendliches Bewusstsein, als das Selbst an sich. Dieses führt Krishna im 15. Kapitel weiter aus. Ferner rät er uns, diesen Asvattham Baum zu fällen.

Kapitel 16: Der Yoga der Unterscheidung zwischen dem Göttlichen und dem Dämonischen

16. Kap. 1. -3.Vers:

„Krishna sprach: „Furchtlosigkeit, Reinheit des Herzens, Beständigkeit im Wissen und im Yoga, Almosengeben, Sinnesbeherrschung, Opfer, Studium der Schriften, Askese und Aufrichtigkeit, Gewaltlosigkeit (Ahimsa), Satyam, Abwesenheit von Zorn, Entsagung, Friedfertigkeit, Fehlen von Hinterlist, Mitgefühl mit den Wesen, Fehlen von Habgier, Freundlichkeit, Bescheidenheit, Fehlen von Wankelmut, Stärke, Versöhnlichkeit, seelische Kraft, Reinheit, Fehlen von Hass, Fehlen von Stolz - diese besitzt ein Mensch, der für einen göttlichen Zustand geboren ist, Oh Arjuna.““

Krishna zählt eine Reihe von göttlichen Eigenschaften auf, die auch als die „Daivi Sampati“ bezeichnet werden. In diesen und den nächsten Versen nennt er 26 göttliche Eigenschaften, die wir entwickeln können. Wenn wir sie mittels der Eigenschaftmeditation entwickeln, oder indem wir uns jeweils einen Monat Zeit nehmen, um jeweils eine Eigenschaft zu entwickeln, dann brauchen wir etwa 2 Jahre und 2 Monate, um diese Eigenschaften zu entwickeln.

Das Entwickeln von positiven Eigenschaften ist etwas sehr Wichtiges und es ist gerade dann wichtig, wenn wir schon eine Weile auf dem spirituellen Weg sind. Warum eigentlich? Weil man es immer wieder vergisst. Wenn wir unseren spirituellen Weg betrachten, stellen wir fest, dass es oft verschiedene Phasen gab. Alle diese Phasen

können sich auch abwechseln. Diese Phasen sind nicht bei allen Menschen gleich, aber doch oft ähnlich.
Der spirituelle Weg beginnt oft mit der Phase des Suchens (Subecha), geht weiter mit der Phase des Praktizierens, der Phase des Enthusiasmus, dem Wunsch nach schneller Selbstverwirklichung. Während dieser Phase haben wir oft schöne Erlebnisse, tolle Pranaerfahrungen usw. Dann folgt oft eine Reinigungsphase, gefolgt von verschiedenen Krisenphasen, in denen z.B. unsere bisherigen Beziehungen problematisch werden können. Wenn der Partner nicht den gleichen Weg wie wir verfolgt, kommt es zu Reibungen. Unsere Eltern werden unseren Vegetarismus nicht immer so ganz akzeptieren. Im Beruflichen ändert sich einiges. Frühere Freunde erkennt man plötzlich als doch sehr materialistisch, sehr oberflächlich und will mit ihnen nichts mehr zu tun haben. Erst später erkennt man, dass sie trotz der scheinbaren Oberflächlichkeit trotzdem eine größere Tiefe haben. Nach dieser Phase, der vielleicht problematischen äußeren Beziehungen, kommt die Phase, wo man sich irgendwie arrangiert. Sei es, dass manche Freunde wirklich oberflächlich sind und bei aller Toleranz keine Beziehung möglich ist, dann trennt man sich. Sei es, das man mit Freunden wieder Beziehungen aufnimmt. Auch wenn sie mit Yoga nichts zu tun haben, kann es sein, dass der eine oder andere auch Yoga praktiziert und man sich mit ihm gut austauschen kann.

Oft kommen wir als spirituelle Aspiranten auch in Zweifelsphasen. Es kann sein, dass wir das Gefühl haben, etwas nie zu schaffen, zu unrein zu sein, zu viele schlechte Eigenschaften in uns zu haben usw. Und es gibt natürlich auch die Trägheitsphase im Sadhana. Die Phase, wo wir es schwierig finden täglich zu meditieren, täglich Asanas, täglich Pranayama zu machen und die Phase mag auch immer wieder kommen. Irgendwann endet diese Phase und es folgt die Phase des „Mit sich selbst Arrangierens". Das ist eine wichtige Phase. Man erfährt, dass man die Selbstverwirklichung wahrscheinlich nicht ganz so schnell erfahren wird, wie man sich wünscht, es aber nichts nutzt, über sich selbst zu schimpfen. Man muss lernen mit sich selbst zurecht zu kommen. Es ist auch gut, mit anderen gut zurecht zu kommen. Mit sich selbst ist es am wichtigsten, weil man immer mit sich zusammen ist. Man kann von sich selbst keinen Urlaub nehmen. Zum Partner kann man sagen, dass man mal für 9 Tage zu einer Yogalehrerweiterbildung fährt. Da habt ihr dann 9 Tage Abstand. Mit uns selbst müssen wir uns arrangieren und es ist wichtig, dass wir selbst liebevoll mit uns umgehen lernen. Wir arrangieren uns mit uns und akzeptieren unseren Charakter mit all seinen Schwächen. Wir haben langsam eine grundlegend sattvige Lebensweise entwickelt, mit den kleinen Sünden, die für den einen Schokolade sein kann, für den einen Kaffee, für wieder andere ab und zu mal zum italienischen Restaurant zu gehen und Pizza mit Spinat und Knoblauch zu essen. Dies ist in Ordnung, solange es nicht Normalität ist. Und dann müssen wir nur aufpassen, dass wenn wir diese Phase durchschritten haben, diese Phase nicht in einer Art spirituellem Materialismus endet. Swami Vishnu hat es gerne sattviges Ego genannt. Dies ist die Phase, die manche schneller, manche weniger schnell erreichen. Manchmal kann es ein oder auch zwei, drei, und mehr Jahre dauern, bis man sie erreicht. Man fühlt sich glücklich, mit allem im Einklang, hofft darauf, die Selbstverwirklichung zu erreichen, arbeitet aber nicht mehr systematisch an sich selbst, am Charakter und an den Schwächen.

Glücklicherweise gibt es etwas, was uns von davor bewahrt, diesem spirituellen Materialismus gänzlich zum Opfer zu fallen, nämlich das so genannte Karma. Das Karma wirbelt uns unser gemütliches Leben öfters mal durcheinander, genauso wie ein spiritueller Lehrer. Es ist die Aufgabe des spirituellen Lehrers unser Leben durcheinander zu wirbeln. Wir denken gerne, die Aufgabe eines spirituellen Lehrers sei es, dass wir uns wohl fühlen. Er soll uns dabei helfen, uns Wohlzufühlen. Aber das ist nicht die Aufgabe des spirituellen Lehrers. Die Aufgabe des spirituellen Lehrers ist es, uns immer wieder wach zu rütteln. Swami Vishnu war in dieser Hinsicht sicher ein ganz großer Meister besonders seinen engeren Schülern, die Mitarbeiter in den verschiedenen Centren waren, gegenüber. Es war jetzt nicht so, dass er einen angerufen hat und mitteilte: „Da hast du das und das Problem und da und da musst du daran arbeiten." So hat er nicht gearbeitet. Klassische indische Meister sind nicht wie westliche Psychotherapeuten, auch wenn man sich das oft so vorstellt. Der spirituelle Meister kommt nicht zu einem, nimmt sich eine Stunde Gesprächszeit und erzählt einem alles über die Schwächen, Stärken, woran man arbeiten muss, was die Bedeutung der verschiedenen Situationen ist, was man so oder so tun muss etc. Auch dann nicht, wenn man sich das als Schüler von ihm erhofft. Das ist aber nicht die Aufgabe des spirituellen Lehrers. Es mag zwar den einen oder anderen Meister geben, der das ab und zu mal macht, aber der Normalfall ist es nicht. Ich habe schon mit vielen spirituellen Schülern gesprochen, die einem Meister folgen. Ich habe keinen getroffen, der einen Meister hatte, der so mit ihm umging. Ein Meister arbeitet so, dass er einem irgendwie Aufgaben gibt und das Leben durcheinander wirbelt und wenn er ein guter Meister ist, gibt er einem immer wieder Aufgaben, denen man nicht gewachsen ist.
Denn dann stellt man sich auf die Zehenspitzen und wird nicht allzu müde. Swami Vishnu hat es oft gemacht, wenn z.B. ein Zentrum gut gelaufen ist, es eine tolle Gruppe gab, die sich sehr gut verstand, ein tolles Team, viele Schüler usw., dass er dann sagte: „Wir brauchen jemanden von euch in dem und dem Zentrum und der und der wird jetzt versetzt." Und dann wurde typischerweise jemand ins Center versetzt, mit dem niemand zurechtkam und wo alles wieder problematisch war und sich alle anderen dann überlegt haben, wieso das jetzt wieder sein musste. Hätte man die Person nicht dorthin schicken können, wo es die Probleme sowieso schon gab? Swami Vishnu wollte allen die Möglichkeit geben, die Lektionen zu lernen.

Auch wenn wir keinen direkten persönlichen Meister haben, wenn wir darum bitten, dass wir auf dem spirituellen Weg vorankommen, können wir sicher sein, dass uns das Karma öfters Lernaufgaben gibt. Die meisten Menschen, wenn sie darüber nachdenken, werden feststellen, dass sie in den letzten vier Jahren ihres Lebens nicht nur ein angenehmes, bequemes Leben gehabt haben. Swami Vishnu sah das moderne eiserne Zeitalter oft als hilfreich an. In früheren Zeiten wäre es durchaus möglich gewesen, ein bequemes spirituelles Leben zu führen. Heutzutage hat sich alles beschleunigt. Im Kali Yuga geht alles schneller und deshalb kann sich mehr Karma schneller entwickeln und infolgedessen können auch wir uns schneller entwickeln. Und deshalb wäre es, laut Swami Vishnu, zwar heutzutage sehr viel schwieriger ein spirituelles Leben zu führen als in früheren Zeiten, dafür würden wir aber auch schnellere Fortschritte bei weniger Praxis als vor ein paar hundert Jahren machen. Das Kali Yuga hat zwar schon vor ein paar Hundert Jahren begonnen, doch mit jedem Tag intensivieren sich die Charakteristika des Zeitalters.

Eine weitere Weise, wie wir verhindern, dass wir irgendwo in der Entwicklung stecken bleiben oder nur noch sehr langsam voranschreiten ist, dass wir uns bewusst Eigenschaften vornehmen und jeden Monat eine der göttlichen Eigenschaften entwickeln. Swami Sivananda hat „Konzentration und Meditation", ein wunderbares Buch geschrieben, indem er auch eine Aufzählung von Eigenschaften, die wir entwickeln können. Ihr könnt nachlesen, welche Eigenschaften als besonders hilfreich für ein spirituelles Leben zu entwickeln sind. Ihr könnt euch auch selbst eine Liste mit 20-30 Eigenschaften erstellen, die ihr entwickeln wollt, und euch dann für jeweils einen Monat vornehmen, eine dieser Eigenschaften zu entwickeln.

16. Kap. 4.-5. Vers:
„Heuchelei, Überheblichkeit und Eigendünkel, Zorn und auch Härte und Unwissenheit gehören zu einem Menschen, der für einen dämonischen Zustand geboren ist, Oh Partha (Arjuna). Es heißt, die göttliche Natur sei der Befreiung förderlich und die dämonische der Bindung. Sorge dich nicht, Oh Arjuna, du wurdest mit göttlichen Begabungen geboren."

In der Interpretation des dritten Verses hatte ich schon eine Aufgabe des Meisters genannt. Hier kommt noch eine weitere Aufgabe hinzu. Es ist die Aufgabe des Meisters uns in Phasen der Selbstzweifel Kraft zu geben. Vermutlich hat Arjuna, als er die lange Liste der göttlichen Eigenschaften gehört hat, gedacht: „Das schaffe ich nie." Und als er dann die Aufzählung der asurischen Eigenschaften gehört hat, dachte er: „Die habe ich alle."

Auch spirituelle Aspiranten haben, wenn sie sich selbst anschauen, oft eine ähnliche Wahrnehmungsverschiebung. An anderer Stelle habe ich beschrieben, woran ihr denkt, wenn ihr einen Yogakurs unterrichtet und 18 von 20 Teilnehmern euch positive Rückmeldungen geben, einer nichts sagt und ein Mensch negative Kritik gibt. So ähnlich ist auch die Wahrnehmungsverschiebung bei Arjuna. Den meisten Aspiranten, wenn sie gebeten werden, ihre positiven Eigenschaften aufzuzählen, fallen wenige Eigenschaften ein. Wenn man sie bittet all ihre negativen Eigenschaften aufzuzählen, dann fällt ihnen viel ein. Jedes Jahr haben wir einen spanischen Seminarleiter namens

Shanmug Eckhart im Haus. Er hat bei uns die psychologische Schiene eingeführt. Er war direkter Schüler von Swami Vishnu, ein langjähriger Swami, Leiter der ganzen Zentren direkt nach dem Swami Vishnu, heiratete später, machte sich selbstständig, studierte Psychologie und führte verschiedene psychologische Übungen bei uns im Haus ein. Er ist sehr gut darin, ich kann ihn durchaus empfehlen, wenn euch so was interessiert. Eine Übung, die er öfters mal unterrichtet ist, alle negativen Eigenschaften, die man hat, aufzuschreiben. Die Teilnehmer des Seminars haben geschrieben und geschrieben und das Blatt wurde immer voller. Als nächstes sollten sie dann all ihre positiven Eigenschaften aufschreiben. Plötzlich schrieben sie ganz langsam und die wenigsten Teilnehmer sind über ein halbes Blatt hinausgekommen. Danach sollten sie sich einen Menschen, den sie bewundern, vorstellen und all dessen positiven Eigenschaften aufschreiben. Sie schrieben wieder sehr schnell und sehr viel auf. Am Ende forderte Shanmug sie auf zu schauen, ob sie nicht auch alle diese positiven Eigenschaften hätten und alle mussten lachen. Denn oft liebt man genau den Menschen besonders, der all die Eigenschaften, die man selbst nur in schwächerer Form als er in sich hat, am meisten.
Folglich ist es für einen spirituellen Aspiranten wichtig, positive Eigenschaften zu entwickeln und sich bewusst zu sein, dass man sowohl positive als auch negative Eigenschaften hat. Es ist niemandem gedient, wenn man ständig nur an negativen Eigenschaften denkt. Krishna erzählt Ajruna ein paar Dinge über die dämonischen Eigenschaften, viel mehr Dinge jedoch über die positiven Eigenschaften.
Und es ist wichtiger, dass wir daran arbeiten unsere positiven Eigenschaften zu entwickeln, als uns ständig über unsere negativen Eigenschaften zu ärgern. Wir sollten ehrlich uns selbst gegenüber sein, unsere negativen Eigenschaften annehmen, aber sie nicht überbetonen.

Kapitel 17: Der Yoga der drei Gunas

Im 17. Kapitel spricht Krishna über die drei Gunas. Er beschreibt drei Arten von Askesen, drei Arten von Speisen, drei Arten von Opfer, drei Arten von spiritueller Praxis. Wir müssen uns bewusst sein, wenn wir spirituelle Praxis machen, dass wir diese Praxis sattvig, rajassig oder tamassig machen können.

Tamassig ist, wenn wir es träge machen ohne Bewusstsein wofür wir es überhaupt machen oder wenn wir es rein mechanisch machen, ohne Glauben. Eine weitere Form von tamassiger Handlung ist, wenn sie selbstzerstörerisch gemacht wird, also wenn man z.B. weiß, dass bestimmte Asanas einem nicht gut tun und man sie trotzdem macht. Wenn man seinen Körper quält. Das kann entweder aus Tamas heraus geschehen oder auch aus Rajas, aus Ehrgeiz. Krishna sagt: „Wer diese Art von Übungen macht, der quält mich, der ich in dem Körper wohne."

Daneben gibt es noch weitere tamassige Praktiken, nämlich um andere zu vernichten und zu zerstören. Wir können dämonische Praktiken machen. Es gibt tatsächlich in der Mahabharata, der Ramayanaya und vielen Puranas immer wieder Geschichten in denen immer viele Wesen viel Pranayama machen, viele Asanas, viel Fasten, ihre Ernährung einschränken und sogar Japa und Yajna, Feuerzeremonien, durchführen, mit dem Ziel, übernatürliche Fähigkeiten zu haben, um andere versklaven zu können. Das sind dann die so genannten Dämonen.
Krishna erweitert die Interpretation, was ein Dämon ist. Seiner Meinung nach ist jeder Materialist ein Asura. In einigen Mythen wird auch beschrieben, die die Asuras die Engelswesen aus dem Himmel verbannen, die Herrschaft über die Erde übernehmen und verbieten, Gott zu verehren. Infolgedessen inkarniert sich Gott neu auf der Erde.

Rajassig handeln wir, wenn wir ein bestimmtes Ziel haben und an dieses Ziel verhaftet sind. Ein Beispiel wäre, wenn wir uns vornehmen in zwei Wochen den Skorpion zu können und wenn wir es dann doch nicht schaffen, traurig sind. Oder wenn wir Pranayama mit der Intention machen, uns hinterher glücklich zu fühlen, meditieren, um direkt Samadhi zu erreichen usw., dann ist das rajassig. Auch wenn wir üben, um zu zeigen wie großartig wir sind. Wenn wir unser Selbstwertgefühl steigern und unseren Minderwertigkeitskomplex überwinden wollen, indem wir täglich zwei Stunden meditieren, und das geschickt ab und zu mal in die Gespräche mit anderen einfließen lassen. Natürlich dazu parallel demütig sind und sagen: „Leider schaffe ich nur zwei Stunden Meditation. Ich bräuchte eigentlich drei oder vier Stunden.“ Da hat man Rajas geschickt verpackt. Ein bisschen Rajas schadet nicht, zuviel Rajas führt zu Leiden. Allerdings sollten wir unser Licht auch nicht immer unter den Scheffel stellen. Jesus sagt ja auch: „Ihr seid das Licht der Welt, ihr seid das Salz der Erde.“ (Matthäus 5,13-16).

Man kann anderen helfen, indem man sagt, man meditiere täglich eine Stunde, mache Asanas und Pranayama noch mal zwei Stunden, hätte zwar einen Beruf und eine Familie aber durch die Praktiken brauche man nur fünf bis sechs Stunden Schlaf und würde alles gut arrangiert bekommen. Diese Aussage kann sattvig, rajassig oder auch tamassig sein.
Es kann sattvig sein, wenn man es sagt, um andere zu inspirieren, ihnen Mut oder Kraft zu geben und zu zeigen: „Bei mir klappt es, warum soll es bei dir nicht klappen?“
Es kann rajassig sein, wenn man zeigen will, dass man jemand Besonderes ist.
Es kann tamassig sein, wenn alles nur gelogen ist und man eigentlich seine acht bis neun Stunden am Tag schläft und sich nur einmal die Woche aufrafft, um zu praktizieren. Man äußert diese Worte dann, um anderen ein schlechtes Gewissen zu geben. Wenn man z.B. jemanden nicht mag, oder ihn für zu stolz hält, will man ihn mit einer solchen Aussage zerstören.
Sattvig machen wir unsere Praktiken dann, wenn wir machen, was zu machen ist. Wenn wir es so gut machen, wie wir können, alles Gott darbringen und uns sogar vorstellen, dass wir es eigentlich nicht selbst sind, die die Praktiken machen. Swami Krishnanada

hat oft gesagt, wir sollten uns nicht vorstellen, wir würden selbst Sadhana machen. Gott würde Sadhana durch uns machen oder auch das kosmische Bewusstsein würde sich durch uns ausdrücken. Wir würden nur unseren Geist zur Verfügung stellen und Praktiken machen, doch das Eigentliche mache Gott in uns. Ob wir jetzt einen Bhakti, Raja oder Jnana Standpunkt der Betrachtung einnehmen, ist gleichgültig. Bei allen drei Standpunkten sollten wir uns nicht mit unseren Praktiken identifizieren, gleichmütig in Erfolg und Misserfolg, gleichmütig in Lob und Tadel sein.
Wenn wir Asanas üben und uns an einem Tag toll fühlen und am anderen Tag in den Asanas zu weit gegangen sind und Rückenprobleme und infolgedessen Schmerzen haben, können wir an beiden Tagen gleichmütig sein. Wir können auch die Früchte der Handlung Gott darbringen und sollten nicht erwarten, Lob oder Anerkennung für eine Handlung zu bekommen.
In Indien gibt es noch eine andere Form von rajassiger Praxis. Es gibt manche reiche indische Geschäftsleute, die zu wenig Zeit haben, um selbst zu praktizieren. Sie arbeiten 16 Stunden am Tag und oft nach dem Prinzip, dass die erste Generation sich zu Tode schuftet, damit die zweite Generation teure Schulen besuchen und in der Gesellschaft aufsteigen kann. Da sie keine Zeit zum Praktizieren haben, engagieren sie einen Brahmanen, der für sie praktiziert. Er ist ihr Hausguru. Dieser Hausguru praktizierte dann mehrere Stunden am Tag, spielte Harmonium, sang Mantras, meditierte und betreute nebenbei noch die Kinder. Er war so eine Art spiritueller Babysitter. An besonderen indischen Feiertagen zelebrierte er dann besondere Rituale.
Auch die Chinesen und die jüdischen Einwanderer handeln nach diesem Prinzip. Es ist Geschick im Handeln, zumindest dafür zu sorgen, dass in einem Land, wo Aufstieg möglich ist, und wo es nicht wirklich auf Hautfarbe etc. ankommt, man voranschreitet. Für den einen oder anderen Leser hört sich das vielleicht sehr schön an, zeigt wie man ein gemütliches spirituelles Leben führen kann. Ich rate davon ab. Macht es euch nicht so gemütlich, sondern praktiziert selbst.

Kapitel 18: Der Yoga der Befreiung durch Entsagung

18. Kap. 1. Vers:
„Arjuna sprach: „Es ist mein Wunsch, Oh Krishna, die Essenz oder Wahrheit sowohl über die Entsagung (also Sannyasa) zu kennen, als auch über den Verzicht (Tyaga).““

Ajruna hat die Lektion Krishnas immer noch nicht verstanden. Das kann uns, sowohl als Schüler, als auch als Lehrer, ein Trost sein. Arjuna gilt als idealer Schüler und trotzdem stell er die gleiche Frage immer und immer wieder. Krishna gibt ihm immer wieder die gleiche Antwort.

18. Kap. 2. Vers:
„Krishna sprach: „Gelehrte verstehen unter Sannyasa den Verzicht auf Handlungen, die mit Wünschen verbunden sind; die Weisen nennen den Verzicht auf die Früchte aller Handlungen Tyaga.""

18. Kap. 3.-4. Vers:
„Manche Philosophen, nämlich die Sankhyas sagen, Handlung müsse als ein Übel aufgegeben werden; andere hingegen (sagen), dass Opferhandlungen, Geben und Askese nicht aufgegeben werden sollten. Höre nun von Mir den Schluss oder die letzte Wahrheit über diesen Verzicht, Oh Bester der Bharatas; Verzicht, Oh Bester der Menschen, wurde wahrlich als dreifach dargestellt."

Man kann auf drei Weisen verzichten, nämlich sattvig, rajassig oder tamassig.

18. Kap. 5. Vers:
„Opferhandlungen, Geben und Askese dürfen nicht aufgegeben werden, sondern sind zu tun; Opfer, Geben und auch Askese läutern den Weisen."

In einem Sinn versteht man unter „Opfer" alle rituellen Handlungen, Mantrasingen, Arati, Pujas, Homas, kleine Altäre, die man vielleicht aufbaut, Altardienst, den man vielleicht mach usw.
Zum „Geben" zählt alles, was Karma Yoga im engeren Sinne ist, also Anderen zu helfen und zu dienen. „Askese" ist im weiteren Sinne umfasst alle spirituellen Praktiken. Asanas, Pranayama, Meditation, aber auch Fasten usw.
Das sind die drei Dinge, mit denen wir uns läutern können und weshalb Krishna uns rät, sie zu praktizieren.

18. Kap. 6. Vers:
„Aber auch diese Handlungen müssen unter Aufgabe von Verhaftung und des Wunsches nach Belohnung ausgeführt werden, Oh Arjuna: das ist Meine feste und beste Überzeugung."

Krishna fordert uns auf, unsere Verhaftungen aufzugeben. Wenn wir z.B. feststellen, dass etwas in diesem Lebensstadium nicht mehr möglich ist, dann müssen wir etwas anderes machen. Also wenn es z.B. eine bestimmte körperliche Beschwerde gibt und bestimmte Asanas nicht möglich sind, dann kann man entweder daran verhaftet sein und sich dann furchtbar darüber ärgern, dass man sie nicht machen kann oder man kann überlegen, welche Praktiken man stattdessen machen kann. Manchmal führt das zur "Alles oder Nichts Philosophie", die oft im Nichts mündet. Dann kann es auch mal sein, dass man bisher morgens meditiert hat und bei den Kindern der Fahrplan umgestellt worden ist. Der Schulbus fährt plötzlich nicht mehr um 7.45 Uhr los, sondern schon um 7.10 Uhr. Man kann also als Elternteil nicht mehr zur gewohnten Zeit meditieren. Man möchte ja mit den Kindern zusammen frühstücken und nach dem Frühstück zu meditieren ist auch nicht so schön usw. Man verschiebt es den ganzen Tag und landet im Nichtstun. Besser wäre es dann, den gesunden Menschenverstand zu benutzen und ohne Verhaftung zu handeln. Das ist etwas Wichtiges.

In den nächsten Versen beschreibt Krishna sattvigen, rajassigen und tamassigen Verzicht, sattvige, rajassige und tamassige Entsagung.

18. Kap. 7. Vers:
„Wahrlich, der Verzicht auf verbindliche Handlungen ist nicht recht; sie aus Täuschung aufzugeben, wird als tamasig angesehen."

Wenn wir bestimmte Aufgaben und Pflichten haben und es niemand anderen gibt, der sie erfüllen kann und wir die Handlung trotzdem nicht machen, dann ist das tamasig.

18. Kap. 8. Vers:
„Wer auf Handlung aus Furcht vor körperlichen Schwierigkeiten verzichtet, erhält durch einen so rajasigen Verzicht nicht den Gewinn, den die Entsagung bringt."

Eine weitere Art von rajasigem Verzicht ist, wenn wir auf etwas verzichten, um dann groß anzugeben, um damit zu prahlen. Wenn wir zum Beispiel verkünden, wir habten vier Wochen lang gefastet, vier Wochen lang auf Essen verzichtet und dafür Bewunderung der Anderen erwarten, dann ist das rajasiger Verzicht.

18. Kap. 9. Vers:
„Jede Pflicht wird ausgeführt, Oh Arjuna, einzig und allein nur deshalb, weil sie getan werden muss, und Verhaftung und der Wunsch nach Lohn werden aufgegeben; diese Entsagung wird als sattvig angesehen."

Krishna beschreibt nochmals die sattvige, rajassige und tamassige Handlung. Er schreibt über Verstand, der sattvig, rajassig, tamassig ist, Beständigkeit, die sattvig, rajassig oder tamassig ist.

18. Kap. 40. Vers:
„Es gibt kein Wesen auf der Erde und auch nicht im Himmel unter den Göttern, das frei ist von den drei Eigenschaften der Natur."

18. Kap. 45. Vers:
„Jeder Mensch, der sein Dharma erfüllt, erreicht Vollkommenheit. Wie er Vollkommenheit erreicht, wenn er seine Pflicht erfüllt, darüber höre jetzt."

18. Kap. 47. Vers:
„Besser ist das eigene Dharma auszuführen ohne Verdienst, als die richtig erfüllte Pflicht eines anderen. Wer das Dharma ausführt, was aus seinem Svabhava entspringt, also seiner Lebensnatur, sündigt nicht."

18. Kap. 60.-61. Vers:
„Oh Arjuna, durch das aus deiner Natur stammende Karma gebunden, wirst du auch das hilflos tun, was du aus Täuschung nicht zu tun wünschst. Der Herr, Ishwara, wohnt in den Herzen aller Wesen, Oh Arjuna, und lässt durch seine täuschende Kraft alle Wesen sich drehen, so als stünden sie auf einer Maschine."

Krishna gibt Arjuna hier ein ähnliches Beispiel, wie er es ihn schon im elften und 15. Kapitel gelehrt hat. Er lehrt, dass wir alle Teil des Ganzen sind. Auf einer gewissen Basis haben wir unsere individuelle Freiheit. Aber nur in begrenztem Rahmen. Und das kann uns auch wieder Trost sein. Letztlich können wir uns zu nichts entscheiden, was nicht irgendwo auch für uns vorgesehen ist. Es kommt nur darauf an, dass wir es aus dem richtigen Motiv heraus machen.

18. Kap. 63. Vers:
„So ist dir von Mir die Weisheit mitgeteilt worden, die geheimer ist, als das Geheimnis selbst; nachdem du all dies überlegt hast, tue, was du willst."

Warum sagt Krishna Arjuna, dass er ihm geheimes Wissen mitteilt? Die Bhagavad Gita ist das in Indien meist gelesene Buch. Was soll daran geheim sein?
Das Geheimnis ist, dass die Lehren der Bhagavad Gita schwer zu verstehen sind und, dass wir die Wahrheiten, die ganz offensichtlich beschrieben werden, immer wieder vergessen.

18. Kap.66. Vers:
„Gib alle Dharmas auf und suche Zuflucht nur bei Mir alleine; Ich werde dich von allen Sünden befreien; sorge dich nicht."

Ihr kennt inzwischen die Vielschichtigkeit des Begriffs Dharma. Suche Zuflucht (Sharanam) bei Mir (Mam) allein (Ekam). Ich (Aham), dich (tva), alle Sünden (sarvapapebhyo), befreien (moksha). Sorge dich nicht (syami ma sucah).
Krishna rät uns, alle Eventualitäten abzuwägen, uns danach für etwas zu entscheiden und dann die Vorstellung, hundertprozentig richtig gehandelt zu haben, aufzugeben. Wir wissen nie, ob wir hundertprozentig richtig gehandelt haben. Wenn wir davon ausgehen, dass wir es perfekt gemacht haben, dann ist da schon Eigendünkel dabei, dann ist es eine rajassige Handlung. Bei jeder Entscheidung versuchen wir Sattwa, Rajas und Tamas vorher abzuwägen. Wir versuchen Daiva und Asura abzuwägen und überlegen, was unser Karma, was unsere Aufgabe ist. Ferner überlegen wir, was unsere Swabhava,

unsere Wesensnatur, ist und wie wir mit unserer Wesensnatur dem Karma gerecht werden können. Wenn wir dann handeln, sollten wir darauf achten, dass es sattvig ist und nicht rajassig oder tamassig und das es aus Daivaeigenschaften heraus geschieht. Und selbst dann ist die Handlung/die Entscheidung nicht immer klar. Selbst dann stehen wir oft vor Situationen, die zwei Handlungsalternativen ethisch rechtfertigen und man trotzdem irgendeine Entscheidung treffen muss. Manchmal sagt einem die Intuition was zu tun ist. Manchmal schläft man mit einem Gebet am Abend ein und weiß am nächsten Morgen die Antwort. Eine Mutter weiß oft besser, was ihr Kind braucht, als irgendein Arzt oder auch als jemand der jahrelang Kinderpsychologie studiert hat. Nicht immer weiß sie es, aber relativ oft und warum weiß sie es? Weil sie eine tiefe Liebe zum Kind hat und aus der Liebe zum Kind dieses Gefühl von Intuition entsteht. Genauso ist es, wenn wir große Liebe zu Gott haben. Dann entsteht über diese Liebe zu Gott ein intuitives Verständnis, was Gott von einem will. Sicher sein kann man sich aber nie. Wenn wir eine Entscheidung getroffen haben, sollten wir die verschiedenen Karmayogaprinzipien beachten und nicht denken, dass wir wissen, was richtig und was falsch ist. Wir können alles nur nach besten Wissen und Gewissen tun. Wir bringen es Gott dar und dann lassen wir los. Etwas, was ich gerne mache, wenn ich mich für eine Sache entschieden habe, ist, zu sagen: „Oh Gott, ich werde jetzt das und das tun. Ganz sicher bin ich mir nicht. Wenn du nicht willst, dass das gemacht wird, dann hast du noch bis dann und dann Zeit mich davon abzuhalten." Und ich denke mir, wenn Gott mich nicht davon abgehalten hat, dann ist es seine Schuld. Ich gebe meine Verantwortung in Gottes Verantwortung.

18. Kap. 67. Vers:
„Darüber sprich weder zu einem Menschen ohne Mäßigung und Hingabe, noch zu jemandem, der nicht dient und nicht den Wunsch hat zu hören, und auch nicht zu jemandem, der an Mir Anstoß nimmt."

Denn ansonsten wäre das schon sehr anarchistisch: Tue, was du willst und überlass es Gott. Dann kannst du nicht sündigen. So einfach können wir es uns nicht machen. Nicht umsonst gibt es 16 Kapitel vorher, in denen Krishna uns viele Handlungsprinzipien gibt und uns rät, diese zu befolgen und alles Gott zu widmen.

18. Kap. 68.-69. Vers:
„Wer mit höchster Hingabe an Mich dieses höchste Geheimnis den Menschen lehrt, die Mich verehren, wird ohne Zweifel zu Mir kommen. Es gibt keinen Menschen, der Mir einen größeren Dienst erweist, und es wird auch keinen auf der Erde geben, der Mir mehr lieb ist als er."

Der wertvollste Dienst, den wir Menschen auf Erden tun können ist, anderen spirituelles Wissen weiterzugeben. Durch die Verbreitung von spirituellem Wissen können wir uns der Liebe Gottes sehr nahe fühlen. Die meisten Menschen spüren, wenn sie

unterrichten, und ihren Unterricht mit Einstellung des Karmayogas gestalten, dass sie eine intensive Liebe und Verbindung mit Gott haben.
Es gibt viele Wege, spirituelles Wissen zu verbreiten. Selbst wenn wir Asanas und Pranayamas in Fitnessstudios unterrichten und nicht über Gott sprechen, leisten wir wertvolle Dienste. Wir können spirituelles Wissen in Yogastunden einfließen lassen. Man kann vor der Yogastunde oder zur Tiefenentspannung etwas vorlesen. Man kann einen formellen Meditationskurs anbieten. Und wir können Menschen auch öfters mal etwas über die spirituelle Weisheit erzählen oder ihnen spirituelle Bücher schenken. Von fünf Menschen, die ein Buch geschenkt bekommen, legt es einer vielleicht sofort weg, zwei lesen es durch und für andere drei kann es das Leben verändern. Und vielleicht liest derjenige, der es sofort weggelegt hat, es einige Jahre später. So können wir Menschen dienen.

18. Kap. 70.-71. Vers:
„Und wer über dieses unser heiliges Gespräch nachsinnt, bringt Mir das Weisheitsopfer - das ist Meine Überzeugung. Auch der Mensch, der dies voll Glauben und frei von Argwohn hört, wird befreit und gelangt zu den glücklichen Welten derer, die rechtschaffen gehandelt haben.“

18. Kap. 73. Vers:
„Arjuna antwortet noch: "Meine Täuschung ist zerstört, da ich durch Deine Gnade meine Erkenntnis erlangt habe, Oh Krishna. Ich bin frei von Zweifel. Ich werde handeln, wie Du es gesagt hast.“

18. Kap. 78.Vers:
„Überall, wo Krishna, der Herr des Yoga ist, überall, wo Arjuna, der Bogenträger, ist, dort sind Reichtum, Sieg, Glück und feste Grundsätze; davon bin ich überzeugt.“

Krishna und Arjuna sind dann da, wenn wir über sie nachdenken.

ZUSAMMENFASSUNG

Wir haben uns mit der vielleicht wichtigsten Yogaschrift überhaupt, der Bhagavad Gita, auseinandergesetzt. Eine Schrift, von der es heißt, dass das Studium der Schrift einen direkt mit Gott verbindet. Ich möchte die Bhagavad Gita kurz zusammenfassen, damit ihr die Logik der Schrift besser versteht und beim Selbststudium einen etwas besseren Überblick habt.
Selbst wenn ihr euer ganzes Leben lang die Bhagavad Gita täglich studiert, habt ihr etwas, aber nicht alles davon verstanden. Die Lehren sind so tief, dass wir mit jedem Schritt, den wir auf dem spirituellen Weg vorangehen, eine neue Dimension entwickeln.

Die Hauptfragen, denen in der Bhagavad Gita nachgegangen wird, sind: „Wie lebt man ein spirituelles Leben im Alltag und ist ein spirituelles Leben in einer von Materialismus geprägten Welt überhaupt möglich?"
Arjuna, der beste Krieger der Pandavas, ist in einem schweren ethischen Konflikt. Es herrscht die Tyrannei. Die Bösen regieren den Staat, Verhandlungen haben nichts gebracht, die Guten und die Pandavas haben gemeinsam eine Armee aufgestellt, die der Armee der Tyrannen, der Kauravas gegenübersteht. Arjuna, der mächtigste Krieger der Pandavas, bittet seinen Wagenlenker, Krishna, Inkarnation Gottes, den Streitwagen zwischen die beiden Armeen zu fahren. Dann überfällt Arjuna eine Verzweiflung. Er sieht, dass es Verwandte sind, die ihm gegenüberstehen, gegen die er kämpfen soll. Er weiß nicht, ob es richtig ist zu kämpfen.
In seiner Verzweiflung macht er das, was spirituelle Aspiranten machen sollten, wenn sie selbst nicht zurecht kommen, er wendet sich an einen Lehrer, an Krishna. Krishna selbst sah er Jahrzehnte lang als seinen Freund an. Er war sich zwar bewusst, dass Krishna nicht ein normaler Mensch ist, aber für ihn war Krishna einfach ein Freund. Doch jetzt fragt er ihn: „Was ist das Richtige? Was ist mein Dharma?" Und „Wie kann ich es vermeiden, Papa zu begehen, Sünden zu begehen, Schuld auf mich zu laden?" Krishna hilft ihm, indem er ihn einige Wege zur spirituellen Entscheidungsfindung lehrt und ihm sagt, wie er handlen kann, um sein Dharma zu erfüllen ohne Papas auf sich zu laden. Krishna lehrt Arjuna, dass es wichtiger ist, wie er etwas tut, als was er tut. Die Bhagavad Gita ist dabei keine systematische, philosophische Abhandlung. Sie ist ein psychologisch geschicktes Lehrgespräch, um Arjuna Schritt für Schritt aus seiner Froschperspektive herauszuführen. Er kann das Ganze von einer übergeordneten Perspektive, eben der Perspektive des Wissens, betrachten. Krishna vertritt dabei mehrere Standpunkte, zwischen denen er immer wieder wechselt. Zum einen zeigt er Arjuna die Welt aus dem Blickwinkel der Jnana Yoga Philosophie. Ihr zur Folge gibt es nur eine allumfassende, unendliche Wirklichkeit und diese materielle Welt ist an verschiedenen Stellen unwirklich. Sie ist nicht Sein. Ferner beschreibt Krishna auch, was auf dieser Welt geschieht, Gunas, handeln nach Gunas, das Bewusstsein hat damit nichts zu tun.

Zum anderen zeigt Krishna Arjuna die Welt aus dem Blickwinkel des Karma Yoga. Er sagt: „Tue, was zu tun ist, so gut wie du es kannst und lasse los. Tue die Handlungen."

Zum letzten lehrt Krishna Ajruna die Welt aus dem Blickwinkel des Bhakti Yoga zu betrachten. Von diesem Standpunkt aus betrachtet, heißt es: „Letztlich machst du nichts, Gott macht alles."
Basierend auf diesen drei verschiedenen Standpunkten: 1. Nichts geschieht, 2. Du musst dein Dharma erfüllen und 3. Sei ein Instrument Gottes, ergeben sich immer wieder Widersprüche.
Die Lehre Krishnas ist, dass wir zu unterschiedlichen Zeiten und in unterschiedlichen Situationen von unterschiedlichen Standpunkten heraus handeln müssen.

In der Bhagavad Gita gibt es mehrere Gegensatzpaare.
Ein Gegensatzpaar, das immer wieder aufgegriffen wird, ist: Entsagung versus Handlung. Die meisten Kommentatoren der Bhagavad Gita gehen auf dieses Gegensatzpaar besonders ein. Arjuna selbst stellt ja diese Frage im zweiten Kapitel, im dritten, im fünften und im 18. Kapitel immer wieder.
Das zweite Gegensatzpaar besteht zwischen Beherrschung versus Ausleben. Krishna sagt immer wieder: „Beherrsche deine Sinne." Und einige Verse später: „Beherrschung ist nicht möglich, die Natur wird dich zwingen das zu tun."
Ein drittes Gegensatzpaar, auf das Krishna immer wieder eingeht, ist der Gegensatz zwischen persönlicher Gottesverehrung und abstrakter Gottesverehrung.

Bei all diesen Gegensatzpaaren hat Krishna durchaus seine Präferenzen. Er lehrt, dass alles einen bestimmten Zweck hat. Für die Mehrheit der Menschen ist Handlung besser als Entsagung. Die meisten Menschen, die entsagen, sind „Pseudoentsagte" und machen sich und anderen etwas vor. Wer mal in Indien Urlaub gemacht hat und die Massen an Swamis (Mönche) gesehen hat, wird durchaus verstehen, was Krishna hier sagt. Bei einen ganzen Reihe von Swamis hat man den Eindruck, dass sie nicht mit dem Wissen von Jnana strahlen, sondern eher ein bisschen tamassig aussehen. Dies gilt nicht für die Swamis in den großen Ashrams, wo sie ja auch zum Karma Yoga gebracht werden, aber es gilt für die Millionen von Wandermönchen. Krishna sagt aber auch, dass es einer Minderheit der Swamis gelingt, über reine Entsagung zur Vollkommenheit zu kommen.

Zur Dichotomie (Gegensatz) zwischen Beherrschung und Ausleben rät Krishna uns, die tieferen Aspekte in uns, Prakriti, Swabhava oder auch Swarupa, auszuleben. Es macht keinen Sinn zu versuchen, sie zu beherrschen. Erstens, weil es überflüssige Energieverschwendung ist und zweitens, weil es nicht immer von Erfolg gekrönt ist. Was wir aber beherrschen lernen können und sollen, ist unser Raga - Dwesha, unser persönliches Mögen und Nicht-Mögen. Zu unterscheiden, was persönliches Mögen und was Prakriti ist, ist nicht so einfach. Und bei allem, was Krishna uns sagt, gibt er uns nie eine hundertprozentige Empfehlung. Fast ist es tröstlich, dass Arjuna am Anfang des 18. Kapitels immer noch Krishna fragt: „Ich habe es immer noch nicht verstanden, was es eigentlich bedeuten soll. Jetzt hast du 17 Kapitel lang mit mir gesprochen, zwei Stunden lang mit mir gesprochen, du hast mir sogar eine überbewusste Erfahrung gegeben und ich habe immer noch keine Ahnung, was ich tun soll." Erst ganz zum Schluss des 18. Kapitels sagt er: „Jetzt weiß ich es." Und ausgerechnet nachdem Krishna noch einmal gesagt hat: „Wäge all das ab. Dann tue, was du willst und opfere alles mir." Gemäß Krishna sollen wir unsere Prakriti leben, natürlich in Übereinstimmung mit unserem Karma, unter Beachtung der ethischen Gesichtspunkte, unter Beachtung von Sattva und unter Beachtung von Daiva versus Asura.

Bei der Frage persönliche Gottesverehrung versus abstrakte Gottesverehrung rät Krishna eindeutig zur persönlichen Gottesverehrung. Er sagt, die Mehrheit der Menschen denke nicht so abstrakt. Die Mehrheit der Menschen denke mehr persönlich und konkret. Selbstverwirklichung, Gottverwirklichung über ganz abstrakte, unpersönliche Gottesverehrung schaffe nur eine Minderheit der Aspiranten.

Ich möchte jetzt die Kurzzusammenfassung der 18 Kapitel geben.
Im ersten Kapitel wird der Konflikt ausgebreitet.
Das zweite und 18. Kapitel sind die Rahmenkapitel. In beiden Kapiteln werden praktisch alle Themen der Bhagavad Gita angesprochen. Im zweiten Kapitel werden sie schon einmal angerissen, im 18. Kapitel nochmals aufgegriffen und dazwischen werden eigentlich die Themen, die im zweiten und 18. Kapitel behandelt werden, ausführlicher behandelt.

Im zweiten Kapitel beginnt Krishna über die Unsterblichkeit des Selbst, die Unveränderbarkeit des Selbst, das göttliches Bewusstsein, das durch nichts berührt wird, von allem, was geschieht, zu sprechen. Danach spricht er über Karma Yoga. Wir sollen nicht handeln, um gutes Karma zu erzeugen und schlechtem Karma zu entgehen, was in der Mimamsa Philosophie und im Karma Kanda der Veden oft geschrieben wird. Das ist bis heute, obwohl die Bhagavad Gita so populär ist, die populäre Religion Indiens ist. Es ist nicht wichtig, Punyas anzusammeln, Papas zu vermeiden. Krishna rät uns vielmehr geschickt zum Wohl anderer als Dienst und Opfer, als Gabe, gleichmütig in Erfolg und Misserfolg, ohne Verhaftung an das Ergebnis zu handeln. Ohne das Gefühl, der Handelnde zu sein, kann ich die Frücher Der Handlung Gott opfern. Danach beschreibt er die Eigenschaften einer Selbstverwirklichung.

Im dritten Kapitel stellt Arjuna eine Frage, da es ihm nicht gelingt, diese beiden Hauptlehren Krishnas aus dem zweiten Kapitel miteinander zu vereinen. Er versteht nicht, wie die Unsterblichkeit des Selbst (Jnana Yoga) mit den Handlungen (Karma Yoga) zu vereinen ist. Und so fragt er Krishna: „Was ist besser: Handlung oder Weisheit?" Krishna gibt ihm eine erste Antwort. Er sagt: „Es gibt zwei Wege: Entsagung und Handlung.“ Aber am besten wäre es, wenn wir beide Wege miteinander verbinden und insbesondere als Opfernder handeln. Er erwähnt das Beispiel des Opfers und führt es etwas detaillierter aus. Er sagt ferner, dass Weise und spirituelle Menschen Vorbild für andere sein sollten. Wenn alle spirituellen Menschen sich zurückziehen würden, dann würde die Mehrheit der Menschen, die halbspirituell sind, denken, spirituelles Leben sei in der Welt nicht möglich. Oder sie werden die anderen imitieren und dann nur in Tamas versinken. Gerade Weise sollten deshalb für andere ein Beispiel sein.

Im vierten Kapitel sagt Krishna, was er lehrt, lehrt er nicht zum ersten Mal. Gott inkarniert sich wieder und wieder auf der Erde, um Dharma wieder herzustellen und verloren gegangene Lehren zurechtzurücken. Im vierten Kapitel entwickelt er das Thema des Karma Yoga und die Analogie des Opfers weiter.

Im fünften Kapitel äußert Arjuna nochmals Zweifel. Und Krishna empfiehlt ihm daraufhin erneut Entsagung in der Handlung, als die beste Weise um zu handeln.

Im sechsten Kapitel führt er diese Thematik weiter aus. Er sagt, wir könnten nur durch Handlung Ruhe in den Geist bekommen. Und nur durch Handlungen kommen wir zum Selbst. Des Weiteren sagt Krishna, dass nur diejenigen für ein hauptsächlich kontemplatives Leben geeignet sind, die den Geist schon durch Karma Yoga beruhigt haben. Aber auch diejenigen, die Karma Yoga hauptsächlich üben, sollten regelmäßig spirituelle Praktiken machen. Deshalb erwähnt er in vielen Versen auch die Meditation. Er gibt Anleitungen für die Meditation, sagt, wie wir meditieren können. Und selbst wenn wir ein aktives Leben führen können wir uns während der Meditation vorstellen, wir meditieren in der Einsamkeit. Allein mit uns und mit Gott. Zwar verbunden mit allen, aber nicht in dem Sinne, dass wir irgendetwas erwarten und Pläne schmieden. Diese Phase der Ruhe müssen wir uns gönnen. Arjuna zweifelt und denkt: „Ich packe das nie, den Geist zur Ruhe zu bringen, um zu Nirvikalpa Samadhi zu kommen.“ Und Krishna lehrt ihn zwei Dinge, wie Arjuna dort hinkommen kann, nämlich mittels Abhyasa und Vairagya. Er soll sich Schritt für Schritt lösen von der Verhaftung an Wünsche.

Ab dem 7. Kapitel geht Krishna mehr auf Bhakti Yoga ein. Bhakti Yoga ist ein Mittel um unser Herz anzusprechen. Wenn es uns nicht gelingt, unseren Geist zu beherrschen, können wir unser Herz auf Gott richten und Gott wird uns helfen, unseren Geist zu beherrschen. Wenn wir uns mit Gott verbunden fühlen, dann entsteht eine intuitive Verbindung und ab dann wissen wir, was wir tun können und was unsere Aufgabe ist. Es ist dann so, wie wenn ein Diener die Wünsche seines Meisters ablesen kann oder ein Ehepartner weiß, was der andere will. Er braucht nur mit den Wimpern zu zucken und der andere weiß, was zu tun ist, wenn die Verbindung hergestellt ist. Wenn wir diese Verbindung zu Gott hergestellt haben, dann gibt Gott uns ein kleines Zeichen und wir

wissen, was zu tun ist. Und außerdem hilft Bhakti, die Vorstellung, ein Handelnder zu sein, zu überwinden. Es ist wahrscheinlich für mehr Menschen leichter das zu verstehen als Krishnas Aussage einige Verse vorher: „Die Gunas wirken unter Gunas nur." Im Bhakti Yoga sagen wir: „Gott tut alles. Ich bin nur sein Instrument. Ich bin der Diener, Gott ist der Meister. Gott, dein Wille geschehe."
Nachdem Krishna Arjuna die Vorteile des Bhaktis erzählt hat, möchte Ajruna wissen, wie er Bhakti entwickeln kann. Krishna erwähnt zunächst einmal in mehreren Kapiteln, dass man sich die Entwicklung von Bhakti leiterartig vorstellen muss. Zuerst einmal rät er, immer an Gott zu denken. Wenn das nicht gelingt, sollen wir Gott in allem Sehen. Wenn das auch nicht gelingt, sollen wir ihn im Großartigen sehen oder mindestens die Handlung Gott darbringen.

Im achten Kapitel greift Krishna seine Überlegung, die er im sechsten Kapitel begonnen hat, erneut auf. Er meint, dass alles, was wir in diesem Leben nicht erreichen können, im nächsten Leben erreichen (s. 6. Kapitel). Ferner erweitert er diese Lehre und sagt Arjuna, wie wichtig der letzte Gedanke vor dem Tod ist, und wie wichtig es ist, in diesem Leben immer an Gott zu denken, so dass wir im letzten Moment auch an Gott denken können und dann die Befreiung erreichen. Und so können wir, selbst wenn wir in diesem Leben die Befreiung nicht erreichen, im Moment des Todes ausreichend an Gott denken, und damit die Selbstverwirklichung erreichen.
In einer Zeitschrift habe ich mal gelesen, dass Konstantin der Große, der das Christentum stark gefördert hat, sich bis kurz vor seinem Tod nicht hat taufen lassen. Er galt als besonders klug und wusste, dass er als Kaiser viele unethische Handlungen ausführen musste. Damals hieß es, die Taufe würde einen von allen Sünden befreien. In späteren Jahren entwickelte sich das Konzept der letzten Ölung, wo einem dann die begangenen Sünden vergeben werden. So zumindest im Katholizismus. Im Protestantismus muss man seine Sünden innerlich bereuen, an Jesus glauben und kann dann auch die Selbstverwirklichung erreichen. Krishna sagt durchaus etwas Ähnliches. Wenn wir im Moment des Todes an Gott denken, dann kommen wir auch zu Gott hin. Vielleicht müssen wir dann noch unser Karma ausarbeiten, müssen deshalb noch ein oder zwei oder ein paar Leben ausleben, aber mindestens leben wir es dann auf spirituelle Weise.

Im neunten Kapitel sagt Krishna, dass die ganze Welt der Körper Gottes ist und von Gott gelenkt wird. Gott macht letztlich alles. Wir sind nur Instrumente. Verehrung stimmt uns darauf ein. Dieses Thema führt er im zehnten Kapitel weiter aus.

Im zehnten Kapitel wiederholt er, dass Gott alles ist und lehrt Arjuna, wenn er Gott nicht in allem Alltäglichen erkennen kann, ihn dann erst einmal im Großartigen zu verehren. „Verehre Mich im Großartigen. Mich als Inkarnation Gottes."

Im elften Kapitel fordert Arjuna Krishna auf, ihm die Erfahrung Gottes zu schenken. Der Worte wären nun genug gewechselt, er möchte es erfahren. Und so gibt Krishna die eine Erfahrung eines erweiterten Bewusstseinszustandes, Savikalpa Samadhi. Arjuna ist zuerst völlig überwältigt von dieser Vision. Bis zum elften Kapitel war Arjuna, wann immer er Krishna gesehen und ihn etwas gefragt hat, fast rebellisch. Er wollte zwar Wissen, hat aber immer wieder auch Zweifel geäußert. Ab dem elften Kapitel hat er diese Zweifel nicht mehr. Er fragt jetzt viel demütiger als vorher. Wenn man bedenkt, dass der Autor der Bhagavad Gita vermutlich Arjunas Fragen noch etwas höflicher formuliert hat, als Ajruna sie selbst gestellt hat, dann ändert sich Arjunas Verhalten schon sichtlich. Ajruna fragte oft schon fast respektlos, wenn er sagt: „Mal sagst du dies, mal sagst du das, du bist unrealistisch, unklar, sprich doch endlich mal klar. Was du mir erzählst macht keinen Sinn. Kriege ich nie hin." Sogar noch zu Anfang des elften Kapitels verhält er sich so. Krishna bemüht sich mit Engelsgeduld, Arjunas Fragen zu beantworten. Schließlich gibt er Arjuna die Vision der kosmischen Gestalt und Arjuna wird von da an sehr viel demütiger, seine Fragen werden sehr viel demütiger.

Im zwölften Kapitel will Arjuna wissen, ob er Krishna persönlich oder abstrakt verehren soll. Er hat gesehen, dass Gott überall ist, allumfassend und glaubt, es wäre vielleicht besser Gott, doch eher als allumfassend zu verehren, anstatt eines konkreten Aspekts von Gott. Krishna empfiehlt ihm jedoch klar die persönliche Gottesverehrung, da es ihm und den meisten Menschen eher entspricht. Vielen Menschen fällt es leichter, ihre Emotionen auf etwas oder jemanden zu richten, wozu er oder sie eine Beziehung haben, als nur eine abstrakte Verehrung. Im zwölften Kapitel lehrt Krishna Arjuna auch, wie er Gott verehren kann. Er lehrt ihn eine Art Stufenleiter des Sadhanas, beginnend beim Schwierigen endend beim Leichten. Er fordert Arjuna auf: „Sieh Gott in allem. Wenn du das nicht so ganz kannst, dann übe wenigstens Yogapraktiken, wenn du das auch nicht kannst, dann bring wenigstens die Handlungen Gott dar. Wenn du das nicht kannst, dann bringe die Handlungen zum Schluss die Früchte der Handlung Gott dar. Schon das gibt dir Frieden. Haben wir Frieden, dann können wir die anderen Dinge auch tun."

Im 13. Kapitel wechselt Krishna den Blickwinkel. Hat er Arjuna zuvor vom Bhakti Yoga Standpunkt aus unterrichtet, lehrt er ihn nun vom Jnana Yoga Standpunkt aus. Er beschreibt das Feld und den Kenner des Feldes und lehrt wie wir zwischen dem Selbst und dem Nichtselbst unterscheiden können.

Im 14. Kapitel beschreibt Krishna die drei Gunas. Wir sollen Sattva erhöhen, Rajas und Tamas reduzieren und nicht an Sattva verhaftet sein. Detaillierte Ausführungen darüber gibt er im 17. und 18. Kapitel.

Im 15. Kapitel verwendet Krishna eine Analogie. Er stellt die Welt als einen großen Baum dar. Die Wurzeln des Baumes sollen für die Kausalwelt stehen. Der Stamm oder die verschiedenen Stämme und Äste, für die Astralwelt, die Blüten und die Knospen und die Blätter für die physische Welt. Wir sind letztlich alle in dieser Welt verbunden und auch gebunden. Krishna empfiehlt uns zunächst, diesen Baum zu sehen, dass alles zusammen gehört und es dann aber auch notwendig ist, diesen Baum zu fällen, indem wir zu dem gehen, was jenseits dieser Schöpfung ist.

Im 16. Kapitel beschreibt Krishna Daiva versus Asura. Unterscheidet zwischen göttlich und dämonisch, ethisch und unethisch.

Im 17. Kapitel erzählt Krishna erneut über die drei Gunas und fordert uns auf, auch die spirituellen und alle anderen Praktiken sattwig zu machen. Jede Praxis könnte sattvig, rajassig und tamassig sein. Man sieht es einem Schüler nicht an. Alle drei mögen im Kopfstand stehen, der eine übt tamassig: Er hat eigentlich Nackenprobleme und weiß, es tut ihm nicht gut, meint aber er müsste es trotzdem machen, schadet sich also selbst. Der nächste übt rajassig: Er will zeigen, wie großartig er ist. Ein anderer übt sattvig: Er macht den Kopfstand, weil er spürt, dass er richtig ist, gut für die Gesundheit ist, hilfreich ist. Dann bringt er die Früchte der Handlung Gott dar und denkt während dieser Handlung an Gott.

Im 18. Kapitel werden alle Themen der Bhagavad Gita noch einmal aufgegriffen und es endet damit, dass Krishna Arjuna sagt: „Tu, was du willst, aber vorher denke nach, überlege, bringe alle diese Kriterien in deine Überlegungen mit ein. Nachher wirst du vielleicht immer noch nicht genau wissen, was richtig ist.“ Wir sollten niemals hundertprozentig überzeugt sein, genau zu wissen, was das Richtige ist. Es heißt, zwei Arten von Menschen wissen immer, was das Richtige ist: zum einen die Fanatiker und zum anderen die Selbstverwirklichten. Aber selbst von Swami Sivananda heißt es, dass er öfters nicht genau wusste, was zu machen war. Öfters haben sich die Mitarbeiter seines Ashrams getroffen und über Dinge gesprochen und diskutiert und Swami Sivananda wusste auch nicht, was zu tun ist. Vielleicht hat er manchmal auch einfach nur so getan, um eben die Ashramiten auf die Zeit nach seinem Tod vorzubereiten. Wenn nämlich ein Meister alles entscheidet, dann werden die Schüler unselbstständig und lernen nichts. Aber vielleicht war es auch so, dass Swami Sivananda sich wirklich nicht immer ganz sicher war, was das Beste ist. Ich habe ja auch schon beschrieben, dass Swami Chinmayananda behauptet hat, letztlich sei sogar Krishna in einiger Hinsicht gescheitert. Die Errichtung des Gottesstaates hätte nicht geklappt. Krishna selbst sagt, er handelt viel, ist nicht an seine Handlungen verhaftet und sie würden einfach geschehen. Vielleicht hat Krishna einfach auch nur so gehandelt, um uns zu zeigen, dass es schon gut ist, nach dem Richtigen zu streben und es auch gut ist, nach dem Großartigen zu streben, auch wenn es einem nicht gelingt. Zum Schluss müssen wir alle Handlungen Gott darbringen und wenn wir das tun, dann können wir nie falsch handeln. Von einem höheren Standpunkt aus können wir ebenfalls nichts falsch machen. Denn letztlich können wir nur das machen, was im kosmischen Körper Gottes, im Virat Swarupa, in der kosmischen Gestalt Gottes, überhaupt angelegt ist. Wenn wir etwas aus dem Ego heraus machen, dann kommen wir nicht zum Gefühl der Einheit, sondern bleiben separiert. Und von einem noch höheren Standpunkt aus sind wir eh das Selbst und tun überhaupt nichts. Infolgedessen können wir entspannt und gleichmütig handeln, nicht gleichgültig, nicht tamassig aber gleichmütig.

Ganz zum Schluss erzählt Krishna noch, wie wichtig es ist, zu lehren. Das Lehren des Yogas wäre die vielleicht einfachste Weise, Gottes Gegenwart und Liebe zu spüren.

Ich möchte schließen mit Auszügen aus zwei Versen der Bhagavad Gita:

XVIII 61&62: Gott wohnt in den Herzen aller Wesen (...). Fliege Ihm entgegen. Suche bei Ihm Zuflucht mit deinem ganzen Wesen. Duch Seine Gnade wirst du höchsten Frieden und die ewige Wohnstatt erlangen.

Weitere Bücher von Sukadev Bretz

Das Yoga Vidya Asana-Buch Band 1

Riesiges Erfahrungswissen über die Asanas der Rishikesh-Reihe, wie sie von Swami Sivananda und Swami Vishnu-Devananda gelehrt wurde. In dieses Buch ist das Wissen aus 25 Jahren Yoga-Studium und -Praxis des Autors Sukadev Bretz geflossen. Dieses Buch zeigt sanfteste wie auch die fortgeschrittensten Übungen. Ausgezeichnet für jeden Übenden, der im Hatha Yoga weiter kommen will. Eine Riesenhilfe für die Unterrichtsvorbereitung von Yogalehrenden. Mit 1800 Fotos. Von Sukadev Bretz. Großformat A4. Mit umfangreichem Index zum schnellen Finden der Asanas.

12 Seiten, Paperback. 19,80 €. ISBN 3-931854-48-5; Yoga Vidya Verlag.

Yoga Geschichten

Geschichten und Märchen faszinieren die Menschen seit alters her und waren auch immer schon ein wichtiges didaktisches Hilfsmittel. Die Geschichten in diesem Buch stammen aus klassischen indischen Schriften und wurden von Sukadev Volker Bretz nacherzählt, mit manchen eigenen Interpretationen und Anpassungen an die heutige Lebenssituation, was besonders hilft, ihre Lehren direkt in den eigenen Alltag zu übertragen.

88 Seiten, Paperback. 6,80 €. ISBN 3-931854-47-7; Yoga Vidya Verlag.

Die Yogaweisheit des Patanjali für Menschen von heute

Die Yoga-Sutras von Pantanjali sprechen alle Ebenen des Menschseins an. Sie vermitteln einen tiefen Enblick in die praktischen, geistigen und spirituellen Dimensionen des Yoga. Im Mittelpunkt steht der menschliche Geist, seine Funktionsweise, sein Einfluß auf das Leben, aber auch auf seine verborgenen Kräfte und seine Möglichkeiten.

Dem Verfasser ist es durch den von tiefer Erfahrung geprägten persönlichen Umgang mit den Yoga-Sutras gelungen, diese Yogaweisheit für den Menschen unserer Zeit fruchtbar zu machen und dabei seinen kulturellen Hintergrund, seine Bedürfnisse und seine Lebensprobleme mit einzubeziehen. Die leicht verständliche Sprache, die Fülle von praktisch anwendbaren Beispielen aus dem Leben und die zahlreichen Geschichten und Episoden verstärken die Grundaussagen und die Wirkung dieses wichtigen Yogatextes. So wird das Buch ein praktischer Leitfanden sowohl für die Bewältigung des Alltags als auch für spirituelle Erfahrungen. Gleichzeitig ist es damit ein Wegweiser für mehr Lebensfreude, Gesundheit und Wohlergehen.

216 Seiten, gebunden. 20 €. ISBN 3-931854-47-7; Via Nova Verlag.

Im Yoga Vidya Verlag erschienen:

Sivananda Yoga (von Swami Venkatesananda)

Immer mehr Menschen sind auf der Suche nach Gott, nach Selbstverwirklichung und auf der Suche nach einem Lehrer oder Meister, der sie dorthin führt. Schüler sagen oft, es wäre schwierig, geeignete Lehrer zu finden und Lehrer sagen, es wäre schwierig, geeignete Schüler zu finden. Und wenn man keinen lebenden Meister finden kann oder will, greifen Menschen auf Bücher, in denen spirituelle Wahrheiten verborgen sind, zurück. Dieses Buch zählt dazu. Swami Venkateshananda, ein enger Schüler Swami Sivanandas, der viele Jahre bei seinem Lehrer lebte beschreibt sehr schön, klar und humorvoll, wie spirituelles Wachstum unter der Führung eines selbstverwirklichten Lehrers möglich ist. In vielen kleinen Geschichten, die er selbst oder andere Schüler mit seinem Lehrer erlebt haben, vermittelt er den Lesern, wie man zur Selbstverwirklichung kommt und wie man Sivananda Yoga Tag für Tag üben und praktizieren kann.

182 Seiten, Paperback. 9,80 €. ISBN 3-931854-51-5

Parabeln (von Swami Sivananda)

Die höchste Wirklichkeit, den Weg dorthin, die Aufgaben, Gefahren und Hindernisse unterwegs können leichter durch Geschichten und Gleichnisse vermittelt werden als mit intellektuellen Worten. Darum haben die großen Meister und Meisterinnen in Ost und West immer wieder Geschichten und Gleichnisse erzählt. Swami Sivananda sprach sehr oft in Gleichnissen oder Bildern, die aus dem Beruf oder den Lebensumständen der Menschen und Ratsuchenden stammten. Die Erfahrung aus diesen Gesprächen hat er in diesem Buch kondensiert. So ist jede dieser Parabeln wie ein direkter Ratschlag.

171 Seiten, Paperback. 9,80 €. ISBN 3-931854-27-2.

Klassische Upanishaden

Die Weisheit des Yoga. Die elf wichtigsten Upanishaden in der Übersetzung von Paul Deussen. Du bist nicht dieser Körper, du bist nicht der Verstand, du bist nicht die Emotionen und Gedanken, du bist Atman, das Selbst, und damit in deiner Essenz nichts anderes als Brahman, das Absolute, das Urprinzip oder Gott. Dein wahres Selbst ist unvergänglich, unsterblich, ewig, unberührt von allen äußeren Veränderungen, reines Sein, Bewusstheit an sich (Sat), vollumfängliches intuitives Wissen (chid) und immerwährende Wonne und Glückseligkeit (ananda). Dieses Sat-Chid-Ananda zu erfahren und zu verwirklichen ist das Ziel des Yoga. Aus den Texten der Upanishaniden spricht diese mystische, archaische Erfahrung.

270 Seiten, Paperback. 12,80 €. ISBN 3-931854-49-3

Göttliches Elixier (von Swami Sivananda)

Es besteht aus kurzen, prägnanten, bedeutungsschwangeren Sätzen, fast wie Sutras (Aphorismen). Jeder der Sätze eignet sich als Einleitung einer Meditation oder auch als Meditationsthema. Das ganze Buch kann wie ein Orakel genutzt werden: Wenn man eine wichtige Frage hat, kann man die Augen schließen, an Swami Sivananda denken, dann das Buch öffnen und mit dem Finger auf eine bestimmte Stelle tippen. Wenn Du dann die Augen öffnest, gibt der Meister Dir einen wichtigen Denkanstoß, mit dem Du Dein Problem/Deine Entscheidung angehen kannst. „Göttliches Elixier" ist auch wunderbar, um morgens seinen Tag zu beginnen. Jeder Satz ist wie ein Schluck „göttliches Elixier", welches den Tag transformiert. Wir wünschen dir viel Herzensöffnung und tiefe Erkenntnisse mit diesem „Zaubertrank" aus der Feder des großen Meisters.

44 Seiten, Paperback. 6,80 €. ISBN 3-931854-52-3

Inspirierende Geschichten

Das Geschichtenerzählen ist eine der ältesten menschlichen Traditionen. Was Nahrungmittel für den physischen Körper sind, sind Geschichten für den menschlichen Geist und die menschliche Seele. Geschichten regen die Phantasie an, helfen Menschen dabei, eigene innere Bilder wahrzunehmen, öffnen das Herz und bieten neue Denkanstöße.

222 Seiten, Paperback.10,80 €. ISBN 3-931854-53-1

Japa Yoga

Dieses Buch beschreibt in leicht verständlicher Sprache die tantrische Theorie von Klang und Mantra, mit wertvollen Hinweisen für den Gebrauch von Mantras. Die Auflistung von früher nur in mündlicher Überlieferung weitergegebenen Mantras ist selbst in Indien einmalig. Wertvolle Ratschläge zu allen Aspekten des spirituellen Lebens runden das Bild ab.

188 Seiten, Paperback. 9,80 €. ISBN 3-931854-25-6

Bitte vollständiges Verlagsprogramm anfordern:

Yoga Vidya Verlag • Wällenweg 42 • 32805 Horn-Bad Meinberg
Tel. 05234/87-0 • Fax 05234/87-1875
eMail: shop@yoga-vidya.de • www.yoga-vidya.de/shop